Jonathan Carver

Johann Carvers Reisen durch die innern Gegenden von Nord-Amerika

in den Jahren 1766, 1767 und 1768. Mit einer Landkarte.

Jonathan Carver

Johann Carvers Reisen durch die innern Gegenden von Nord-Amerika
in den Jahren 1766, 1767 und 1768. Mit einer Landkarte.

ISBN/EAN: 9783743697577

Hergestellt in Europa, USA, Kanada, Australien, Japan

Cover: Foto ©Andreas Hilbeck / pixelio.de

Weitere Bücher finden Sie auf **www.hansebooks.com**

Johann Carvers
Reisen
durch

die innern Gegenden

von

Nord-Amerika

in den Jahren 1766, 1767 und 1768,

mit einer Landkarte.

Aus dem Englischen.

Hamburg,

bey Carl Ernst Bohn. 1780.

Vorbericht.

Carvers Reisen erscheinen hier ohne die versprochenen Zusätze, weil unvermeidliche Geschäfte mich daran hinderten, sie auszuarbeiten; auch fand ich bey der Lesung des Buchs, daß sie sich besser an einem andern Orte anbringen ließen, und Carver ohne sie verständlich und unterhaltend genug wäre. Die Uebersetzung ist nicht von mir, allein ich kann für ihre Richtigkeit einstehen.

C. D. Ebeling,
Aufseher der Handlungsakademie
in Hamburg.

Vorrede.

Sobald der Krieg mit Frankreich durch den Frieden zu Versailles 1763 geendigt war, dachte ich darauf, wie ich meinem Vaterlande, dem ich während des Krieges einige Dienste geleistet hatte, noch ferner nützlich seyn, und ihm den großen Strich Landes, den es in Nordamerika erlangt hatte, so einträglich machen möchte, als in meinem Vermögen stand. Es schien mir durchaus nothwendig, zuerst der Regierung eine hinreichende Kenntniß von dem wahren Zustand der Län-

Vorrede.

nahmen, die sie ihnen gegeben hatten, und nicht nach ihren würklichen. Ich weiß nicht, ob die Franzosen diese Beynahmen erfanden, um zu verhindern, daß diese Völkerschaften nicht entdeckt werden möchten, und um sie von aller Handlung mit andern Europäern auszuschliessen, oder ob es blos geschah, um sich nicht zu verrathen, wenn sie miteinander über indische Angelegenheiten in Gegenwart von Indiern sprachen. Aber die Ursache dieser Gewohnheit sey auch, welche sie wolle, so diente sie doch dazu, andre zu verwirren.

Zum Beweise, wie sehr sich die Engländer durch diese Nachrichten hintergehn liessen, und wie eingeschränkt ihre Kenntniß von Canada war, so hielten sie Crownpoint vor der Eroberung im Jahre 1759 für eine unüberwindliche Festung. Und kaum war es übergegangen gett; so sahn sie, daß seine Hauptfestigkeit in den falschen Nachrichten, die seine alten Beisitzer davon ausgesprengt hätten, bestand, und daß etliche Vierpfünder es leicht hätten in den Grund schießen können. Selbst nicht einmahl die Vortheile, die man von seiner Lage erwartete, waren gegründet. Zwar sind einige Landkarten von diesen Gegenden von den Franzosen mit einem Anschein von Genauigkeit herausgegeben; allein sie sind nach einem so verjüngten Maaßstabe gemacht, daß man sich fast gar nicht daraus finden kann. Die Quellen des Mississippi sind, nach meiner eignen Erfahrung, äusserst unrichtig angegeben; denn wie ich sie untersucht hatte, und ihre wahre Lage mit den französischen Karten verglich, so ward ich überzeugt, daß diese nur nach einer rohen indischen Skize gemacht waren.

Noch

Vorrede.

Noch als sie Canada räumten, setzten sie ihren Plan zu hintergehn fort, und liessen nicht die geringsten Spuren zurück, woraus ihre Ueberwinder Unterricht hätten ziehn können; denn ungeachtet sie alle Seen sehr gut kannten, und auf dem Obernsee selbst ein Fahrzeug von beträchtlicher Größe beständig hielten, so sind doch ihre Karten davon sehr unrichtig. Ich entdeckte viele Irrthümer in den Beschreibungen der Inseln und Buchten desselben auf einer Strecke von eilfhundert Meilen, die ich in Kanoen längst den Küsten schiffte. Sie sorgten ferner dafür, die Plätze, welche sie besaßen, bey ihrer Uebergabe in eben dem wüsten Zustande zu verlassen, in welchem sie sie angetroffen hatten, und zerstörten zugleich alle ihre Schiffe. Ich fand noch einen Theil von einem großen Fahrzeuge, das bis aufs Wasser abge-

abgebrannt war, grade wo sich die Straße von St. Marie in den See öfnet.

Jedoch waren diese Schwierigkeiten nicht hinreichend, mich von meiner Reise abzuschrecken. Mein Hauptaugenmerk war, wenn ich die Sitten, Gebräuche, Sprachen, den Boden und die natürlichen Produkte des Gebietes der Völkerschaften, die hinten am Mississippi wohnen, erlangt habe würde, die wahre Breite des ungeheuren festen Landes, das sich von dem großen Weltmeere bis an die Südsee erstreckt, in seiner größten Ausdehnung zwischen dem drey und vierzigsten und sechs und vierzigsten Grade nordlicher Breite, zu bestimmen. Wäre ich im Stande gewesen, dies Vorhaben auszuführen, so würde ich der Regierung vorgeschlagen haben, irgendwo an der Straße Anian einen Posten anlegen zu lassen, die

Vorrede.

unstreitig den Engländern gehört, da Sir Francis Drake sie zuerst entdeckte. Dieser Posten würde die Entdeckung einer nordwestlichen Durchfahrt, oder einer Gemeinschaft zwischen dem Hudsonsmeerbusen und der Südsee sehr erleichtern; eine wünschenswerthe Entdekkung, der man zwar schon oft, aber bisher noch immer ohne Erfolg nachgetrachtet hat. Noch ausser diesem wichtigen Endzwecke würde eine Niederlassung an dem Ende von Amerika noch in verschiednen andern Stücken sehr vortheilhaft seyn, und alle Unkosten, die sie verursachen könnte, reichlich bezahlen. Durch sie würden nicht allein viele neue Handlungszweige erwachsen, und viele nützliche Entdeckungen befördert werden, sondern sie würde auch dazu dienen, Nachrichten nach China und den englischen Besitzungen in Ostindien mit weit größerer Geschwindigkeit zu schicken, als es auf einer

lang-

langwieriger Schiffahrt um das Vorgebirge der guten Hofnung, oder durch die magellanische Straße geschehn kann.

Wie weit sich die Vortheile von einem solchen Unternehmen erstrecken können, kömmt bloß auf die Verbindung günstiger Umstände in der Zukunft an. Aber daran zweifle ich gar nicht, daß dies Projekt, das ich zuerst vorgeschlagen und zu versuchen gewagt habe, irgend einmal wird in Ausführung gebracht werden. Zwar werden die unglücklichen Uneinigkeiten, die jetzt zwischen Großbritannien und Amerika herrschen, einen zweyten Versuch wohl noch etliche Jahre verzögern, aber wie spät es auch geschieht, so werden doch diejenigen, die ihn gehörig durchsetzen, ausser dem allgemeinen Nutzen der ganzen Nation, sich insbesondre Vortheile daraus ziehn. Die

ihre

XXII

[...]Erwartungen [...]
[...] bey ihrer Frühzeitigkeit über [...] ihr Glück
[...] daß sie dann vielleicht auch Dank und Segen über den ausschütten, der ihnen zuerst den
Weg dazu bahnte, und ich werde sie mit dem
größten Vergnügen annehmen, wenn sie auch
gleich nur Schattenbelohnungen für meine Arbeit sind. [...]

Wie hoch die Macht und das Ansehn dieser
neuen Welt, wenn sie sich aus ihrem jetzigen
rohen Zustande heraus gerissen hat, steigen
wird, kann blos die Zeit entdecken. Allein
da der Sitz der Herrschaft seit undenklichen Zeiten sich allmählig immer weiter nach Westen
verrückt hat, so ist es sehr wahrscheinlich, daß
irgend in einer künftigen Periode, mächtige
Reiche aus diesen Wildnissen entstehn, und
prächtige Pallaste nebst feyerlichen Tempeln,

an die Solidetatischen Haken durchzudringen, deren einziger Zierath jetzt in den Katholischen Siegeszeichen von überwundnen Feinden besteht.

Da meine Leser schon aus verschiednen Stellen im Vorhergehenden gesehn haben, daß mein Entwurf, bis an die Südsee durchzudringen, mislang, so muß ich noch hinzusetzen, daß daran nicht die Unmöglichkeit der Sache selbst, sondern unvermuthete Hindernisse Schuld waren; denn je weiter ich kam, desto mehr ward ich von der Möglichkeit überzeugt, meinen Wunsch erfüllt zu sehn. Ich kam aber doch so weit, daß meine Entdeckungen zu einem künftigen Versuche sehr nützlich seyn, und einem glücklichern Nachfolger zu einer guten Grundlage dienen können, sein Unternehmen darauf zu bauen. Diese Entdeckungen wende ich jetzt

dem

dem Publikum in den folgenden Blättern bekannt machen, und ich freue mich, daß die meisten davon bisher noch von keinem, der von den einländischen Völkerschaften der Indier geschrieben hat, sind angeführt worden; vorzüglich meine Nachricht von den Nadoweßiern, und die Lage der Quellen von vier großen Flüssen, die etliche Meilen von einander fast im Mittelpunkte des großen festen Landes entspringen; dem Flusse Bourbon, der sich in den Hudsonsmeerbusen ergießt; dem Flusse St. Lorenz; dem Mississippi und dem Flusse Oregan, oder dem Westflusse, der bey der Straße Annian in die Südsee fällt.

Die Hindernisse, die mich zwangen, zurückzukehren, ohne meine Absicht erreicht zu haben, waren folgende. Bey meiner Ankunft zu Mischilimackinac, dem entferntesten englischen

Posten,

Posten; .... ich mich ein ....,
der damahls Befehlshaber davon war, und
ersuchte ihn, mir verschiedne Arten von Waaren zu Geschenken für die Indier, welche ich
auf meiner Reiseroute antreffen würde, zuwe-
schaffen. Allein er that es nur zum Theil, und
versprach mir, die übrigen nach dem Wasserfalle von St. Anton nachzuschicken. Ich erfuhr nachher, daß er befohlen hatte, ... die
Waaren auszuliefern, allein diejenigen, denen
sie anvertraut waren, fanden es für gut, anstatt seinen Befehlen zu gehorchen, ...
fügungen darüber zu treffen.

Ich sah mich daher von dieser Seite in meinen Erwartungen betrogen, und gezwungen,
nach la Prairie des chiens zurück zu ......, da
es unmöglich war, ohne Geschenke, ...
ich mir eine günstige Aufnahme ....
konnte,

Vorrede.

konnte, weiter zu gehn. Ich erreichte es im Anfange des Jahres 1767, und da ich meine Reise auf diese Art gegen Westen verzögert sah, so entschloß ich mich, meinen Wanderstab nordwärts zu richten. Ich that diesen Schritt in der Hofnung, eine Gemeinschaft zwischen den Quellen des Missisippi und dem Obersee zu finden, und um die Handelsleute, die zu dieser Jahrszeit von Mischillimackinac nach dem großen Trageplatze an der Nordwestseite dieses Sees kommen, anzutreffen. Ich dachte von ihnen Waaren einzukaufen, und dann meine Reise auf dieser Seite über die Seen la Pluie, Dubois und Uinipiek bis an die Quellen des Westflusses fortzusetzen, der, wie ich vorhin gesagt habe, in die Straße von St. Annian fällt. Ich erreichte den ersten Theil meiner Absicht, und kam beym Obersee zur gehörigen Zeit an, allein ich erfuhr zu

meinem

Vorrede.

meinem großen Leidwesen von den Handelsleuten, daß sie keine Waare für mich über
hätten, da die, welche sie mitgebracht hatten,
kaum hinreichend waren, ihre eignen Bedürfnisse in diesen entfernten Gegenden zu bestrei-
ten. Ich ward also zum zweytenmahle in meiner Hofnung betrogen, und genöthigt, nach
dem Orte, wovon ich zuerst ausreiste, zurück
zu kehren. Doch verweilte ich vorher noch etliche Monathe an der nordlichen und östlichen
Seite des Obersees, und untersuchte die
Buchten und Flüsse, die sich in denselben er-
giessen.

Vielleicht wird man von mir erwarten,
daß ich dem Publikum meine Gründe vorlege,
warum ich diese Entdeckungen, die einem jeden,
der mit Amerika in der geringsten Verbindung
steht, so wichtig sind, bisher noch nicht bekannt
gemacht

gemacht habe, da ich meine Reisen doch schon vor zehn Jahren endigte, und ich halte es daher für meine Schuldigkeit, dies auf eine aufrichtige und unverstellte Weise zu thun, ohne Klagen über die schlechte Begegnung, die mir wiederfuhr, darunter zu mischen.

Bey meiner Ankunft in England übergab ich dem Königlichen Rathe eine Bittschrift, worinn ich um Ersetzung der Summen anhielt, die ich im Dienste der Regierung aufgewandt hatte, und ward deswegen an die Lords Kommissarien des Handels und der Pflanzungen gewiesen. Diese Herren hielten die Nachrichten, die ich mittheilen konnte, für die Nation für so wichtig, daß sie mir befahlen, vor ihnen zu erscheinen. Ich gehorchte ihrem Befehl, und stand eine lange Untersuchung aus, die vermuthlich zur Befriedigung aller Gegenwärti=

wärtigen sich endigte. Als sie vorbey war, fragte ich, was ich mit meinen Papieren anfangen sollte, und der erste Lord antwortete mir unverzüglich, ich könnte sie bekannt machen, wenn es mir gefiele. Dieser Erlaubniß zufolge verkaufte ich sie an einen Buchhändler, aber wie sie beynahe zum Drucke fertig waren, so erhielt ich einen Befehl, gleich an die Plantationskammer alle meine Karten, Tagebücher und andre Papiere, die sich auf meine Entdeckungen bezogen, einzuliefern. Um diesem Befehle zu gehorchen, mußte ich sie von dem Buchhändler mit großen Unkosten zurück kaufen. Diese neue Ausgabe suchte ich den Rechnungen, die ich schon übergeben hatte, anzuhängen; allein meine Forderung ward mir abgeschlagen, ungeachtet ich von der Handlungskammer Erlaubniß erhalten hatte, mit meinen Papieren anzufangen, was mir gefiele.

stele. Ich mußte also diesen Verlust, der sich auf eine beträchtliche Summe belief, selbst tragen, und mich mit der Schadloshaltung für meine übrigen Ausgaben begnügen.

In dieser Lage muß ich daher alle meine Erwartungen auf die Großmuth des Publikums einschränken, dem ich jetzt meine Zeichnungen, Tagebücher und Beobachtungen mittheile, von denen ich zum Glücke Abschriften behielt, wie ich die Originale an die Plantationskammer überlieferte. Und dies thue ich um so viel lieber, da ich höre, daß sie verlegt sind, und wahrscheinlich nie bekannt gemacht werden würden. Denen, die mit den innern Theilen von Nordamerika wegen ihrer nahen Landgüter, wegen ihrer Handlung irgend in Verbindung stehn, werden sie äusserst nützlich seyn, und ihre Ausgabe für mein Buch reich-

Vorrede.

sich bezahlen. Denen aber, die aus einer lobenswürdigen Neubegierde, mit den Sitten und Gebräuchen eines jeden Bewohners unsrer Erdkugel bekannt zu seyn wünschen, werden die Nachrichten von den verschiednen Völkerschaften, die einen so großen Strich davon bewohnen, eine Gegend, die bisher noch fast ganz unbekannt war, hinreichenden Stoff zum Vergnügen darbieten, und gewiß ihre größten Erwartungen befriedigen. Und ich schmeichle mir, daß sie vom Publikum überhaupt eben so günstig werden aufgenommen werden, als Beschreibungen von Inseln, die durch nichts, als durch ihre Neuheit gefallen können; und als Entdeckungen, die unserm Vaterlande wenig Vortheile zu versprechen scheinen, ungeachtet sie es ungeheure Summen kosten.

Um das folgende Werk so verständlich und unterhaltend zu machen, als es mir möglich ist,

Vorrede.

ist, werde ich meinen Lesern zuerst Nachricht von meiner Reiserute über dies ungeheure Land geben, wodurch sie im Stande seyn werden, mir zu folgen, wenn ich sie auf die angehängte Karte verweise, und alsdenn, so wie ich weiter gehe, die Anzahl der Einwohner, die Lage der Flüsse und Seen und Produkte des Landes anführen. Darauf werde ich in besondern Kapitteln von den Sitten, Gebräuchen und Sprachen der Indier handeln, und um das Ganze vollständig zu machen, ein Verzeichniß von den unter ihnen am häufigsten vorkommenden Wörtern beyfügen.

Ich finde es noch für nöthig, den gelehrten Theil meiner Leser um Nachsicht gegen einen Mann zu ersuchen, dem es sein Beruf nicht erlaubt, sich viele litterärische Kenntnisse zu erwerben. Ich muß ihn bitten, mein Werk

mit

Vorrede.

mit keinem zu kritischen Auge anzusehn, vorzüglich, da ich mehr darauf sah, eine genaue Beschreibung eines Landes zu liefern, das seinen künftigen Besitzern unerschöpfliche Reichthümer verspricht, als mich einer guten Schreibart zu befleissigen; und mehr bemüht war, mich verständlich und genau auszudrücken, als geblümt und schön zu schreiben.

Reisetagebuch

nebst

einer Beschreibung

der

Seen, Länder, u. s. w.

Im Junius 1766 reiste ich von Boston ab, und gieng über Albany und Niagara nach Mischillimackinac, einem Fort, das zwischen den Seen Huron und Mischigan liegt, und von Boston etwa dreizehnhundert Meilen entfernt ist. Da dies die äusserste von unsern Faktoreien gegen Nordwesten ist, so sah ich es als den bequemsten Ort an, wovon ich mein Unternehmen anfangen, und auf einmahl in die Gegenden kommen könnte, die ich untersuchen wollte.

Ich muß meine Leser wegen der Theile von Nordamerika, die nahe an den äussern Pflanzungen liegen, und daher bekannt genug sind, auf ältere Beschreibungen verweisen, und werde mich blos auf die Beschreibung der innern Theile einschränken, die selten besucht werden, und folglich auch nur wenig bekannt seyn können. Ich werde dabey die Grenzen der Wahrheit nie überschreiten, und alle unnützen und ausschweifenden Vergrösserungen sorgfältig vermeiden, denen andre Reisende nur zu oft ergeben sind, um die Neugierde des Publikums desto mehr zu erregen, oder ein grösseres Ansehn von Wichtigkeit zu erlangen. Auch werde ich keine Beobachtungen anführen, als solche, die ich selbst machte, oder die mir von glaubwürdigen Leuten mitgetheilt wurden, und für deren Wahrheit ich folglich stehn kann.

Mischillimackinac, von wo aus ich meine Reise antrat, ist ein Fort, das aus einem starken Stackwerk besteht, und gewöhnlich eine Besatzung von hundert Mann hat. Es sind dreißig Häuser darin, wovon eins dem Kommendanten, und eins dem Kommissär gehört. Ausserdem wohnen etliche Handelsleute innerhalb der Festungswerke, da die Lage zum Handel mit den benachbarten Völkerschaften sehr bequem ist. Mischillimackinac bedeutet in der Sprache der Tschipiwäer eine Schildkröte, und der Ort soll seinen Nahmen von einer Insel erhalten haben, die sechs bis sieben Meilen nordostlich im Gesicht vom Fort liegt, und die Gestalt dieses Thieres hat.

Während des indischen Krieges, der auf die Eroberung von Kanada 1763 folgte, und von

einem

einem Heere der verbundenen Nationen, der Huronen, Miamier, Tschipiwäer, Ottowaer, Pontawattimier, Missisager und etlicher andrer Stämme, unter der Anführung des Pontiac, eines berühmten indischen Kriegers, und beständigen Freundes der Franzosen geführt ward, gieng es auf folgende Art durch einen Ueberfall über. Als die Indier ihren Plan gemacht hatten, so näherten sie sich dem Forte, und fingen an Ball zu schlagen, ein Zeitvertreib, der bey ihnen sehr gewöhnlich ist. In der Hitze ihres Spiels, wobey etliche englische Offiziere ohne den geringsten Verdacht zusahen, schlugen sie den Ball, als von ungefähr, verschiednemahl über das Stackwerk, bis sie dadurch der Schildwache am Südthore allen Verdacht benommen hatten; worauf auf einmahl ein Trupp von ihnen hineindrang, dem die übrigen bald folgten, und das Fort ohne Widerstand in Besitz nahmen. Da die Indier ihren Entwurf auf eine so leichte Art ausgeführt hatten, so waren sie noch so menschlich, dem größten Theile der Besatzung und Handelsleute das Leben zu schenken, allein sie führten sie alle als Kriegsgefangne mit sich weg. Doch bald nachher brachten sie sie nach Montreal, wo sie zu einem hohen Preise losgekauft wurden. Auch das Fort ward im nächsten Jahre bey dem Friedens-

A 2   schlusse

schlusse zwischen Pontiac und dem Kommendanten von Detroit den Engländern wieder eingeräumt.

Nachdem ich die nothwendigen Anstalten zu meiner Reise gemacht, und verschiedne Kreditbriefe vom Kommendanten, Herrn Rogers, auf etliche englische und kanadische Kaufleute erhalten hätte, die am Mississippi handeln wollten, so reiste ich den dritten September in Gesellschaft dieser Kaufleute ab. Ausser den Kreditbriefen versprach mir Herr Rogers noch, mir einen frischen Vorrath von Waaren nachzuschicken, wenn ich an die Wasserfälle von St. Anton kommen würde, und so lange ich mich bey den Kaufleuten aufhielt, sollten sie mich seinem Befehle zufolge mit solchen Waaren versehen, als ich zu Geschenken für die indischen Oberhäupter brauchen würde.

Wir kamen zusammen den achtzehnten zu Fort la Bay an. Dies Fort liegt an dem südlichen Ende einer Bucht im See Mischigan, die die Franzosen baye des puants (Bucht der Stinkenden) nannten; aber seitdem die Engländer im Besitz aller Niederlassungen in diesem Theile des festen Landes sind, heißt sie die grüne Bucht, und diesen Nahmen hat sie von dem Anblicke, den sie macht. Denn wenn man im Frühlinge von Mischillimackinac abreist, und dort die Bäume kaum anfangen Knospen zu

treiben,

treiben, so sieht man doch die Gegend um diese Bucht herum, ungeachtet die Fahrt nicht über vierzehn Tage dauert, schon mit dem schönsten Grün bedeckt, und das ganze Pflanzenreich überhaupt in einem so blühenden Zustande, als wenn es Sommer wäre.

Auch dies Fort ist nur mit einem Stackwerk umgeben, und so verfallen, daß es sich kaum gegen kleines Gewehr halten kann. Die Franzosen bauten es zur Bedeckung ihres Handels einige Zeit vorher, als sie genöthiget wurden, es zu verlassen, und wie Kanada mit allem Zubehör an die Engländer übergeben ward, so kam ein Offizier mit dreißig Mann zur Besatzung hieher, die bald darauf von den Menomoniern, nach dem Ueberfalle von Mischillimackinac, zu Gefangnen gemacht wurden. Seit der Zeit hat das Fort keine Besatzung weiter gehabt, und verfällt jetzt gänzlich.

Die Bucht ist ungefähr neunzig Meilen lang, aber ihre Breite ist sehr verschieden, da sie an einigen Stellen blos funfzehn und an andern zwanzig bis dreißig Meilen beträgt. Sie erstreckt sich fast völlig von Nordosten nach Südwesten. Bey dem Eingange vom See liegt eine Kette von Inseln, die von Norden nach Süden läuft, und die Grand Traverse (große Blende) heißt. Sie ist ungefähr dreißig Meilen lang, und erleichtert die Fahrt mit Kanoen sehr, da sie vor den Winden bedeckt ist, die oft mit großer Heftigkeit über den See her wehen. An der Seite, die nach Südosten liegt, ist die Schiffahrt am nächsten und sichersten.

Die Inseln der Grand Traverse sind meistentheils klein und felsicht. Die meisten von den Felsen sind von einer erstaunlichen Höhe, und haben das Ansehen, als wenn sie von Künstlerhänden gemacht wären. Auf der größten und besten von diesen Inseln steht eine Stadt der Ottowaer, worinn ich einen von den vornehmsten Oberhäuptern dieser Nation antraf, der mich mit allen Ehrenbezeugungen, die er einem Fremden erzeigen konnte, aufnahm. Allein die Art, mit der man mich bey meiner Landung empfieng, kam mir damahls sehr wunderbar vor, und ein jeder wird sie dafür halten, der mit den Gebräuchen der Indier nicht bekannt ist. Wie unsre Kanoen sich dem Ufer näherten, und wir noch ungefähr sechzig Ruten *) davon entfernt waren, so fiengen die Indier ein Freudenfeuer an, wobey sie aber mit Kugeln geladene Gewehre abschossen, aber doch so, daß sie immer etliche Ellen hoch über unsre Köpfe wegflogen. Während dieses Freudenfeuers liefen sie von einem

Baume

---

*) Eine Rute hat 16½ englische Fuß.

Baume oder Stümpfe zum andern, und jauchzten und betrugen sich überhaupt, als wenn sie in der Hitze des Treffens wären. Ich erstaunte anfänglich nicht wenig darüber, und befahl meinen Leuten, wieder auf sie zu feuren, weil ich glaubte, daß sie feindselige Gesinnungen hegten; allein etliche von den Handelsleuten belehrten mich eines bessern, und sagten mir, daß sie auf diese Art gewöhnlich die Häupter andrer Völkerschaften empfiengen; und so ließ ich mir die Achtung, welche sie mir bezeugten, recht gerne gefallen.

Ich blieb hier eine Nacht. Unter den Geschenken, die ich den Oberhäuptern machte, waren einige geistige Getränke, die sie so aufmunterten, daß sie fast die ganze Nacht mit einander durchtanzten. Am Morgen bey meiner Abfahrt begleitete mich ihr Oberhaupt bis ans Ufer, und fieng, so bald ich mich eingeschifft hatte, mit großer Feierlichkeit ein lautes Gebet für mich an. Er betete, "daß der große Geist mir eine glückliche Reise, und bey Tage einen unumwölkten Himmel und ein ruhiges Wasser verleihen wollte, daß ich mich des Nachts auf einer Decke von Bieberfellen niederlegen, eines ununterbrochenen Schlafs und fröhlicher Träume genießen, und endlich beständigen Schutz unter der großen Pfeiffe des Friedens finden möch-

möchte." Auf diese Art fuhr er fort zu beten, bis ich ihn nicht weiter hören konnte.

So schreckliche Begriffe, als sich die Europäer von der Grausamkeit der Wilden auch machen, so muß ich doch gestehn, daß ich bey jedem Stamme von ihnen in dem innern Theile des Landes die gastfreieste und höflichste Begegnung angetroffen habe; und ich bin überzeugt, daß sie diese gute Aufführung gegen Fremde nicht verliehren, bis sie durch das Beyspiel und die geistigen Getränke ihrer verfeinerten Nachbarn angesteckt werden. Ihr eingewurzelter Haß und ihre Grausamkeit gegen ihre Feinde, schaden zwar der guten Meinung, die ich gern von ihnen hegen möchte, sehr viel, allein dieser Fehler ist ihnen angeerbt, und da er durch undenkliche Gewohnheit gewissermaßen geheiligt ist, so hat er in ihrer Seele zu tiefe Wurzel gefaßt, als daß man hoffen dürfte, ihn je auszurotten zu können.

Ich as bey diesem Volke eine ganze besondre Art Brodt. Die Indier halten überhaupt wenig auf diese nahrhafte Speise; allein hier schütteln sie die Körner, wenn das Getreide, wie sie es nennen, in seiner Milch steht, das heißt, wenn es eben reif werden will, aus der Aehre, und kneten sie in einen Teig, wozu der darinn enthaltene Saft,

ohne

ohne irgend einen Zusatz von einer andern flüssigen Materie, hinreichend ist. Wenn dies geschehen ist, so machen sie Kuchen daraus, schlagen sie in Blätter vom Baß oder weissem Holzbaume, und legen sie in heisse Asche, wo sie bald backen. Was den Geschmack dieser Kuchen betrifft, so muß ich gestehn, daß ich nie schöner Brodt gegessen habe.

Der Ort besteht blos aus einem Dorfe von ungefähr fünf und zwanzig Häusern und siebenzig Kriegern. Sonst fand ich hier nichts Merkwürdiges.

Das Land auf der Südostseite der grünen Bucht ist nur schlecht und dicht mit Schierlingstannen,*) Canabischen und gemeinen Fichten bewachsen. Man glaubte sonst, daß die Fahrt aus dem See Mischigan in die grüne Bucht für keine größere Fahrzeuge als Boote und Kanoen wegen der seichten Stellen zwischen den Inseln der großen Traverse thunlich wäre; allein wie ich die Tiefe mit dem Lothe untersuchte, so fand ich sie für Schiffe von sechszig Tonnen hinreichend, und eine verhältnißmässige Breite der Durchfahrt.

Das Land, das an das Ende dieser Bucht stößt, ist sehr fruchtbar, und überhaupt so eben, daß man

eine

---

*) Hemlock fir. *Abies Americana* foliis linearibus obtusiusculis bifariam versis conis subrotundis. Miller's Gardener's dictionary Art. Abies Nro. 6.

eine unbegränzte und anmuthige Aussicht darüber hat.

In dem Forte, das an der Westseite des Fuchsflusses liegt, wohnen einige Familien, und gegen demselben über auf der Ostseite des Einganges giebt es einige französische Kolonisten, die das Land bauen, und ziemlich erträglich zu leben scheinen.

Die grüne Bucht oder die Bucht der Stinkenben, gehört zu den Stellen, denen die Franzosen, wie ich in der Einleitung anführte, Beynahmen gaben. Die Indier, die um sie herum wohnen, nennen sie Menomonierbucht, wovon aber der französische Nahme herrühre, kann ich nicht ausfündig machen. Sie sagen, daß sie diese Beynahmen nicht einführten, um Fremde zu hintergehen, sondern blos um mit einander in Gegenwart von Indiern sprechen zu können, ohne von ihnen verstanden zu werden. Denn die ersten Handelsleute bemerkten, daß, wenn sie mit einander von ihnen redeten, und sie bey ihrem wahren Nahmen nannten, sie gleich darüber Verdacht schöpften, und glaubten, daß die Fremden entweder übel von ihnen sprächen, oder ihren Untergang verhätten. Diesem auszuweichen gaben sie ihnen fremde Nahmen. Allein es entsteht hieraus der Nachtheil, daß englische und französische Erdbeschreiber auf ihren

Kar-

Karten von den innern Theilen von Amerika einerley Völkerschaften verschiedne Nahmen geben, und dadurch diejenigen verwirren, die sich auf solche Karten beziehn müssen.

Der See Mischigan, wovon die grüne Bucht ein Theil ist, wird von dem See Huron durch die Straße von Mischillimackinac auf der Nordostseite getrennt; und liegt zwischen zwey und vierzig und sechs und vierzig Graden Norderbreite, und zwischen vier und achtzig und sieben und achtzig Graden westlicher Länge. Seine größte Länge beträgt zwey hundert und achtzig und seine Breite etwa vierzig, im Umfange aber beynahe sechshundert Meilen. Es giebt darin eine merkwürdige Kette von kleinen Inseln, die sich gegen Askins Meierhofe über anfängt, und dreißig Meilen südwestwärts in die See vorläuft. Man nennt sie die Bieberinseln. Ihre Lage ist sehr anmuthig, allein der Boden ist unfruchtbar. Doch geben sie einen sehr schönen Anblick.

An der nordwestlichen Seite theilt sich dieser See in zwey Arme oder Buchten, wovon die nördliche die Bucht der Noketter genannt wird, und die andre, welche die eben beschriebene grüne Bucht ausmacht.

Das

Das Wasser in diesem und den übrigen großen Seen ist rein und gesund, und ihre Tiefe ist für große Schiffe hinreichend. Die Hälfte des Landes, das gegen Osten liegt und sich bis an den See Huron erstreckt, gehört den Ottowaern; die Linie, welche ihr Gebiet von den Tschipiwäern trennt, läuft fast von Norden nach Süden, und erstreckt sich beynahe von dem südlichen Ende dieses Sees, über die Gebürge, nach Mischillimackinac, durch dessen Mittelpunkt sie geht. So daß, wenn diese beyden Stämme auf der Faktorey zusammen kommen, eine jede auf ihrem eignen Gebiete, in einer Entfernung von einigen Ellen vom Stackwerke, ihr Lager aufschlägt; die Gegend an der östlichen und westlichen Seite dieses Sees ist nur von mittelmäßiger Güte, ausgenommen wo kleine Bäche oder Flüsse in ihm fallen, an deren Ufer sie ungemein fruchtbar ist. Nahe am Ufer des Sees giebt es eine Menge Sandkirschen,*) die sowohl wegen ihrer Art zu wachsen, als wegen ihres vorzüglichen Geruches merkwürdig sind. Sie wachsen auf einem niedrigen etwa vier Fuß hohen Strauche, dessen Zweige so damit belastet sind, daß man sie haufenweise auf dem Sande antrifft.

---

*) Eine Art vom Cerasus Canadensis foliis lanceolatis glabris, integerrimis, subtus caesiis, ramis patulir. Miller Art. Ceras. Nro. 5.

antrifft. Da sie blos im Sande wachsen, dessen Wärme vermuthlich viel dazu beyträgt, sie zu solcher Vollkommenheit zu bringen, so werden sie von den Franzosen cerises de sable, Sandkirschen, genannt. Sie sind nicht größer, als eine kleine Flintenkugel, aber man hält sie zum Einmachen in Brandtewein besser, als andre Arten. Ausserdem wachsen um den See Stachelbeeren, schwarze Johannisbeeren, und viele Wacholderbeersträuche, die eine Menge Beeren von der besten Art tragen. Sumach wächst hier ebenfalls häufig, und seine Blätter, die um Michael roth werden, werden denn von den Einwohnern eingesammlet, und sehr geschätzt. Sie vermischen sie mit Toback zu gleichen Theilen, der davon einen angenehmen Geschmack erhält. Nahe bey diesem, und überhaupt bey allen andern Seen giebt es eine Art Weide, welche die Franzosen bois rouge, die Engländer red wood, roth Holz nennen. Ihre Rinde hat, wenn sie ein Jahr alt ist, eine Scharlachfarbe, und sieht sehr schön aus; aber wenn sie ein Jahr älter ist, so wird ihre Farbe rothgrau. Viele Stämme von diesem Strauche wachsen zusammen, und erreichen eine Höhe von sechs bis acht Fuß, doch) hat der größte davon selten über einen englischen Zoll im Durchmesser. Auch diese Rinde-

scha-

schaben die Indier vom Holze ab, trocknen und pulvern sie, und vermischen sie mit ihrem Toback. Sie schätzen sie vorzüglich zum Rauchen während des Winters. Des Sommers nehmen sie eine Pflanze dazu, die in felsichten Gegenden um die großen Seen wächst. Die Indier nennen sie Degockimac; sie schlängelt sich wie eine Weinranke auf dem Boden oft zu einer Länge von acht bis zehn Fuß fort, und trägt ein beynahe rundes Blatt, von der Größe eines silbernen Sechspfenningstückes. Es hat die Substanz und die Farbe von einem Lorbeerblatta, und bleibt immer grün. Diese Blätter mischen sie ebenfalls getrocknet und gepulvert unter ihren Toback, den sie aber blos des Sommers rauchen. Mit Hülfe dieser drei Nebentobacke haben die Indier zu allen Jahrszeiten hinlänglichen Vorrath für ihre Pfeiffen, und da sie große Raucher sind, so geben sie sich viele Mühe, sie gehörig einzusamlen und zuzubereiten.

Den zwanzigsten September verließ ich die grüne Bucht, und gieng noch immer in Gesellschaft von den Handelsleuten und etlichen Indiern den Fuchsfluß hinauf. Den fünfundzwanzigsten kam ich nach der großen Ortschaft *) der Winnebegen, die auf einer

*) Ich glaube, daß dies immer der beste Ausdruck für Indian town ist, denn da in dieser die Wohnungen der

einer kleinen Insel grade an der östlichen Einfahrt in den See Winnebago liegt. Hier empfieng mich die Königin, die über diesen Stamm anstatt eines Sachems herrschte, mit großer Höflichkeit, und bezeugte mir, die vier Tage über, die ich mich hier aufhielt, ungemein viel Achtung.

Den Tag nach meiner Ankunft hielt ich einen Rath mit den Oberhäuptern, und bat sie um Erlaubniß, auf meiner Reise zu entferntern Völkerschaften, die ich wichtiger Geschäfte wegen unternähme, durch ihr Land zu gehen. Sie sahn mein Ansuchen als ein großes Kompliment für ihren Stamm an, und willigten sehr gern darein. Die Königin saß im Rathe, that aber nur einige wenige Fragen, oder machte etliche unbedeutende Verfügungen in Staatssachen; denn Weiber dürfen nie in ihrem Rathe sitzen, ausgenommen wenn sie mit dem höchsten Ansehn bekleidet sind, und selbst alsdenn ist es nicht gebräuchlich für sie, förmliche Reden zu halten, wie die Häupter thun. Sie war eine sehr alte Frau, klein von Statur, und unterschied sich nicht sehr durch ihre Kleidung von etlichen

der Indier oft viele Meilen von einander liegen, so würde es eben so ungereimt seyn, es durch Stadt zu übersetzen, als die Pagus (Gaue) der mittlern Zeiten für Dörfer zu erklären.

chen jungen Frauensleuten, die ihr Gefolg ausmachten. Diese ihre Begleiterinnen schienen immer sehr vergnügt zu seyn, wenn ich einige Zeichen von Hochachtung gegen ihre Königin blicken ließ, hauptsächlich wenn ich sie küßte, welches ich oft that, um mir ihre Gunst zu erwerben. Die gute Alte suchte immer dabey ein jugendliches Ansehn anzunehmen, und bezeigte durch ihr Lächeln, daß sie nicht weniger Gefallen an der Achtung hätte, die ich ihr erwies.

Die Zeit, die ich hier zubrachte, wandte ich dazu an, die Gegend aufs beste kennen zu lernen, und die zuverläßigsten Nachrichten von dem Ursprunge, der Sprache und den Gebräuchen dieses Volkes zu sammlen. Ursprünglich wohnten, meinen Untersuchungen zufolge, die Winnebager in irgend einer von den Provinzen von Neu-Mexico, und zogen sich vor ungefähr einem Jahrhundert in diese nordlichern Gegenden, da sie entweder durch innerliche Unruhen, oder durch die Ausbreitung der Spanier aus ihren alten Sitzen vertrieben wurden.

Meine Gründe für diese Meinung sind erstlich ihre unveränderliche Anhänglichkeit an die Nadowessier, die, wie sie sagen, ihnen zuerst hülfreiche Hand bey ihren Auswanderungen leisteten,

ungegeachtet ihr jetziger Sitz über sechshundert Meilen vor ihnen entfernt ist.

Zweytens, ihre Mundart, die von der von allen bisher entdeckten indischen Völkerschaften gänzlich verschieden ist, und aus einer sehr rauhen Schlundsprache besteht, die keiner von ihren Nachbaren zu lernen wagt. Sie reden mit andern Völkerschaften in der Sprache der Tschipiwäer, welches die herrschende Sprache unter allen Stämmen ist, von den Mohaken in Kanada an, bis auf die Völkerschaften am Mississippi, und von den Huronen und Illinesen bis an die Bewohner von Hudsons Meerbusen.

Drittens ihr eingewurzelter Haß gegen die Spanier. Einige von ihnen sagten mir, daß sie viele Streifereyen gegen Südwesten vorgenommen hätten, die etliche Monathe dauerten. Einer von ihren alten Oberhäuptern erzählte mir ausserdem, daß er vor sechs und vierzig Wintern an der Spitze von fünfzig Kriegern, gegen Südwesten drey Monathe lang marschirt wäre, daß sie auf ihrem Zuge, wie sie über eine Ebene giengen, einen Trupp Leute zu Pferde gesehn hätten, die zu dem schwarzen Volke gehörten; denn so nennen sie die Spanier. So bald, als sie sie erblickten, giengen sie behutsam

Carvers Reisen.   B   sam

sam zu Werke, und verbargen sich, bis die Nacht einbrach, worauf sie sich so nahe an sie zogen, daß sie die Anzahl und Stellung ihrer Feinde entdecken konnten. Sie sahen, daß sie nicht im Stande wären, mit einer so überlegenen Anzahl bey Tage zu fechten, und warteten daher bis sie sich zur Ruhe begeben hatten, worauf sie sie überfielen, und nachdem sie den größten Theil der Leute niedergemacht hatten, achtzig Pferde erbeuteten, die, wie sie sich ausdrückten, mit weissen Steinen beladen waren. Ich vermuthe, daß dies Silber war, da er mir sagte, daß die Pferde damit beschlagen und die Geschirre damit verziert gewesen wären. Wie sie ihre Rache gesättigt hatten, und so weit gekommen waren, daß die Spanier, die ihrer Wuth entgiengen, sie nicht weiter erreichen konnten, so liessen sie die schwere und unnütze Last, womit ihre Pferde beladen waren, zurück, setzten sich auf, und kamen auf diese Art wieder zu ihren Freunden. Der Trupp, den sie überfielen, war vermuthlich die Karavane, die jährlich das Silber nach Mexico bringt, welches die Spanier in großer Menge auf den Gebirgen finden, die nahe bey der Quelle des Colorado liegen; und die Ebene, wo sie sie angriffen, lag wahrscheinlich auf dem Wege zu den Quellen des Flusses St. Fee oder des

Nord-

Nordflusses, der westwärts vom Mississippi in den Meerbusen von Mexico fällt.

Die Winnebagoer können ungefähr zweyhundert Krieger aufbringen. Ihre Ortschaft enthält ungefähr funfzig Häuser, die stark mit Pallisaden gebaut sind, und die Insel, worauf sie liegt, ist ungefähr funfzig englische Morgen groß. Sie liegt fünf und dreyßig Meilen von der grünen Bucht, wenn man nach dem Laufe des Flusses rechnet.

Der Fluß hat ungefähr vier bis fünf Meilen von der Bucht einen gelinden Lauf, weiter hinauf aber an dem See Winnebago ist er voller Felsen und läuft sehr schnell. An verschiedenen Stellen waren wir gezwungen unsre Kanoen ans Land zu ziehn, und eine beträchtliche Strecke zu tragen. Seine Breite von der grünen Bucht bis an den See Winnebago beträgt überhaupt zwey bis dreyhundert Fuß. Das Land an seinen Ufern ist gut, und dünn mit Eichen, Haseln und weißen Walnußbäumen*) bewachsen.

Der See Winnebago ist ungefähr funfzehn Meilen von Osten nach Westen lang, und sechs Meilen breit. An seinem südwestlichen Ende

B 2 fällt

---

*) Hickery, Juglans alba foliolis lanceolatis serratis, exterioribus latioribus. Miller Art. Juglans Nro. 4.

fällt ein Fluß hinein, der nicht weit von einem von den nördlichen Armen des Flusses Illinoa entspringt. Ich nannte ihn den Crocodillenfluß wegen einer Geschichte, die unter den Indiern von einem Thiere erzählt wird, das sie darin tödteten, und daß nach ihrer Beschreibung ein Crocodil oder Alligator gewesen seyn muß.

Die Gegend um den See ist sehr fruchtbar, und hat einen Ueberfluß an wild wachsenden Trauben, Pflaumen und andern Früchten. Die Winnebagoer ziehn an demselben eine Menge indisches Korn, Bohnen, Kürbisse, Melonenpfeben*) und Wassermelonen, und etwas Toback. Der See selbst hat einen Ueberfluß an Fischen, und gegen das Ende des Jahrs findet man häufig wilde Gänse, Endten und Kriechendten**) darauf. Die letztern kommen in großer Anzahl dahin, und sind vorzüglich gut und fett, und haben einen weit bessern Geschmack, als die, welche man an der See findet, da sie ihr starkes Fett von dem wilden Reiße setzen, der in diesen Gegenden sehr häufig wächst.

Ich verließ die Ortschaft der Winnebagoer den neun und zwanzigsten September, nachdem ich der guten alten Königin etliche angenehme Geschenke gemacht

---

*) Cucurbita Melopepo, *Squash*.
**) Anas crecca L. *Teal*.

gemacht und ihren Segen erhalten hatte, und kam zwölf Meilen davon, an die Stelle, wo der Fuchsfluß auf der Nordseite in den See fällt. Wir giengen diesen Fluß hinauf und erreichten den siebten October den großen Trageplatz, der ihn von dem Wisconsin trennt.

Der Fuchsfluß ist von der grünen Bucht bis an den Trageplatz ungefähr hundert und achtzig Meilen lang. Von dem See Winnebago bis an den Trageplatz ist sein Lauf sanft, und seine Tiefe beträchtlich, dem ungeachtet können Kanoen an verschiedenen Stellen nur mit Mühe durchkommen, weil ihnen die großen und dicken Reisstengel, die hier häufig wachsen, im Wege stehn. Die Gegend hier herum ist sehr fruchtbar, und zum Anbau ungemein geschickt, etliche wenige Stellen nahe am Flusse ausgenommen, wo sie zu niedrig liegt. Sie ist nirgends zu sehr mit Holz bewachsen, aber doch hinreichend, um jede Anzahl von Einwohnern zu ihren eignen Bedürfnißen reichlich damit zu versehen. Auf meiner ganzen Reise traf ich keine so große Schwärme von wilden Vögeln an, als hier, wo sie oft die Sonne etliche Minuten lang verdunkelten.

Ungefähr vierzig Meilen den Fluß hinauf von der großen Ortschaft der Winnebagoer, liegt eine kleinere, die ebenfalls dieser Nation gehört.

Wildprett und Bären sind in diesen Gegenden sehr zahlreich, und es wird eine große Menge Bieber und andre Rauchthiere an den Gewässern, die in diesen Fluß fallen, gefangen.

Dieser Fluß war vor achtzig Jahren wegen des Aufenthalts der vereinigten Völkerschaften der Otigamier und Sakier berühmt, denen die Franzosen ihrer löblichen Gewohnheit zufolge den Beynahmen der Säcke und Füchse (des Sacs & des Renards) gegeben hatten, und wovon mir ein Indier folgende Anekdote erzählte.

Vor ungefähr sechszig Jahren, da die französischen Missionarien und Handelsleute wiederhohlten Beleidigungen von diesem Volke waren ausgesetzt gewesen, so ward eine Parthei Franzosen und Indier unter dem Hauptmann Morand abgeschickt, um das ihnen wiederfahrne Unrecht zu rächen. Der Hauptmann brach im Winter von der grünen Bucht auf, da die Indier sich einen solchen Besuch gar nicht vermuthen waren, marschirte über den Schnee bis an ihre Dörfer, die ungefähr funfzig Meilen den Fuchsfluß hinauf lagen, und überfiel sie plötzlich. Er überwand sie leicht, da sie sich nicht zu seinem Empfange vorbereitet hatten, und tödtete oder nahm den größten Theil von ihnen gefangen. Auf dem Rückmarsche der Franzosen

nach

nach der grünen Bucht stand einer von den indischen Anführern, der mit ihnen im Bündnisse war, und einen beträchtlichen Haufen Gefangnen unter seiner Aufsicht hatte, still, um aus einem Bache zu trinken, unterdessen aber giengen seine Gefährten weiter. Eine von den gefangnen Weibern bemerkte dies, und ergriff ihn, wie er sich eben niederbückte, um zu trinken, bey einer äusserst empfindlichen Stelle, und hielt ihn daran fest, bis er todt war. Da der Anführer wegen des schrecklichen Schmerzens nicht im Stande war, seine Gefährten um Hülfe zu rufen, oder sonst lärm zu machen, so giengen sie, ohne zu wissen was vorgieng, weiter. Die Frau schnitt darauf die Bande ihrer Mitgefangnen, die sich im Hinterzuge befanden, entzwey, und entfloh mit ihnen glücklich. Diese Heldin ward nachher von ihrer Nation immer als ihre Befreierin angesehen, und zu einer Anführerin erwählt, mit dem Vorrechte, diese Ehre auf ihre Nachkommen zu vererben. Ein ungewöhnlicher Vorzug, der nur bey ganz besondern Gelegenheiten zugestanden wird.

Ungefähr zwölf Meilen, ehe ich den Trageplatz erreichte, beobachtete ich einige kleine Hügel, die sich bis an ihn erstreckten. Ihre Größe war zwar so unbeträchtlich, daß man sie in Vergleichung mit

B 4   den

den Bergen hinten an den Kolonien für Maulwurfshaufen halten konnte, aber da es die ersten waren, die mir zu Gesichte kamen, nachdem ich Niagara verlassen hatte, eine Entfernung von ungefähr eilfhundert Meilen, so konnte ich nicht umhin, ihrer zu erwähnen.

Der Fuchsfluß ist bey seinem Einflusse in den See Winnebago ungefähr funfzig Ellen weit, aber er wird, etliche wenige Stellen ausgenommen, wo er sich in kleine Seen ausdehnt, allmählig schmaler bis an den Trageplatz, wo seine Breite nur fünf Ellen beträgt, doch bleibt seine Tiefe noch immer beträchtlich. Sonst finde ich weiter nichts Merkwürdiges an diesem Flusse, als daß er fünf Meilen lang so schlängelnd fließt, daß er in seinem Laufe nur eine Viertelmeile dadurch gewinnt.

Der Trageplatz zwischen dem Fuchsflusse und Uisconsin ist nur sieben viertel Meile breit, ungeachtet auf verschiednen Karten seine Weite zehn Meilen beträgt. Ueberhaupt sind alle Karten, die ich von diesen Gegenden gesehn habe, äusserst fehlerhaft. Die Flüsse haben darauf eine von ihrer würklichen ganz verschiedne Richtung, und viele von ihren Armen, hauptsächlich vom Mississippi, sind ganz ausgelassen. Auch die Entfernungen zwischen

Oertern

Oertern sind sehr falsch angegeben. Ob die französischen Erdbeschreiber, (denn die englischen Karten sind alle nur Kopien von französischen) aus Absicht oder aus Mangel einer richtigen Kentniß der Gegend diese Fehler gemacht haben, kann ich nicht bestimmen; nur ist so viel gewiß, daß Reisende, die sich in den Gegenden, welche ich besucht habe, auf sie verlassen, oft in Verlegenheit gerathen werden. Ich maaß die ganze Gegend, welche ich durchreiste, aufs genaueste, und kann daher versichern, daß der Abriß, den ich diesem Werke beygefügt habe, weit richtiger gezeichnet ist, als irgend einer von den vorhergehenden.

Ungefähr auf dem halben Wege zwischen den selben Flüssen ist ein mit einer langen Art von Gras überwachsener Morast, der übrige Theil ist eben, und mit etlichen Eichen und Fichten bewachsen. Ich fand hier eine Menge Klapperschlangen. Herr Pinnisance, ein französischer Kaufmann, erzählte mir von einer eine merkwürdige Geschichte, wovon er Augenzeuge gewesen seyn wollte. Ein Indier, der zur Völkerschaft der Menomonier gehörte, fieng eine, und fand Mittel sie zahm zu machen. Er verehrte sie, wie seinen Gott, nannte sie immer seinen großen Vater, und trug sie in einer Schachtel überall bey sich. Dies hatte der

B 5 In-

Indier verschiedne Sommer hindurch gethan, als Herr Pinnisance ihn zufälligerweise an diesem Tragplatze antraf, grade wie er auf die Winterjagd gehn wollte. Herr Pinnisance wunderte sich ungemein, als er den Indier eines Tages die Schachtel, worinn er seinen Gott hatte, niedersetzen, und den Deckel aufmachen sah, um ihm die Freiheit zu geben. Er befahl ihr dabey genau, um die Zeit, wenn er zurück kommen würde, den folgenden May, sich wieder einzufinden. Da es damahls erst Oktober war, so sagte Herr Pinnisance zum Indier, über dessen Einfalt er sich sehr wunderte, daß er wahrscheinlicherweise künftigen May lange genug auf die Ankunft seines großen Vaters würde warten müssen. Allein der Indier hatte ein so gutes Zutrauen zum Gehorsam dieses Geschöpfs, daß er sich zu einer Wette von acht Quartier Rum erbot, daß die Klapperschlange zur bestimmten Zeit zurück kommen, und in ihre Schachtel kriechen würde. Die Wette ward angenommen, und die zweyte Woche im künftigen Monath May zur Entscheidung festgesetzt. Sie kamen beyde in diesem Monathe wieder zusammen, und der Indier setzte seine Schachtel hin, und rief seinen großen Vater. Die Schlange hörte ihn nicht, und da die Zeit vorbey war, so gestand er ein, daß er verlohren hätte,

hätte, erbot sich aber zugleich, die Wette doppelt zu bezahlen, wenn sein großer Vater in zwey Tagen nicht zurückkäme. Auch dies ward angenommen. Den zweyten Tag um ein Uhr kam die Schlange unvermuthet zurück, und kroch von selbst in die Schachtel, die für sie hingesetzt war. Herr Annisance versicherte, für die Richtigkeit dieser Geschichte einstehn zu können, und nach dem zu urtheilen, was ich oft von der Gelehrigkeit dieser Thiere gehört habe, sehe ich keine Ursache, seine Wahrheitsliebe in Zweifel zu ziehn.

Ich bemerkte, daß der Hauptarm des Fuchsflusses von Südwesten und der Uisconsin von Nordosten kam; und daß etliche kleine Nebenarme von diesen Flüssen sich einander etwas südwärts vom Trageplatze bis auf etliche Fuß näherten. Es giebt auf dem großen festen Lande von Amerika fast kein ähnliches Beyspiel, daß zwey solche Flüsse, die so nahe bey einander entspringen, einen so entgegengesetzten Lauf nehmen, und in einer so ungeheuren Entfernung von einander ins Meer fallen; denn der Fuchsfluß geht durch verschiedne große Seen, und fällt nach einem Laufe von mehr als zweytausend Meilen in den Meerbusen von St. Lorenz, und der Uisconsin vereinigt sich mit dem Mississippi, und ergießt sich nach einem eben so weiten Laufe in

den

den Meerbusen von Mexico. Ich hatte das folgende Jahr Gelegenheit, eine ähnliche Bemerkung über die Nähe der Hauptarme des Lorenzflusses und des Mississippi zu machen, und führe sie hier als einen Beweis an, daß die Meinung der Erdbeschreiber, daß Flüsse, die so nahe bey einander entspringen, aus einerley Quelle entstehn müssen, irrig ist. Denn ich sah deutlich eine völlige Absonderung zwischen beyden, ungeachtet sie sich so nahe kamen, daß ich von einem hätte zum andern schreiten können.

Den achten October brachten wir unsre Kanoen in den Fluß Uisconsin, der hier über dreyhundert Fuß breit ist, und kamen den Tag darauf nach der großen Ortschaft der Sakier. Dies ist der größte und am schönsten gebaute indische Ort, den ich je gesehn habe. Er besteht aus neunzig Häusern, wovon jedes für etliche Familien Raum hat. Sie sind aus zugehauenen und hübsch an einander gefügten Brettern gebaut, und so dicht mit Rinde gedeckt, daß kein Regen durchdringen kann. Vor den Thüren stehn bequeme Schauer, worunter die Einwohner sitzen, wenn es die Witterung erlaubt, und ihre Pfeiffe rauchen. Die Straßen sind regelmäßig und geräumig, so daß dieser Ort überhaupt mehr das Ansehn eines Aufenthaltes gesitteter Ein-

29

Einwohner als eines Wohnplatzes roher Wilden hat. Das Land um die Stadt herum ist sehr gut. In ihren Pflanzungen, die bey ihren Häusern liegen, und recht artig angelegt sind, bauen sie eine Menge indisch Korn, Bohnen, Melonen u. s. w. und dieser Ort wird daher auf einer Strecke von achthundert Meilen für den besten Markt für die Kaufleute, sich mit Lebensmitteln zu versehen, gehalten.

Die Sakier können ungefähr dreyhundert Mann aufbringen, die gewöhnlich alle Sommer Streifereyen in die Gebiete der Illinesen und Panier nehmen, von welchen sie oft mit einer großen Anzahl Sklaven zurückkommen. Allein diese beyden Völkerschaften brauchen oft das Recht der Wiedervergeltung, und bringen manchen von den Sakiern ums Leben; und dies ist vermuthlich die Ursache, warum ihre Anzahl nicht schneller zunimmt.

Wie ich mich hier aufhielt, so besuchte ich die Gebirge, die etwa funfzehn Meilen gegen Süden liegen, und einen Ueberfluß an Bleyerzt haben. Ich bestieg einen von den höchsten Bergen, wovon ich eine weite Aussicht hatte. Viele Meilen weit sah man nichts, als niedrigere Berge, auf denen gar keine Bäume wuchsen, und die daher in

einer

einer Entfernung wie Heuschober aussahen. Nur etliche Wälder von weißen Walnußbäumen und verwitterten Eichen bedeckten etliche von den Thälern. Bley giebt es hier so häufig, daß ich eine große Menge davon auf den Gassen in dem Ort der Sakier herumliegen sah, und es schien dem Bley aus andern Ländern nichts an Güte nachzugeben.

Den zehnten Oktober giengen wir weiter den Fluß hinab, und kamen den nächsten Tag an die Ortschaft der Ottigamier. Dieser Ort enthält ungefähr funfzig Häuser, wovon wir aber die meisten wegen einer ansteckenden Krankheit verlassen fanden, die hier vor einiger Zeit gewüthet, und über die Hälfte der Einwohner aufgerieben hatte. Der größte Theil von den übrigen war in die Wälder geflohen, um der Ansteckung zu entgehen.

Den funfzehnten kamen wir auf den großen Fluß Missisippi. Der Uisconsin hat von dem Trageplatze bis an seinen Einfluß in den Missisippi einen ebenen aber starken Lauf; sein Wasser ist ausserordentlich klar, und man sieht dadurch einen reinen sandigten Boden, ohne viele Felsen. Es giebt nur wenige Inseln darin, wovon der Boden gut zu seyn schien, doch waren sie etwas mit Holz bewachsen. Auch das Land nahe am Flusse hatte überhaupt ein vortref-

trefliches Ansehn, aber in einiger Entfernung davon ist es voller Berge, die viele Bleygruben enthalten sollen.

Ungefehr fünf Meilen von der Vereinigung dieser beiden Flüsse bemerkte ich die Ruinen eines großen Ortes, der eine sehr schöne Lage gehabt hätte. Ich erkundigte mich bey den benachbarten Indiern, warum dieser Ort verlassen wäre, und erfuhr, daß vor ungefähr dreissig Jahren der große Geist sich auf der Spitze einer Pyramide von Felsen, in einer kleinen Entfernung westwärts von dem Orte lag, gezeigt, und den Einwohnern angedeutet hätte, ihre Wohnungen zu verlassen, weil das Land, worauf sie gebaut wären, ihm gehörte, und er es jetzt brauchen müßte. Zum Beweise, daß er, der ihnen es befohle, wirklich der große Geist wäre, sollte unverzüglich auf den Felsen, von denen er mit ihnen spräche, und die sie als völlig unfruchtbar kannten, Gras hervorwachsen. Die Indier gehorchten, und fanden bald nachher, daß diese wunderbare Veränderung sich wirklich zugetragen hätte. Sie zeigten mir die Stelle, und ich fand an dem Graswachsen hier gar nichts übernatürliches. Vermuthlich war dies eine List der Spanier oder Franzosen, die sie aus eigennützigen Absichten ausübten, allein die Art, wie sie dieselbe ausführten, ist mir unbekannt.

Diese

Diese Indier bauten bald nach ihrem Abzuge einen Ort am Mississippi, nicht weit von der Mündung des Uisconsin, auf einer Stelle, welche die Franzosen la prairie des chiens, die Hundswiese, nannten. Der Ort ist groß, und enthält dreihundert Familen. Die Häuser sind nach indischer Art gut gebaut, und haben eine anmuthige Lage auf einem fruchtbaren Boden, der alle Lebensbedürfnisse im großen Ueberflusse hervorbringt. Ich sah hier viele Pferde von einer guten Größe und Bildung. Dieser Ort ist der große Markt, wo alle benachbarten Stämme, und selbst die, welche an den entferntesten Armen des Mississippi wohnen, sich alle Jahr gegen das Ende des Mays versamlen, und ihr Pelzwerk an die Handelsleute verkaufen. Allein der Kauf wird nicht immer hie. geschlossen. Dies kömmt auf den allgemeinen Rath ihrer Oberhäupter an, die bestimmen, ob es ihnen vortheilhafter ist, ihre Waaren hier zu verkaufen, oder sie nach Louisiana oder Mischillimackinac zu bringen. Dem Schlusse dieses Rathes zufolge, gehn sie entweder weiter, oder kehren nach ihren verschiedenen Wohnplätzen zurück.

Der Mississippi ist bey dem Einflusse des Uisconsin, nahe bey welchem ein Berg von einer beträchtlichen Höhe liegt, etwa eine halbe Meile breit.

Allein

Allein bey dem eben erwähnten Orte scheint er über eine Meile breit zu seyn, und ist voller Inseln, die einen sehr reichen Boden haben, aber dünn mit Holz bewachsen sind.

Auf der andern Seite, etwas weiter gegen Westen, fällt ein kleiner Fluß in den Mississippi, welchen die Franzosen la riviere jaune, den gelben Fluß nennen. Hier schlugen die Handelsleute, die ich bisher begleitet hatten, ihr Winterwohnung auf. Ich kaufte mir daher einen Kanoe, und gieng mit zwey Bedienten, einem französischen Kanabier, und einem Mohaak aus Kanaba, den neunzehnten den Mississippi weiter hinauf.

Ungefähr zehn Tage, nachdem ich die Kaufleute verlassen hatte, stieg ich, wie ich gewöhnlich alle Abende that, ans Land, und befahl meinen Leuten, wie es dunkel ward, sich niederzulegen, und zu schlafen. Ich setzte mich unterdessen bey einem Feuer, das ich brennen hatte, hin, um die Bemerkungen, die ich den vorigen Tag gemacht hatte, aufzuschreiben. Gegen zehn Uhr, wie ich eben damit fertig war, trat ich vor mein Zelt, um zu sehen, was für Wetter wir hätten. Als ich meine Augen gegen die Seite des Flusses zu richtete, sah ich beym Scheine der Sterne, die einen hellen Glanz von sich warfen, etwas, das einer Heerde

Carvers Reisen. E Vieh

Vieh ähnlich war, einen Abhang in einer Entfernung herunter kommen. Wie ich noch ungewiß war, was dies etwa seyn könnte, so sprang einer davon auf, und zeigte mir eine Menschengestalt. In einem Augenblick waren sie alle auf den Füßen, und ich zählte zehn bis zwölf, die auf mich zuliefen. Ich gieng schnell in mein Zelt zurück, weckte meine Leute, und befahl ihnen ihr Gewehr zu nehmen, und mir zu folgen. Da ich hauptsächlich für meinen Kanoe besorgt war, so lief ich nach dem Wasser zu, und fand eine Parthey Indier, denn dafür erkannte ich sie jezt, eben im Begrif, ihn zu plündern. Ehe ich an sie kam, befahl ich meinen Leuten, nicht zu feuern, ehe ich ihnen zuriefe, da ich nicht gerne ohne die äusserste Noth Feindseligkeiten anfangen wollte. Ich gieng deswegen entschlossen auf sie los, bis dicht an die Spitzen ihrer Spieße, die ihre einzigen Waffen waren, und fragte sie, indem ich meinen Hirschfänger herum schwang, mit rauher Stimme, was sie wollten? Sie erstaunten nicht wenig darüber, und da sie ein heisses Willkommen befürchteten, so kehrten sie um, und giengen geschwinde fort. Wir verfolgten sie bis an ein nahliegendes Holz, in welches sie sich begaben, und sahen nichts weiter von ihnen. Jedoch wachten wir wechselsweise die ganze Nacht, aus Furcht, sie zurück kom-

kommen zu sehen. Den Tag darauf äufferten meine Bedienten große Furcht, und baten mich inständig, zu den Handelsleuten, die wir vor kurzem verlaßen hatten, zurück zu kehren. Allein ich sagte ihnen, wenn man sie nicht für alte Weiber halten sollte, (der schimpflichste Vorwurf, den man einem Indier machen kann) so müßten sie mir folgen, denn ich wäre entschloßen, meine Reise fortzusetzen, da ein Engländer, wenn er sich einmahl auf ein Unternehmen eingelaßen hätte, nie zurück zöge. Sie liegen auf diese Erinnerung in den Kanve, und ich gieng längst dem Ufer hin, um sie gegen fernere Angriffe zu bedecken. Ich erfuhr nachher, daß diese Parthey Indier, die uns berauben wollte, aus Landstreichern bestand, die verschiedner Verbrechen wegen aus ihren Stämmen vertrieben waren. Sie lebten jetzt vom Raube, und waren den Reisenden, die in diese Gegenden kamen, sehr beschwerlich. Sie verschonen selbst Indier nicht. Die Handelsleute hatten mich vorher gewarnt, auf meiner Hut gegen sie zu seyn, und ich muß allen, deren Geschäfte sie in diese Gegenden führen könnte, diese Warnung wiederholen.

Den ersten November kam ich beym See Pepin an, der eigentlich nur eine Erweiterung des Flußes Mißisippi ist, welcher die Franzosen diese Benennung gegeben haben. Er liegt ungefähr zweyhundert Meilen vom Ulsconsin. Der Mississippi fließt unterhalb dieses Sees sehr gelinde, allein seine Breite ist sehr abwechselnd, da sie an einigen Stellen über eine Meile, an andern hingegen kaum eine Viertelmeile beträgt. Dieser Fluß hat in seiner ganzen Länge auf beyden Seiten eine Reihe von Gebirgen, die an einigen Stellen dicht darauf stoßen, an andern aber in einer Entfernung von ihm liegen. Das Land zwischen den Gebirgen und um sie herum ist mit Gras bedeckt, und man trift nur hin und wieder zerstreute Wälder an, bey welchen man oft große Heerden von Wild und Elendthieren weiden sieht. An vielen Stellen zeigten sich Felsenpyramiden, die wie alte verfallene Thürme aussahen; an andern gab es fürchterliche Abgründe; und was sonderbar ist, so ist die andre Seite des Berges, der einen solchen Anblick macht, oft mit den schönsten Kräutern bewachsen, die sich stuffenweise bis an seinen Gipfel erstrecken. Von diesen Bergen hat man eine unbegränzte und so schöne Aussicht, als man sich nur denken kann. Grüne Ebenen, fruchtbare Wiesen, zahlreiche Inseln, und auf allen diesen eine Menge von verschiednen Bäumen, die ohne Sorgfalt und Kultur einen Ueberfluß von Früchten liefern, und worunter Nußbäume,

Zucker-

Zuckerahorn*) mit Trauben beladene Weinstöcke, und Pflaumenbäume, die sich unter ihrer reizenden Last biegen, die vornehmsten sind. Doch nichts macht einen schönern Anblick als der silberne Strom, der unten sanft vorbeyfließt, und so weit reicht, daß man ihm mit den Augen nicht folgen kann.

Der See ist ungefähr zwanzig Meilen lang, und sechs breit; an verschiednen Stellen ist er sehr tief, und hat einen Ueberfluß an allerley Arten von Fischen. Es besuchen ihn und die benachbarten Flüsse ebenfalls eine Menge Vögel, als Lerche, Schwäne, Gänse, und Enten; und in Wäldern trift man häufig Calekutsche Hühner und Rebhühner an. Auf den Ebenen giebt es die größten Büffelochsen in ganz Amerika. Ich sah hier noch die Ruinen von einer Französischen Faktorey, wo sich Hauptmann St. Pierre, vor der Eroberung von Canada, aufgehalten, und einen ansehnlichen Handel mit den Nabowessiern getrieben haben soll.

Ungefähr sechzig Meilen unterhalb des Sees liegt ein Berg grade in der Mitte des Flusses, und hat das Ansehn, als wenn er vom Ufer in den Strom herabgeglitscht wäre. Man kann ihn keine Insel nennen, da er gleich von der Wasserfläche

C 3

*) Acer sacharinum L.

an zu einer beträchtlichen Höhe aufsteigt. Indier und Franzosen nennen ihn den Berg im Flusse.

Ich stieg eines Tages am Ufer des Mississippi etliche Meilen unterhalb des Sees Pepin ans Land, und während der Zeit, daß meine Gefährten mein Mittagsessen zurechte machten, gieng ich herum, um die Gegend in Augenschein zu nehmen. Ich war noch nicht weit gegangen, als ich auf eine hübsche und ofne Ebene kam, auf der ich in einer Entfernung eine Erhöhung ansichtig ward, die wie eine Verschanzung aussah. Wie ich sie genauer untersuchte, so fand ich noch grössere Ursache zu glauben, daß sie würklich vor einigen Jahrhunderten zu diesem Endzweck gedient hatte. Sie war zwar jezt ganz mit Gras bewachsen, allein ich konnte deutlich unterscheiden, daß sie ehemals aus einer vier Fuß hohen Brustwehr bestanden, die sich fast auf eine Meile erstreckte, und Raum genug für fünftausend Mann hatte. Ihre Figur war beynahe kreisförmig, und ihre Flanken erstreckten sich bis an den Fluß. So sehr dies Werk auch durch Länge der Zeit gelitten hatte, so konnte man doch noch jeden Winkel daran unterscheiden, und es schien so regelmäßig und mit so vieler Kriegskenntniß aufgeworfen zu seyn, als ob Vauban es selbst angelegt hätte. Der Graben war nicht mehr sichtbar, allein es schien

mir

mir doch bey genauer Untersuchung, als ob einer
da gewesen wäre. Auch seine Lage scheint zu beweisen, daß es zur Vestung diente. Die Vorder-
seite davon stieß auf die Ebene und die Hinterseite
auf den Fluß. Es gab in der Nähe keine Höhe,
von der man es hätte bestreichen können, und nur
etliche Eichen standen zerstreut um dasselbe herum.
An verschiednen Stellen fand ich schmahle Wege, die
von den Füßen der Elendthiere und Rehe, die
darüber gelaufen, entstanden waren. Die Tiefe
des Bettes von Erde, womit es bedeckt war, be-
wies sein hohes Alter. Ich untersuchte alle Winkel und übrigen Theile mit großer Genauigkeit, und
habe es oft nachher bedauert, daß ich nicht auf der
Stelle einen genauen Abriß davon nahm. Zum
Beweise, daß diese Beschreibung nicht von einer
erhitzten Einbildungskraft herrührt, erfahre ich nach
meiner Rückkunft, daß Herr Pierre und verschiedne
Handelsleute ähnliche Verschanzungen entdeckten,
über die sie einerley Anmerkungen mit mir machten, ohne sie doch so genau untersucht zu haben,
als ich es that. Wie ein Werk von dieser Art in
einem Lande entstehn konnte, das nach unsrer Meynung bisher bloß der Sitz des Krieges zwischen un-
wissenden Indiern war, deren ganze Kriegswissen-
schaft vor zweyhundert Jahren noch blos im Bogen-

C 4 spannen

spannen bestand, und deren ganze Verschanzung noch jetzt ein dicker Busch ist, wage ich nicht zu bestimmen. Ich habe eine so genaue Beschreibung von dieser sonderbaren Erscheinung gegeben, als mir möglich war, und überlasse es künftigen Untersuchungen zu entscheiden, ob sie von Natur oder Kunst herrühre. Vielleicht geben meine Muthmassungen Anlaß, die Sache einer genauern Betrachtung zu würdigen, die uns vielleicht ganz verschiedene Begriffe von dem alten Zustande von Reichen machen wird, welche wir bisher blos für eine Wohnung der Wilden von den ältesten Zeiten an gehalten haben.

Der Fluß Missisippi ist bis an den Fluß St. Croix, dreißig Meilen über den See Pepin, voller Inseln, von denen einige eine beträchtliche Länge haben. Auf diesen wachsen ebenfalls viele Zukkerahorne, um die sich mit Trauben belastete Weinreben bis an die Gipfel hinauf schlingen. Ueberhalb des Sees sieht man wenig Berge, und selbst diese sind nur niedrig. Nahe beym Flusse St. Croix halten sich drey Stämme von Nadowessiern auf, welche die Flußstämme genannt werden.

Die Nation besteht jetzo aus eilf Stämmen. Ursprünglich waren ihrer zwölf, allein die Assinipoilen empörten sich vor etlichen Jahren, und trenn-

rschanzung
nicht zu be-
schreibung
geben, als
gen Unter-
latur oder
ne Muth-
uern Be-
ganz ver-
e von Rei-
s für eine
Zeiten an

Fluß St.
pin, voller
che länge
iele Zuf-
ete Wein-
. Ueber-
und selbst
St. Croix
stern auf,

Stämmen.
ie Assini-
en, und
trenn-

rennten sich von den übrigen. Die, welche ich
ier antraf, werden die Flußstämme genannt, weil
ie vorzüglich am Ufer des Flusses wohnen; die
brigen acht werden überhaupt durch den Nahmen
er Nabowessier von den Ebenen, unterschieden,
b wohnen in einer Gegend, die weiter nach We-
n zu liegt. Die ersten heissen die Nehogata-
onaher, die Matabàntowaher und die Schahswin-
waher, und bestehn aus ungefähr vierhundert
riegern.

Nicht lange vorher, ehe ich diese drey Stämme
raf, stieß ich auf eine Parthey von Matabánto-
her, die sich auf vierzig Krieger mit ihren Fa-
ilien belief. Bey diesen hielt ich mich etliche
age auf, während welcher Zeit fünf bis sechs
n ihnen, die auf eine Streiferey ausgewesen
ren, eiligst zurück kamen, und ihre Gefährten
achrichtigten, daß eine große Parthey von Tschi-
äern, nach ihrem Ausdrucke: "genug um sie
u verschlingen," ihnen dicht nachfolgten, und ihr
leines Lager gleich angreifen würden. Ihre Häup-
er wandten sich an mich, und verlangten, daß ich
mich an ihre Spitze stellen, und sie gegen ihre Feinde
anführen sollte. Da ich ein Fremder war, und keine
von beyden Nationen gern beleidigen wollte, so
gerieth ich dadurch in keine geringe Verlegenheit.

E 5   Hätte

Hätte ich mich geweigert, den Nabowessiern beyzustehn, so würde ich ihren Unwillen auf mich gezogen haben, und hätte ich Feindseligkeiten gegen die Tschipiwäer verübt, so würde ich sie mir zu Feinden gemacht haben, und wäre ich auch glücklich genug gewesen, ihnen diesmahl zu entkommen, so würden sie mich doch ihre Rache gewiß nachher haben fühlen lassen. Ich schlug daher in dieser Noth den Mittelweg ein, und bat die Nabowessier, den Tschipiwäern entgegen zu gehn, und zu suchen ihre Wuth abzuwenden. Sie willigten ungern darein, da sie glaubten, daß wegen des eingewurzelten Hasses beyder Nationen gegen einander, meine Vorstellungen vergeblich seyn würden.

Ich nahm meinen Franzosen mit mir, der die Sprache der Tschipiwäer reden konnte, und gieng geschwind nach der Seite, wo sie herkommen sollten. Die Nabowessier blieben unterdessen in einer Entfernung zurück. Wie ich mich ihnen mit der Friedenspfeiffe näherte, kam eine kleine Anzahl ihrer Anführer auf eine freundschaftliche Art auf mich zu, mit denen ich durch meinen Dollmetscher eine lange Unterredung führte. Der Erfolg davon war, daß sie sich durch mich überreden ließen, diesmahl ihren Haß fahren zu lassen, und ohne ihr grausames Vorhaben auszuführen, zurück zu kehren.

Wäh-

Während unster Unterhandlung bemerkte ich, wie sie zerstreut herum lagen, daß die Parthey sehr zahlreich war, und daß viele von ihnen Flinten hatten.

Da ich meine Unterhandlung glücklich geendigt hatte, so kehrte ich zu den Nadowessiern zurück, und rieth ihnen, ihr Lager unverzüglich in einer andern Gegend aufzuschlagen, aus Furcht, ihre Feinde möchten ihr gegebenes Versprechen bereuen, und ihr Vorhaben noch ins Werk richten. Sie folgten mir willig, und fiengen so gleich an, ihre Hütte abzubrechen, wobey sie mich mit Dankbezeugungen überhäuften. Ich begleitete sie bis an ihre Canoen, und setzte darauf meine Reise weiter fort.

Dieser Friedensstiftung hatte ich nachher vorzüglich meine gute Aufnahme bey den Nadowessiern der Ebenen zu danken, die mir während meines Aufenthaltes bey ihnen viel Achtung und Ehrenbezeugungen bewiesen; und wie ich viele Monathe nachher in dem Dorfe der Tschipiwäer, nahe bey den Seen Ottowa ankam, so erfuhr ich, daß mein Ruhm schon vor meiner Ankunft bey ihnen erschallt war. Die Häupter empfiengen mich mit vieler Treuherzigkeit, und die ältern dankten mir dafür, daß ich so viel Unheil abgewandt hätte. Sie sagten mir, daß der Krieg zwischen ihrer Nation und

den

den Nadowessiern über vierzig Winter ununterbrochen fortgebauert hätte. Sie hätten zwar lange gewünscht, ihm ein Ende zu machen, allein die jungen Krieger von beyden Völkerschaften, die ihre Hitze, wenn sie sich einander begegneten, nicht mäßigen könnten, hätten es verhindert. Sie versicherten mich, sie würden sich sehr glücklich schätzen, wenn irgend ein so friedfertiger Mann von Ansehn, wie ich, der dabey eine eben so große Entschlossenheit und Kaltblütigkeit besäße, sich hier im Lande unter den beyden Nationen niederlassen wollte, da durch seine Vermittelung leicht ein Vergleich, den sie sehnlichst wünschten, könnte zu Stande gebracht werden. Da ich in der Folge keine Nadowessier weiter antraf, so hatte ich keine Gelegenheit, ein so gutes Werk zu befördern.

Ungefähr dreißig Meilen unterhalb dem Wasserfalle von St. Anton, den ich zehn Tage nach meiner Abreise vom See Pepin erreichte, ist eine merkwürdige Höhle von einer erstaunlichen Tiefe. Die Indier nennen sie Wákon-tibe, die Wohnung des großen Geistes. Der Eingang ist ungefähr zehn Fuß weit, und fünf Fuß hoch. Die Höhe des innern Gewölbes beträgt funfzehn Fuß und seine Breite ungefähr dreißig Fuß. Der Boden besteht aus einem feinen klaren Sande. Ungefähr zwanzig

45

...ig Fuß vom Eingange fängt ein See an, deßen
Waßer völlig durchsichtig ist, und der sich so weit
erstreckt, daß man sein Ende gar nicht hat ausfündig machen können, da die Dunkelheit der Höhle
eine genaue Untersuchung erlaubt. Ich warf einen
kleinen Stein mit aller meiner Stärke über denselben hin, der, so klein er auch war, wie er ins
Waßer fiel, ein erstaunlich fürchterliches Geräusch
machte, das durch diese ganze schauervolle Gegend
wiederhallte. Ich fand in dieser Höhle viele indische
Hieroglyphen, die sehr alt zu seyn schienen, denn
die Zeit hatte sie fast so sehr mit Mooße bedeckt,
daß ich ihnen kaum nachspüren konnte. Sie waren auf eine rauhe Art an der innern Seite der
Wände ausgehauen, die aus einem so weichem
Steine bestanden, daß man leicht mit einem Meßer
hineinstechen konnte. Man trifft diese Steinart
überall am Mißißippi an. Es giebt nur einen engen
und steilen Zugang zu dieser Höhle, der nah
am Rande des Flußes fortläuft.

In einer kleinen Entfernung von dieser fürchterlichen Höhle ist ein Begräbnißplatz von verschiednen Stämmen der Nadoweßier. Diese Völkerschaften haben zwar keinen festen Wohnplatz, sondern sie wohnen in Zelten, und halten sich nur wenige Monathe auf einer Stelle auf, allein dem ungeachtet

geachtet bringen sie immer die Gebeine ihrer Verstorbenen hieher, wenn ihre Oberhäupter zusammenkommen, um sich über die öffentlichen Angelegenheiten für den künftigen Sommer zu berathschlagen. Zehn Meilen unterhalb des Wasserfalles St. Anton fällt der Fluß St. Peter, den die Eingebohrnen Wabapamenesotor nennen, auf der Westseite in den Mißißippi. Pater Hennepin erwähnt seiner nicht, da er doch ein großer schöner Fluß ist. An diesem Irthume war vermuthlich eine kleine Insel schuld, die grade vor seiner Mündung liegt, und ihn verbirgt. Ich würde diesen Fluß selbst nicht entdeckt haben, wenn ich mich nicht von den gegenüberliegenden Anhöhen, die sich ziemlich hoch erheben, darnach umgesehen hätte.

Fast grade diesem Flusse gegenüber zwang mich das Eis, meinen Kanoe zu verlassen, und zu Lande nach dem Wasserfalle von St. Anton zu reisen, wo ich den 17ten November ankam. Der Mißißippi ist vom St. Petersflusse an bis hieher etwas reissender, als ich ihn bisher angetroffen hatte, und man sieht gar keine Inseln von irgend einiger Wichtigkeit darin.

Noch ehe ich meinen Kanoe verließ, traf ich einen jungen Prinzen von den Winnebagoern an, der als Gesandter zu den Nadowessischen Völker-

schaf-

47

haften gieng. Da er hörte, daß ich den Wasserfall besehen wollte, so ließ er es sich gefallen, mich
dahin zu begleiten, weil seine Neugierde oft durch
die Erzählungen davon, die er von einigen seiner
Oberhäupter gehört hatte, war rege gemacht worden. Er ließ daher seine Familie (denn die Indier
reisen nie ohne ihre ganze Haushaltung) hier unter
der Aufsicht meines Mohaak Indiers zurück, und
wir beyden giengen, blos in Begleitung meines
französischen Bedienten, zu lande nach diesem berühmten Wasserfalle.

Wir konnten schon in einer Entfernung von fünf-
zehn englischen Meilen das Geräusch des Wassers
deutlich hören, und mein Vergnügen und Erstaunen
wuchsen immer, je näher ich diesem Wunderwerke
der Natur kam. Allein ich konnte diesen Regungen
nicht lange nachhängen, da das Betragen meines
Gefährten meine ganze Aufmerksamkeit an sich zog.

Der Prinz hatte kaum die Spitze erreicht, von
welcher man diesen bewundernswürdigen Wasserfall
übersehen kann, als er anfieng, mit vernehmlicher
Stimme zu dem großen Geiste zu beten, weil er
glaubte, daß dieß einer von seinen Wohnplätzen
wäre. Er sagte ihm vor, daß er einen weiten
Weg gereist wäre, um ihn hier anzubeten, und
daß er ihm jetzt das beste Opfer, das er in seiner

Macht

Macht hätte, darbringen wollte. Er warf darauf zuerst seine Pfeiffe in den Strom, und das Futteral, worinn er seinen Toback aufbewahrte; darauf folgten die Armbänder, die er am Oberarme und am Handgelenke trug, sein Halsband, das aus Draht und Rosenkränzen bestand, und zuletzt seine Ohrringe; kurz er schenkte seinem Gotte alles, was sich nur von einigem Werthe in seinem Anzuge befand. Während der Zeit schlug er sich oft auf die Brust, schleuderte seine Arme umher, und schien überhaupt in heftiger Bewegung zu seyn.

Er setzte zugleich sein Gebet immer fort, und endigte es damit, daß er den großen Geist um seinen Schutz auf unsrer Reise, um eine glänzende Sonne, einen blauen Himmel, und helles heitres Wetter bat. Er gieng auch nicht von der Stelle weg, bis wir dem großen Geiste zu Ehren eine Pfeiffe zusammen geraucht hatten.

Ich wunderte mich ungemein, ein Beyspiel von so erhabener Andacht bey einem jungen Indier zu sehn, und anstatt mich über seine Ceremonien dabey aufzuhalten, wie mein katholischer Bediente heimlich that, so vermehrten vielmehr diese aufrichtigen Beweise von Frömmigkeit meine Hochachtung für ihn, und ich zweifle nicht, daß sein Opfer und Gebet dem allgemeinen Vater der Menschen eben so

ange-

angenehm waren, als wenn sie mit größerm Gepränge und an einem geweihten Orte wären hergebracht worden.

Ueberhaupt nahm mich das ganze Betragen dieses jungen Prinzen sehr für ihn ein. In den wenigen Tagen, die wir bey einander waren, schien seine ganze Aufmerksamkeit darauf gerichtet zu seyn, mir zu dienen, und selbst in dieser kurzen Zeit gab er mir so viele Beweise einer edeln und uneigennützigen Freundschaft, daß ich ihn bey unsrer Zurückkunft sehr ungern verließ. Wenn ich über ungekünstelten, die aber um so mehr einnehmenden Sitten dieses jungen Wilden nachbachte, so konnte ich nicht umhin, einen Vergleich zwischen ihm und etlichen von den feinern Einwohnern gesitteter Länder anzustellen, der wirklich nicht sehr zum Vortheil der leztern ausfiel.

Der Wasserfall von St. Anton erhielt seinen Nahmen vom Pater Ludwig Hennepin, einem französischen Missionár, der diese Gegenden im Jahre 1680 durchreiste, und der erste Europäer war, der sich vor den Wilden sehn ließ. Der Fluß, der hier über siebenhundert und funfzig Fuß breit ist, macht hier einen ungemein prächtigen Wasserfall. Das Wasser stürzt sich senkrecht über dreißig Fuß herab, und die vielen Wirbel, die man auf einer

Strecke von neunhundert Fuß antrift, machen den Fall noch weit beträchtlicher, und machen, daß man ihn in einiger Entfernung für weit höher ansieht, als er würklich ist. Pater Hennepin schätzt ihn auf sechszig Fuß, allein er machte einen eben so großen Fehler bey der Berechnung des Wasserfalls zu Niagara, dessen Höhe er auf sechshundert Fuß angab; da sie doch nach neuern und genauern Messungen nicht über hundert und vierzig beträgt. Allein ich fürchte, der gute Pater baute seine Rechnungen überhaupt nur zu sehr auf falsche Erzählungen, oder eine flüchtige Untersuchung.

In der Mitte des Wasserfalls steht eine kleine Insel, die ungefähr vierzig Fuß breit und etwas länger ist. Es wachsen blos etliche schlechte amerikanische und andre Tannen darauf. Ungefähr auf der Hälfte der Weite zwischen dieser Insel und dem östlichen Ufer grabe am Rande des Falles liegt ein Felsen in einer schiefen Richtung, der ungefähr sechs Fuß breit, und dreissig bis vierzig Fuß lang zu seyn schien. Dieser Wasserfall ist dadurch von allen übrigen, die ich kenne, sehr unterschieden, daß man ohne die geringste Hinderniß von Hügeln oder Klüften anzutreffen, dicht an ihn kommen kann.

Die Gegend hier herum ist ungemein schön. Sie besteht aus keiner ununterbrochenen Ebene,
wo

wo das Auge gar keinen Ruhepunkt finden kann, sondern aus vielen sanften Anhöhen, die im Sommer mit dem schönsten Grün bedeckt sind, und hin und wieder durch kleine zerstreute Wälder einen sehr angenehmen und mannigfaltigen Anblick verursachen. Ueberhaupt, wenn man den Wasserfall dazu nimmt, der sich schon in einer Entfernung von vier englischen Meilen zu zeigen anfängt, so läßt sich kaum eine so schöne und mahlerische Landschaft denken. Nur war es Schade für mich, daß ich zu keiner bessern Jahrszeit hier war, da jetzt Bäume und Hügel ihr prächtigstes Gewand nicht mehr anhatten, und dadurch viel von ihrer Schönheit verlohren; aber auch ohne diesen Schmuck übertraf die Gegend meine feurigste Erwartung. Ich habe mich bemüht, meinen Lesern eine so genaue Vorstellung von diesem reitzenden Gegenstande der Natur zu geben, als es mir möglich war; aber jede Beschreibung, mit der Feder oder mit dem Pinsel, muß dem Original unendlich weit nachstehn.

In einer kleinen Entfernung unterhalb des Wasserfalles steht eine kleine Insel, die ungefähr anderthalb englische Morgen beträgt. Es wuchs eine Menge Eichbäume darauf, und jeder Zweig, der nur stark genug war, das Gewicht zu tragen, war voller Adlerneste. Diese Vögel begeben sich in solcher Menge hieher, weil ihr Aufenthalt durch die vielen Wirbel, über die sich kein Indier wagt, gegen alle Angriffe von Menschen und Thieren in Sicherheit gesetzt wird. Ausserdem finden sie hier an den Fischen und Thieren die vom Wasserfalle zerschmettert und ans Ufer geworfen werden, für sich und ihre Jungen hinreichende Nahrung.

Wie ich meiner Neugierde, so weit, als ein menschliches Auge befriedigt werden kann, ein Genüge gethan hatte, so gieng ich in Begleitung meines jungen Freundes weiter, bis ich den Fluß St. Franziscus erreichte, der sechszig Meilen überhalb des Wasserfalles liegt. Er erhielt seinen Nahmen vom Pater Hennepin, dessen Reisen er, so wie den meinigen, gegen Nordwesten, ihre Grenzen setzte. Da die Jahrszeit so spät, und das Wetter so kalt war, so war ich nicht im Stande, so viele Beobachtungen in diesen Gegenden anzustellen, als ich sonst gewünscht hätte.

Ich muß jedoch noch anmerken, daß ich auf der kleinen Reise, die ich oberhalb des Wasserfalles that, vierzehn Meilen davon, einen ungefähr sechszig Fuß breiten Fluß antraf, der von Nordosten herkam und Rumfluß heißt. Am zwanzigsten November kamen wir an einen zweyten Fluß, der
Gänse-

Gänsefluß genannt, der ungefähr sechs und dreißig
Fuß breit war. Hier fängt der Mississippi an
schmäler zu werden, und seine Breite beträgt nur
ungefähr zweyhundert und siebenzig Fuß. Er
scheint größtentheils aus kleinern Armen zu bestehn.
Das Eis hinderte mich, die Tiefe von diesen drey
Flüssen zu untersuchen.

Die Gegend ist an einigen Stellen voller Hügel,
unter denen sich aber keine hohe Berge befinden.
Ich fand hier viele Rehe, und Rennthire, und
einige Elendthiere. Bieber, Ottern und andere
Pelzthiere waren sehr häufig. Etwas weiter von
hier gegen Nordosten, giebt es eine Menge kleiner
Seen, die tausend Seen genannt, in deren Gegend, die wenig besucht wird, die beste Jagd auf
viele Meilen umher angetroffen wird, da der Jäger versichert seyn kann, immer beladen daraus
zurück zu kehren.

Niemand hat den Mississippi höher hinauf, als bis
zum St. Petersflusse untersucht, und blos Pater
Hennepin und ich kamen so weit. Alles, was wir von
den nördlichern Theilen wissen, haben wir daher
blos den Indiern zu danken. Dieser Fluß ist von
dem Meere an nicht weiter als bis zum Ausflusse
des Ohio für Fahrzeuge von einiger Größe schiffbar,
und selbst bis dahin können sie wegen des reissen-

den Stromes und der vielen Krümmungen nicht ohne viele Mühe kommen. Kolonien, die weiter landeinwärts an ihm angelegt wären, würden daher gegen jeden Angriff von einer Seemacht völlig sicher seyn. Dem ungeachtet könnten die Einwohner ihre Produkte mit großer Bequemlichkeit von der Quelle des Stroms bis an den Meerbusen von Mexiko hinunter bringen, da er kleine Fahrzeuge sehr gut tragen kann. Vielleicht könnte die Schiffahrt noch durch Kanäle und kürzere Durchschnitte erleichtert werden. Nach Neu-York und Kanada ließe sich über die Seen ebenfalls leicht eine Gemeinschaft eröfnen. Der Einfluß des Ohio ist, nach dem Laufe des Flusses zu rechnen, ungefähr neunhundert englische Meilen von der Mündung des Mißißippi entfernt; und der Meßorie liegt ungefähr noch zweyhundert Meilen höher. Von diesem bis zum Flusse Illinoa ungefähr zwanzig Meilen, und vom Illinoa bis zum Uisconsin, den ich schon beschrieben habe, sind noch ungefähr achthundert Meilen weiter.

Den fünfund zwanzigsten kehrte ich nach meinem Kanoe, den ich an der Mündung des St. Peters-Flusses verlassen hatte, zurück; und hier nahm ich sehr ungern von meinem jungen Freunde, dem Prinzen der Winnebagoer, Abschied. Da dieser

Fluß

Fluß wegen seiner südlichen Lage vom Eise frey war, so fand ich nichts, das meine Fahrt hätte hindern können. Den acht und zwanzigsten hatte ich ungefähr vierzig Meilen zurück gelegt, und kam an einen kleinen Arm, der von Norden her sich mit ihm vereinigte, und den ich, da er noch keinen Nahmen hatte, nach mir benannte. Meine Leser werden ihn auf meiner Reisekarte unter dem Nahmen von Carversflusse finden. Ungefähr vierzig Meilen weiter hinauf kam ich an den Ausfluß der rothen und weissen Marmorflüsse, die sich kurz vorher mit einander vereinigen, ehe sie in den St. Petersfluß fallen.

Der Fluß St. Peter ist bey seinem Einflusse in den Mißißippi etwa dreyhundert Fuß breit, und behält diese Breite so weit, als ich ihn hinaufgesegelt. Er ist sehr tief und an verschiednen Stellen ungemein reissend. Ungefähr funfzig Meilen von seiner Münhbung giebt es einige Wirbel, und weit höher hinauf trift man deren noch viele an.

Ich gieng diesen Fluß ungefähr zweyhundert Meilen bis an das Land der Nadowessier von der Ebene hinauf. Dies Land liegt etwas oberhalb der Landzunge, welche der eben erwähnte grüne und rothe Marmorfluß machen, und wo ein Arm von Süden her sich beynahe mit dem Messorie verei-

D 4 nigt.

nigt. Nach den Nachrichten zu urtheilen, die ich von den Indiern erhielt, so müssen die Flüsse Messorie und St. Peter, ungeachtet sie zwölfhundert Meilen von einander in den Mississippi fließen, nahe bey einander, und sogar blos in der Entfernung von einer Meile, entspringen. Der nordliche Arm des Flusses St. Peter entsteht aus einer Menge Seen, nahe bey den glänzenden Bergen, und aus eben diesen Seen kommt ein Hauptarm des Flusses Burbon her, der in Hudsons Meerbusen fällt.

Ich erfuhr von den Nadowessiern, bey denen ich den siebenten December ankam, und deren Sprache ich vollkommen in sieben Monaten lernte, daß die vier Hauptströme von Nordamerika, nemlich der St. Lorenz, der Mississippi, der Burbon und der Oregan, oder westliche Fluß, wie ich schon in meiner Einleitung angeführt habe, nicht weit von einander entspringen. Die Quellen der drey ersten Flüsse sind nicht über dreißig Meilen von einander entfernt, allein der Oregan liegt weiter nach Westen zu. Diese Nachricht ward nachher durch die Erzählung der Assinipoilen bestätigt, welche die Sprache der Nadowessier reden, von denen sie sich durch Empörung getrennt haben. Auch die Killinistoer, die Nachbaren von den Assinipoilen sind, und mit den Tschipiwäern einerley

Sprache

Sprache haben, und meine eignen Beobachtungen bekräftigten in der Folge diese Entdeckung, welche beweist, daß dies die höchste Gegend in Nordamerika ist.

Es giebt sonst vermuthlich in allen drey übrigen Welttheilen kein Beyspiel, daß vier so große Flüsse so nahe bey einander entspringen, und dennoch jeder seinen verschiednen Lauf nimmt, und sich zwey tausend Meilen von seiner Quelle in ein besondres Meer ergießt. Denn von dieser Gegend rechnet man ostwärts nach dem Meerbusen von St. Lorenz, südwärts nach dem Meerbusen von Mexiko, nordwärts nach Hudsonsbay, und westwärts nach dem Meerbusen bey der Straße von Anian über zwey tausend englische Meilen.

Ich will jetzt meinen Lesern die Gedanken vortragen, die bey mir entstanden, als ich diese wichtige Nachricht erhielt, und mich durch unzählige Nachfragen von ihrer Wahrheit wenigstens so weit überzeugt hatte, als man irgend von einer Sache ohne persönliche Untersuchung überzeugt werden kann.

Es ist bekannt, daß die Kolonien, vorzüglich Neu-England und Kanada, wenn der Winter eintritt, verschiedne Monathe hindurch sehr von Nordwestwinden leiden, wodurch die Kälte größer wird, als man sie in den innern Theilen von Nordamerika findet. Ich kann dies mit meiner eignen Erfahrung bestätigen, denn ich fand den Winter, den ich auf der Westseite des Mississippi zubrachte, nichts weniger als hart, und die Nordwestwinde, die in den dortigen Gegenden weheten, weit gelinder, als ich sie oft näher gegen die Küste zu bemerkt hatte. Und daß dies nicht blos einem besonders warmen Winter zuzuschreiben war, sondern sich alle Jahre zutrug, konnte ich daraus schliessen, daß damahls nur sehr wenig Schnee fiel, und daß die Indier überhaupt Schneeschuhe gar nicht kannten, ohne welche bey den östlichen Völkerschaften gar nicht fortzukommen ist.

Naturkündiger bemerken, daß die Luft dem Wasser in vielen Stücken ähnlich ist, vorzüglich darinn, daß sie oft in einem dichten Körper fließt, und daß dieser Luftstrom gewöhnlich dem Laufe großer Flüsse folgt, und nur selten queer über sie weggeht. Sollten daher die Ströme, die gegen das Ende des Jahrs im Meerbusen von Mexico zu herrschen pflegen, nicht vielleicht dem Laufe des Mississippi über das feste Land folgen, bis sie mit den Nordwinden zusammen stoßen, die aus einer ähnlichen Ursache vom Hudsonsmeerbusen den Burbon hinauf wehen? Sollten alsdenn beyde

verei-

vereinigte Winde, die jetzt über die großen Seen und längst den Strom St. Lorenz hinuntergetrieben werden, nicht die Verwüstungen anrichten, und die harten Winter verursachen, die in den vorhin erwähnten Gegenden so häufig sind? Auf ihrem Wege über die Seen dehnen sie sich weiter aus, und können sich daher über einen größern Landstrich ausbreiten, als sie sonst thun würden.

Nach meiner geringen Einsicht in die Naturkunde ist dies gar nicht unwahrscheinlich, allein ich kann nicht bestimmen, ob es den Gesetzen angemessen ist, welche die Naturkündiger zur Erklärung der Würkungen dieses Elementes festgesetzt haben. Doch wird vielleicht meine Beschreibung des Laufs dieser großen Wasserströme, und ihr naher Ursprung bey einander, nebst meinen rohen Theorien über ihren Einfluß auf den Wind, in geschickteren Händen Anlaß zu vielen nützlichen Entdeckungen geben können.

Den siebenten December erreichte ich, wie ich schon vorhin anführte, das äusserste Ende meiner Reise nach Westen, und traf einen großen Haufen Nadowessier an, bey denen ich mich sieben Monathe aufhielt. Sie machten einen Theil von den acht Stämmen der Nadowessier der Ebenen aus, und würden Wapintowaher, Tintoner, Assahcutoner, Mahaer und Schianer genannt. Die

drey

drey übrigen Stämme, die Schianiser, die Tschongusletoner und die Wabbapâbscheſtiner wohnen höher hinauf, und weſtwärts vom Fluſſe St. Peter auf Ebenen, die ihrer Ausſage nach keine Grenzen haben, und ſich vermuthlich bis an die Küſte des ſtillen Meeres erſtrecken. Die ganze Völkerſchaft der Nadoweſſier beſteht zuſammen genommen aus mehr als zweytauſend Kriegern. Die Aſſinipoilen, die ſich empörten und von ihnen trennten, belaufen ſich auf dreyhundert, und leben ſo wie die Killiniſtoer in beſtändiger Feindſchaft mit den eilf übrigen Stämmen.

Wie ich den Fluß St. Peter hinauf fuhr, und ſchon nahe an den Ort gekommen war, wo dieſe Völkerſchaften ihr Lager hatten, ſo bemerkte ich zwey bis drey Kanoen, die den Fluß herunter kamen. Allein kaum hatten die Indier, die darinn waren, uns bemerkt, ſo ruderten ſie gegen das Ufer, ſprangen mit der größten Beſtürzung ans Land, und ließen ihre Kanoen treiben. Etliche Minuten darauf ſah ich noch einige andre, die, ſo bald ſie uns anſichtig wurden, eben ſo ſchnell dem Beyſpiele ihrer Landsleute folgten.

Ich hielt es daher jetzt für nöthig, mit Behutſamkeit weiter zu gehn, und hielt mich daher dicht am Ufer an der andern Seite des Fluſſes. Jedoch

ſetzte

setzte ich meine Fahrt fort, da ich glaubte, daß mich die Friedenspfeiffe, die vorn an meinem Kanoe aufgesteckt war, und die englische Flagge, die hinten wehte, in Sicherheit setzen würden. Als ich ungefähr noch eine halbe Meile weiter gerudert war, und um eine Landspitze herumkam, so erblickte ich eine große Menge von Zelten, und über tausend Indier in einer kleinen Entfernung vom Ufer. Da ich nun ihnen fast gegen über war, so befahl ich meinen Leuten, grade auf sie zuzurudern, um ihnen durch diesen Schritt zu zeigen, daß ich Zutrauen in sie setzte.

So bald als ich ans Land gestiegen war, so reichten mir zwey von ihren Häuptern die Hände, und führten mich mitten durch die erstaunte Menge, von der die meisten nie einen weissen Menschen gesehn hatten, nach einem Zelte. Wir giengen hinein, und fingen, nach einer bey allen indischen Völkerschaften eingeführten Gewohnheit, an, die Friedenspfeiffe zu rauchen, allein der Zulauf war bald so groß, daß wir Gefahr liefen, unter dem Zelte erdrückt zu werden. Wir gingen daher auf die Ebene zurück, wo das gemeine Volk bessere Gelegenheit hatte, seine Neugierde zu befriedigen. Es währte nicht lange, so sah es mich schon nicht mehr als ein Wunderthier an, und begegnete mir nachher immer mit vieler Achtung.

Die

Die Oberhäupter empfingen mich auf die freundschaftlichste und gastfreyeste Art, wodurch ich bewogen ward, da ohnehin die Jahrszeit schon so weit verstrichen war, den Winter über mich bey ihnen aufzuhalten. Um mir die Zeit so angenehm zu machen, als es mir möglich war, so suchte ich zuerst, ihre Sprache zu lernen, womit ich bald so weit kam, daß ich mich völlig verständlich machen könnte, da ich ohnehin vorher schon eine geringe Kenntniß von der Sprache der Indier besaß, die hinten an den Kolonien wohnen. Ich erwarb mir dadurch in der Folge alle Bequemlichkeiten, die ihre Lebensart mit sich bringt. Auch fehlte es mir nicht an Zeitvertreibe, um eine lange Zeit vergnügt zuzubringen. Ich jagte oft mit ihnen, und sah zu andern Zeiten gern ihren Belustigungen und Spielen zu, die ich nachher beschreiben werde.

Oft saß ich bey den Oberhäuptern, und rauchte eine freundschaftliche Pfeiffe mit ihnen. Ich erzählte ihnen dabey zur Vergeltung für die Nachrichten, die sie mir von ihren Begebenheiten und Kriegszügen mittheilten, meinen eignen Lebenslauf, und beschrieb ihnen alle Schlachten, die in Amerika zwischen den Engländern und Franzosen vorgefallen waren, und bey denen ich größtentheils gewesen war. Sie gaben auf jeden kleinen Umstand

stand Achtung, und thaten oft sehr gescheute Fragen über die europäische Art, Krieg zu führen.

Ich ließ mich mit ihnen in solche Unterredungen größtentheils deswegen ein, um mir eine Kenntniß von der Lage und den Produkten ihres eignen Landes und der mehr nach Westen zu gelegenen Länder zu verschaffen, worauf ich immer mein Hauptaugenmerk gerichtet hatte. Ich fand mich auch in meiner Erwartung keinesweges betrogen, indem ich von ihnen viele nützliche Nachrichten erhielt. Sie zeichneten mir Karten von allen Gegenden, die sie kannten; allein da ich eben keine große Meinung von ihren geographischen Kenntnissen hatte; so baute ich nicht viel darauf, und halte es auch jetzt für überflüssig, sie dem Publikum mitzutheilen. Doch machen die, welche ich nachher durch andre Nachrichten oder meine eignen Beobachtungen für richtig befand, einen Theil von der diesem Werke beygefügten Karte aus. Sie zeichnen mit einer Kohle, die sie vom Heerde nehmen, auf die innere Rinde einer Birke, die so glatt ist, als Papier, und sich völlig so gut brauchen läßt, ungeachtet sie etwas gelblicht ist. Ihre Zeichnungen sind sehr rauh, allein sie geben einen recht guten Begriff von der Gegend, die aber dennoch auf ihrer Karte nicht so genau

vor-

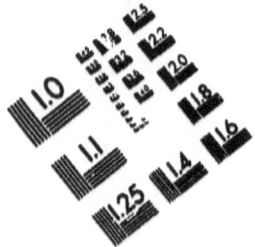
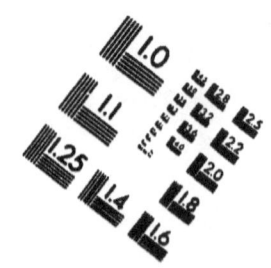

**IMAGE EVALUATION
TEST TARGET (MT-3)**

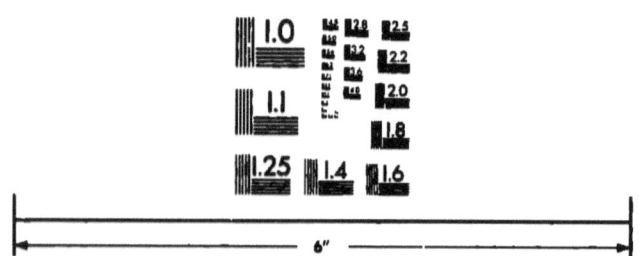

Photographic
Sciences
Corporation

23 WEST MAIN STREET
WEBSTER, N.Y. 14580
(716) 872-4503

vorgestellt ist, als mehr erfahrne Zeichner es thun könnten.

Ich verließ die Wohnungen dieser gastfreien Wilden gegen das Ende des Aprils 1767, allein beynahe dreyhundert von ihnen, unter denen sich viele von ihren Oberhäuptern befanden, begleiteten mich bis an den Ausfluß des St. Petersflusses, und trennten sich erst nach etlichen Tagen von mir. Um diese Zeit gehn diese Stämme alle Jahr nach der großen Höhle, deren ich schon vorhin erwähnt habe, um mit allen übrigen Stämmen einen großen Rath zu halten, worin sie ihre Unternehmungen für das künftige Jahr festsetzen. Zugleich nehmen sie ihre Todten, die in Büffelhäute genäht sind, mit sich, um sie zu begraben. Auſſer denen, die mich begleiteten, waren schon etliche vorausgegangen, und die übrigen sollten nachkommen.

Ich bin nie mit einer so aufgeräumten und muntern Gesellschaft gereist, als meine jetzige war. Allein ihre Freude ward plötzlich durch ein heftiges Gewitter, das uns auf unsrer Fahrt überfiel, unterbrochen. Wir waren eben ans Land gestiegen, und im Begriffe, unsre Zelte zum Nachtlager aufzuschlagen, als eine dunkle Wolke den ganzen Himmel überzog, und der fürchterlichste Donner, Blitz und Regen, den ich je erlebt habe, auf uns herabstürmte.

Die

Die Indier waren ungemein erschrocken, und suchten überall Schutz, wo sie ihn nur finden konnten, denn wir hatten erst wenige Zelte aufgeschlagen. Da ich die Gefahr kannte, die mir bevorstand, wenn ich mich bey einer Sache aufhielte, die zum Ableiter dienen konnte, und jetzt desto größer war, da die Wolken eine solche Menge von elektrischen Wesen zu enthalten schienen, so entfernte ich mich so sehr von jeder Bedeckung, als es mir möglich war, und wollte mich lieber der Wuth des Regens, als einem tödtlichen Strahle aussetzen. Die Indier wunderten sich nicht wenig über mein Betragen, und erhielten eine noch bessere Meinung von meinem Muthe, als sie schon vorhin zu haben schienen. Jedoch muß ich gestehn, daß ich gar nicht gleichgültig dabey war, da sich kein schrecklicher Auftritt in der Natur denken ließ. Die Donnerschläge waren so heftig, daß die Erde davon erschütterte, und der Blitz fuhr über dem Boden wie ein Schwefelstrom hin, so daß die Oberhäupter der Indier, die doch sonst gewöhnlich in ihren Kriegen einen unerschütterten Muth blicken lassen, ihre Furcht nicht verbergen konnten. So bald, als das Gewitter vorbey war, versammelten sich die Indier um mich her, und sagten mir, daß dies ein Beweis des Zornes der bösen Geister wäre,

wäre, die sie wahrscheinlich sehr beleidigt haben
müßten.

Wie wir bey der großen Höhle ankamen, so begruben die Indier ihre verstorbenen Freunde, auf dem Begräbnißplatze, der dichte dabey lag, und fiengen darauf ihren großen Rath an. Ich ward auch mit dazu gezogen, und hatte zugleich die Ehre, zum Anführer ihrer Stämme ernannt zu werden. Bey dieser Gelegenheit hielt ich folgende Rede, die ich hier einrücke, um meinen Lesern eine Probe zu geben, wie man die Aufmerksamkeit der Indier zu erhalten, und sich auf eine ihren Begriffen angemessene Art auszudrücken suchen muß. Es war grade der erste May 1767, als ich meine Anrede an sie hielt.

"Meine Brüder, Häupter der zahlreichen und
"mächtigen Nadowessier! Ich freue mich, daß
"mich mein langer Aufenthalt bey euch in den Stand
"setzt, mit euch, wiewohl auf eine unvollkommne
"Art, in eurer eignen Sprache, wie eines von
"euren eignen Kindern zu reden. Ich freue mich
"ferner, daß ich Gelegenheit gehabt habe, euch die
"Macht und den Ruhm des großen Königs, der
"über die Engländer und andre Völker herrscht,
"kund zu thun; der von einem sehr alten Geschlechte
"von Regenten herkömmt, so alt als die Erde und

"St-

"Gewässer sind; dessen Füße auf zwey Inseln stehn,
"die größer sind, als ihr sie je gesehn habt, und
"mitten in dem größten Wasser in der ganzen Welt
"liegen; dessen Haupt bis an die Sonne reicht, und
"dessen Arme die ganze Erde umfassen; dessen Krie-
"ger so zahlreich sind, wie die Bäume in den Thä-
"lern, die Reisstengel in jenen Morästen, oder
"die Grashalmen auf euren großen Ebenen. Der
"Hunderte von eigenen Kanoen hat, von solcher er-
"staunlichen Größe, daß alles Wasser in eurem
"Lande nicht hinreichend seyn würde, eins davon zu
"tragen; von welchen jeder Feuerröhre it; die
"nicht so klein sind, als meines, das ich jezt vor
"mir habe, sondern von einer solchen Größe, daß
"hundert von euren stärksten jungen Männern
"kaum im Stande seyn würden, eins davon zu
"heben. Und es ist eben so wunderbar, die Wir-
"kungen zu sehen, die sie gegen des großen Königs
"Feinde in der Schlacht thun; der Schrecken den
"sie verbreiten, kann in eurer Sprache durch keine
"Worte ausgedruckt werden. Ihr werdet euch der
"schwarzen Wolken, des Sturms, des Feuers,
"des fürchterlichen Geräusches, des schrecklichen
"Krachens, und des Erdbebens erinnern, das euch
"in Schrecken setzte, wie wir uns bey dem Waba-
"pamonesoter gelagert hatten, und die euch Anlas

„gaben,

"gaben, zu glauben, daß eure Götter über euch
"erzürnt wären. Diesen sind die Kriegswerkzeuge
"der Engländer ähnlich, wenn sie die Schlachten
"ihres großen Königs liefern.

"Verschiedne von euren Oberhäuptern haben
"mir vor Zeiten, als ich in euren Zelten wohnte,
"oft gesagt, daß sie wünschten, mit zu den Kindern
"und Bundsgenossen des großen Königs meines
"Herrn gerechnet zu werden. Ihr werdet euch
"erinnern, wie oft ihr mich gebeten habt, wenn ich
"nach meinem eignen Lande zurückkehre, dem großen
"Könige eure Neigung für ihn und seine Untertha-
"nen bekannt zu machen, und daß ihr wünschtet,
"daß englische Handelsleute zu euch kommen möch-
"ten. Da ich jetzt im Begriff bin, euch zu ver-
"lassen, und nach meinem eignen Lande zurück zu
"kehren, das weit gegen die aufgehende Sonne
"entfernt liegt, so frage ich euch wieder, ob ihr
"noch eben so denkt, als wie ich mit euch vorigen
"Winter im Rathe sprach; und da es jetzt ver-
"schiedne von euren Häuptern hier giebt, die von
"den großen Ebenen gegen die untergehende Sonne
"zu herkamen, mit denen ich nie vorher im Rathe
"gesprochen habe, so bitte ich euch, mich wissen
"zu lassen, ob ihr alle willig seyd, euch für Kinder
"meines großen Herrn, des Königs der Engländer
"und

"und andrer Völker zu erkennen, da ich die erste Gele-
"genheit wahrnehmen werde, ihn von eurem Verlan-
"gen und euren guten Gesinnungen zu benachrichti-
"gen. Ich warne euch, bösen Nachrichten zu glau-
"ben; denn es giebt boshafte Vögel, die unter den be-
"nachbarten Völkern herumfliegen, und die böse Sa-
"chen gegen die Engländer euch in die Ohren raunen
"können, gegen das, was ich euch gesagt habe.
"Ihr müßt ihnen nicht glauben, denn ich habe euch
"die Wahrheit gesagt."

"Und was die Häupter betrifft, die nach Mi-
"schil'lmackinac gehn wollen, so werde ich Sorge
"tragen, für sie und ihr Gefolge einen graden
"Weg, ruhiges Wasser, und einen hellen Himmel
"zu machen; daß sie dort hingehn können, die Frie-
"denspfeiffe zu rauchen, und sicher auf einer Bie-
"berdecke unter dem Schatten des großen Baumes
"des Friedens zu liegen. Lebt wohl."

Auf diese Rede erhielt ich folgende Antwort aus dem Munde ihres vornehmsten Oberhauptes.

"Guter Bruder! Ich bin jezt im Begriff, durch
"den Mund dieser meiner Brüder, der Oberhäupter
"der acht Stämme des mächtigen Volkes der Na-
"dowessier mit dir zu reden. Wir glauben, und
"sind überzeugt von der Wahrheit alles dessen, was
"du uns von deinem großen Volke, und dem großen

"Könige,

"Könige, unserm größten Vater, gesagt hast; für
"den wir diese Bieberdecke hinlegen, damit sein
"väterlicher Schutz immer sicher und sanft unter
"uns seinen Kindern ruhen möge. Deine Fahnen
"und deine Waffen kommen mit den Beschreibun-
"gen überein, die du uns von deinem großen Volke
"gemacht hast. Wir wünschen, daß, wenn du
"zurückkehrest, du deinem großen Könige sagen
"wollest, wie sehr wir wünschen, unter seine guten
"Kinder gerechnet zu werden. Du kanst glauben,
"daß wir unsre Ohren keinem öfnen werden, der
"es wagen würde, übel von unserm großen Vater,
"dem Könige der Engländer und andrer Völker,
"zu sprechen."

"Wir danken dir für das, was du gethan hast,
"Friede zwischen den Nadowessiern und Tschipi-
"wäern zu stiften, und hoffen, daß du, wenn du
"zu uns zurück kömmst, dies gute Werk vollenden,
"und ganz die Wolken vertreiben wirst, die noch
"über uns schweben, um den blauen Himmel des
"Friedens zu öfnen, und die blutige Art tief unter
"den Wurzeln des großen Baumes des Friedens
"zu begraben."

"Wir wünschen, daß du dich erinnern mögest,
"unserm großen Vater vorzustellen, wie sehr wir
"verlangen, daß Handelsleute gesandt werden
"mögen,

"mögen, sich unter uns aufzuhalten mit solchen
"Sachen, als wir brauchen, damit die Herzen
"unsrer jungen Männer, unsrer Weiber und unsrer
"Kinder fröhlich gemacht werden. Und möge der
"Friede dauren zwischen uns so lange, als die
"Sonne, der Mond, die Erde und die Gewässer
"währen, lebe wohl."

Ich hielt es für nothwendig, die Indier zu warnen, irgend schlimme Nachreden gegen die Engländer, die sie von den benachbarten Völkerschaften hören könnten, Glauben beyzumessen, da ich an verschiednen Orten, wo ich durchkam, erfuhr, daß die Franzosen noch jetzt Abgeschickte unterhielten, um die Völkerschaften, die mit den Engländern verbunden waren, gegen sie aufzubringen. Ich sah selbst verschiedne Schnüre Wampum, die zu dem Ende an verschiedne Stämme ausgetheilt waren, bey welchen ich mich aufhielt. Bey ihrer Ueberreichung hielten sie Reden, worinn sie den Indiern sagten, daß die Engländer, ein armseliges Volk, dies Land ihrem großen Vater, dem Könige von Frankreich, gestohlen hätten, als er schlief, allein daß er bald aufwachen, und sie wieder unter seinen Schutz nehmen würde. Und diese Abgeordneten waren von Leuten in Kanada ausgeschickt, die der Regierung sehr zugethan zu seyn schienen.

Während der Zeit, daß ich mich bey diesen freundschaftlichen Indiern an der Mündung des Flusses St. Peter aufhielt, so suchte ich Erkundigung einzuziehn, ob einige Waaren zu meinem Gebrauche nach dem Wasserfalle von St. Anton wären geschickt worden, wie mir der Kommendant von Mischillimackinac bey meiner Abreise versprochen hatte. Allein ich erfuhr von einigen Indiern, die auf ihrer Rückreise aus den dortigen Gegenden hier vorbey kamen, daß dies Versprechen nicht erfüllt wäre, und sah mich daher genöthigt, alle Gedanken, auf diesem Wege weiter nordwestwärts zu gehn, wie ich mir anfänglich vorgesetzt hatte, aufzugeben. Ich k daher nach la Prairie des chiens zurück, wo ich von den Handelsleuten, die ich dort das vorige Jahr zurück ließ, so viel Waaren erhielt, als sie entbehren konnten.

Da diese aber nicht hinreichend waren, mein erstes Vorhaben wieder zu verfolgen, so entschloß ich mich, meine Reise durch das Land der Tschipiwäer nach dem Obernsee zu nehmen, in der Hofnung, am großen Trageplatze an der Nordseite desselben die Handelsleute anzutreffen, die alle Jahr von Mischillimackinac nordwestwärts gehn, und von denen ich gar nicht zweifelte, so viele Waaren zu erhalten, als ich zu meinem Endzwecke brauchte,

brauchte, um von dort aus durch die nordlichen Gegenden bis an die Meerenge von Anian zu gelangen.

Ich kehrte mit desto größerm Vergnügen nach la Prairie des chiens zurück, da ich dort mein Versprechen, das ich einem Theile der Nadoweßier am Ende meiner Rede gethan hatte, besser erfüllen konnte. Während meines Aufenthalts bey dieser Völkerschaft, hatte ich einigen ihrer Oberhäupter gerathen, um sie desto besser in guten Gesinnungen für die Engländer zu erhalten, nach Mischilimackinac zu gehn, wo sie Gelegenheit zum Handel und die Nachrichten bestätigt finden würden, die ich ihnen von meinen Landsleuten gegeben hätte. Zugleich hatte ich sie mit Empfehlungsbriefen an den dortigen Kommendanten versehn, und ihnen gehörige Vorschriften zur Einrichtung ihrer Reise gegeben.

Es entschloß sich daher einer von ihren vornehmsten Anführern, nebst fünf und zwanzig von einem geringern Range, den nächsten Sommer dahin zu gehn. Sie nahmen dazu die Gelegenheit wahr, als sie an den St. Petersfluß kamen, um mit ihren übrigen Stämmen großen Rath zu halten. Da mich die Nachricht, daß meine Hofnung fehlgeschlagen hätte, zwang, den Mississippi wieder so weit herunter zu gehn, so konnte ich sie von dort aus besto leichter auf den rechten Weg bringen.

Da die untern Gegenden dieses Flusses häufig von den Tschipiwäern besucht werden, mit denen die Nadowessier beständig Krieg führen, so hielten sie es, weil ohnehin ihr Haufen nur klein war, für rathsamer, bey Nacht, als mit mir bey Tage zu reisen. Sobald daher der große Rath aufgebrochen war, nahm ich freundschaftlichen Abschied von diesen Leuten, die mir unzählige Höflichkeiten erzeigt hatten, und setzte meine Reise weiter fort.

Ich kam noch dem nähmlichen Abend an die Ostseite des Sees Pepin, wo ich wie gewöhnlich ans Land stieg, und mein Lager aufschlug. Den folgenden Morgen, als ich einige Meilen weiter gegangen war, bemerkte ich Rauch in einiger Entfernung, ein Zeichen, daß Indier nahe waren; und entdeckte bald darauf zehn bis zwölf Zelte nicht weit vom Ufer des Flusses. Da ich fürchtete, daß dieß eine Rotte von den Räubern seyn möchte, die ich vorhin angetroffen hatte, so wußte ich nicht, wie ich meine Fahrt anstellen sollte. Meine Begleiter riethen mir, an der gegenüberliegenden Seite des Flusses vorbey zu kommen zu suchen; allein da mich bisher die Erfahrung gelehrt hatte, daß man sich dadurch am leichtesten eine

gute

75

gute Aufnahme bey Indiern verschaffen kann, wenn man ihnen dreist, und ohne alle Furcht entgegen geht, so wollte ich keinesweges in ihren Vorschlag einwilligen. Ich gieng daher grade über den Fluß, und stieg mitten unter ihnen ans Land, da jetzt der größte Theil von ihnen am Ufer stand; die erstern, welche ich antraf, waren Tschipiwäer, die an den Ottowaher Seen wohnten. Sie empfiengen mich sehr freundschaftlich, und drückten mir die Hände zum Beweise ihres Wohlwollens. In einer kleinen Entfernung hinter ihnen stand einer von den Anführern, der sehr groß und wohl gebildet war, aber dabey ein so finstres Ansehn hatte, daß selbst der herzhafteste Mensch ihn nicht ohne Furcht würde haben ansehn können. Er schien über seine besten Jahre hin zu seyn, und aus der Art wie er punktirt, (tatowed) und bemahlt war, schloß ich, daß er einen sehr hohen Rang haben müßte: Jedoch näherte ich mich ihm auf eine sehr höfliche Art, und erwartete, von ihm auf die nähmliche Weise empfangen zu werden, als die übrigen es gethan hatten; allein zu meinem großen Erstaunen zog er seine Hand zurück, und sagte auf Tschipiwäisch: "Cáin nischischin sagänosch, die Engländer taugen nichts." Da er eben seine Streitaxt in der Hand hatte, so erwartete ich, daß diese lakonische Anrede

von

von einem Schlage begleitet werden würde; und, um dieß zu verhindern zog ich eine Pistole aus meinem Gürtel; und gieng mit einer ruhigen Miene, dicht bey ihm vorbey, um ihm zu zeigen, daß ich mich nicht vor ihm fürchtete.

Ich erfuhr nachher von den andern Indiern, daß dies ein Anführer wäre, den die Franzosen den großen Springer (Sauteur) oder den großen Anführer nannten, denn die Tschipiwäer heissen bey ihnen Sauteurs. Sie sagten mir ferner, daß er dieser Nation immer standhaft zugethan gewesen wäre, und geschworen hätte, als sie Mischillimackinac, nebst dem Reste von Kanada, an die Engländer übergeben mußten, daß er ewig ein Feind von seinen neuen Besitzern bleiben wollte, weil die Grundstücke, worauf das Fort gebaut wäre, ihm gehörten.

Da ich diese Gesinnungen bey ihm verspürte, so blieb ich immer auf meiner Hut, so lange, als ich mich hier aufhielt; doch schlug ich mein Nachtlager hier auf, damit er nicht glauben möchte, seine Drohungen hätten mich weggetrieben. Ich hatte mein Zelt in einiger Entfernung von den indischen Hütten, und ward darin, wie ich mich kaum zur Ruhe niedergelegt hatte, von meinem französischen Bedienten aufgeweckt. Er ward durch das Lärmen von einer indischen Musik in Furcht gesetzt, und
wie

wie er aus dem Zelte hinausgieng, so sah er einen Trupp von jungen Wilden, die auf eine sonderbare Art auf uns zutanzten, und von denen ein jeder eine Fackel auf einer langen Stange trug. Doch ich will die umständliche Beschreibung von dieser seltsamen Lustbarkeit, die mir keine geringe Unruhe verursachte, versparen, bis ich von den indischen Tänzen reden werde.

Den folgenden Tag setzte ich meine Reise fort, und kam noch vor Abend nach la Prairie des chiens, wo der Trupp von Nadowessiern mich bald einholte.

Bald nachher kam auch der große Springer dahin, und brachte es in Vereinigung mit etlichen französischen Handelsleuten von Luisiana dahin, daß mich etwa zehn von den Oberhäuptern der Nadowessier verließen, ehe sie ihre M... nach Mischillimackinac fortsetzten, und mit ihnen nach Luisiana giengen.

Die übrigen giengen meiner Anweisung zufolge nach dem englischen Forte, und ich erfuhr nachher, daß sie glücklich und sehr zufrieden mit der Aufnahme, die man ihnen hatte wiederfahren lassen, in ihrem Vaterlande wieder angekommen wären. Von den übrigen, die nach Süden zu giengen, starben über die Hälfte durch die große Verschiedenheit des südlichen Klima's. Erst nach

meiner

meiner Ankunft in England erfuhr ich, daß der große Springer sich den Engländern immer mehr und mehr durch seine eingewurzelte Feindschaft verhaßt gemacht habe, und endlich in seinem Zelte bey Mischillimackinac von einem Kaufmanne ermordet worden sey, welchem ich die vorhergehende Geschichte erzählt hatte.

Ich hätte schon vorhin anführen sollen, daß alle Indier, die zu la Prairie des chiens, dem großen Marktplatze für die umliegenden Gegenden, zusammen kommen, sich schlechterdings aller Feindseligkeiten enthalten müssen, so lange als sie hier sind, wenn sie auch in offenbarem Kriege mit einander begriffen wären. Diese Einrichtung ward schon vor vielen Jahren unter ihnen festgesetzt, da ohne sie alle Handlung aufhören müßte. Eben diese Regel gilt auch auf dem rothen Berge, den ich nachher beschreiben werde, wo die Indier die Steine, woraus sie ihre Pfeiffen machen, herholen. Da dies eine Waare ist, die zur Bequemlichkeit aller benachbarten Stämme unumgänglich gehört, so wird dadurch eine ähnliche Einschränkung nothwendig, und allen gleich vortheilhaft.

Der Fluß St. Peter, der durch das Gebiet der Nadowessier läuft, fließt durch eine ungemein reizende Gegend, die an allem, was die Natur frey-

freywillig hervorbringt, einen Ueberfluß hat, und
die bey weniger Kultur auch die meisten Bedürfnisse des Luxus liefern würde. Wilder Reiß wächst
hier im Ueberflusse, und überall erblickt man eine
Menge Bäume, die sich unter der Last ihrer Früchte
biegen, worunter Pflaumen, Trauben und Aepfel
die vornehmsten sind. Auf den Wiesen findet man
häufig Hopfen und andre nützliche Kräuter; und
das Erdreich ist mit eßbaren Wurzeln, als Angeliken, Narden und Erdnüssen angefüllt, wovon
die letztern so groß wie ein Hühnerey sind. In
einer kleinen Entfernung von den Ufern des Flusses
giebt es Anhöhen, von denen man die schönsten
Aussichten hat, und zwischen diesen Hügeln trift
man anmuthige Wälder an, in denen eine solche
Menge Ahornbäume wächst, daß sie fast die größte
Anzahl von Einwohnern hinreichend mit Zucker
versehn könnten.

Nicht weit von der Mündung dieses Flusses in
den Mississippi steht an der Nordseite desselben
ein Hügel, davon der Theil, der gegen den
Mississippi zu gerichtet ist, ganz aus einem
Steine besteht, der eben so weich ist, als die
Art, welche ich schon eben beschrieben habe,
und zu dieser Art gehört fast alles Gestein in
dieser Gegend. Das merkwürdigste dabey ist
seine

seine Farbe, die wie der weisseste Schnee aussiehe. Die äussere Rinde war durch Wind und Regen abgespühlt, und in einen Haufen von Sand verwandelt, aus dem sich eine schöne Zusammensetzung machen lassen würde; oder vielleicht könnte der Stein durch gehörige Behandlung mit der Zeit härter werden, und zu einer großen Zierde in der Baukunst gereichen.

Nah an dem Arme, der der Marmorfluß genannt wird, giebt es einen Berg, aus dem die Indier eine Art von rothem Steine ziehn, woraus sie ihre Pfeiffenköpfe machen. Ausserdem findet man in den hiesigen Gegenden einen schwarzen harten Thon, oder vielmehr Stein, der den Nadowessiern zur Verfertigung ihrer Haushaltungsgeschirre dient. Sonst findet man hier auch noch einen Ueberfluß von einem milchweissen Thone, aus dem sich völlig so gutes Porzelän, als das ostindische ist, würde machen lassen; und einen blauen Thon, womit die Indier sich bemahlen. Diesen letzten vermischen sie mit dem Pulver von dem rothen Steine, und machen verschiedne Farbenabänderungen daraus. Die Indier, die dieses blauen Thones habhaft werden können, bemahlen sich vorzüglich stark damit, wenn ihre Lustbarkeiten und Tänze anfangen. Sie sehn ihn auch als ein

Frie-

Friedenszeichen an, da er die Farbe des blauen Himmels hat, der bey ihnen für ein Bild des Friedens angesehen, und oft in ihren Reden feyerlich dafür genommen wird. Wenn sie zeigen wollen, daß sie frieblich gegen andre Stämme gesinnt sind, so schmücken sie sich und ihre Gürtel stark damit.

Als ich meine Geschäfte zu la Prairie des chiens zu Stande gebracht hatte, so gieng ich den Mississippi zum zweytenmale bis an die Stelle hinauf, wo der Fluß Tschipiwá etwas unterhalb des Sees Pepin in ihm fällt. Hier miethete ich einen indischen Lootsen, und befahl ihm nach den Ottowäher Seen zuzusteuren, die um die Quellen dieses Flusses herumliegen. Er brachte mich im Anfange des Julius dahin. Der Fluß Tschipiwá ist bey seiner Mündung in den Mississippi etwa zweyhundert und vierzig Fuß breit, allein er wird immer breiter, je weiter man ihn hinauf fährt. Ungefähr dreißig Meilen von seinem Ausflusse theilt er sich in zwey Arme, von denen ich den östlichen Arm hinauffuhr.

Die Gegend um den Fluß herum auf einer Strecke von sechszig Meilen ist sehr eben, und an seinen Ufern liegen schöne Wiesen, auf denen ich grössere Heerden von Büffeln und Elendthieren weiden sah, als ich sonst irgend auf meinen Reisen angetroffen hatte. Der Strich zwischen den beyden

Armen dieses Flusses ward der Weg des Krieges zwischen den Nadowessiern und Tschipiwäern genannt.

Die Gegend bis an die Wasserfälle, die auf der Karte gezeichnet ist, so weit als sich die Reisen der Handelsleute erstrecken, hat einen völligen Mangel an Bauholz, und ausserdem ist sie sehr rauh und uneben, und dicht mit Fichten, Buchen, Ahornbäumen und Birken bewachsen. Hier stellte sich ein merkwürdiges und wunderbares Schauspiel meinen Augen dar. In einem Walde, der auf der Ostseite des Flusses lag, und ungefähr drey englische Meilen lang war, bemerkte ich, daß alle Bäume, so weit als mein Auge reichen konnte, ungeachtet viele davon mehr als sechs Fuß im Umfange hatten, mit den Wurzeln ausgerissen waren, und auf dem Boden lagen. Dies war vermuthlich die Wirkung von einem Orkane, der vor etlichen Jahren aus Westen her gestürmt haben mußte, doch kann ich das Jahr eigentlich nicht bestimmen, da ich hier herum keinen Menschen antraf, der mir Nachricht davon hätte geben können. Die Gegend an der Westseite des Flusses war, da sie nicht so stark beholzt ist, dieser Verwüstung größtentheils entgangen, und ich sah nur einige wenige Bäume, die der Sturm umgerissen hatte.

Nahe bey der Quelle dieses Flusses liegt eine Ortschaft der Tschipiwäer, von der er seinen Nahmen hat. Sie liegt auf beyden Seiten des Flusses, der hier keine beträchtliche Breite hat, und nahe an dem Ufer eines kleinen Sees. Sie enthält ungefähr vierzig Häuser, und kann ungefähr hundert Krieger aufbringen, worunter sich viele starke junge Leute befinden. Die Häuser sind auf indische Art gebaut, und dicht hinter ihnen liegen Pflanzungen. Die Einwohner schienen mir das schmuzigste Volk zu seyn, das ich je gesehn hatte. Ich bemerkte, daß die Weiber und Kinder sich eine Gewohnheit erlaubten, die zwar gewissermaaßen bey allen indischen Völkerschaften üblich, aber nach unsern Begriffen äusserst eckelhaft und widrig seyn würde, nämlich sich einander die Haare durchzusuchen, und das darinn gefangene Wildprett zu verzehren.

Im Julius verließ ich diesen Ort, und kam über eine Menge kleiner Seen und dazwischen liegender Trageplätze an einen Hauptarm des Flusses St. Croix. Ich folgte diesem Arm, bis er sich mit einem andern Arme vereinigte, und gieng alsdann diesen zweyten Arm bis an seine Quelle hinauf. An beyden Flüssen entdeckte ich verschiedne Adern von gediegenem Kupfer, das völlig so rein war, als man es sonst irgend in andern Ländern antrift.

Ich kam hier an einen kleinen Bach, von dem mein Führer glaubte, daß er sich in einiger Entfernung mit andern Waffern vereinigen, und dadurch schiffbar werden würde. Er hatte anfänglich so wenig Waffer, daß ich meinen Kanoe schlechterdings darinn nicht zum Schwimmen bringen konnte, aber nachdem ich etliche alte Bieberdämme, die von Jägern niedergerissen waren, wieder hergestellt hatte, so sahe ich mich im Stande, etliche Meilen fortzufahren, bis endlich der Zufluß von verschiednen andern Bächen dies Hülfsmittel unnöthig machte. Bald darauf ward dies Gewässer zu einem reissenden Strome, dem wir hinab giengen, bis er in den Obernsee (lac superior) fiel. Diesen Fluß nannte ich Gobbardsfluß nach einem Herrn, der mich von der Ortschaft der Ottogamier bis an den Trageplatz des Obernsees begleiten wollte.

Westwärts von diesem giebt es noch einen kleinen Fluß, der ebenfalls in diesen See fällt. Ich nannte ihn den Erdbeerenfluß, (ftrawberry river) von der Menge großer und wohlschmeckender Erdbeeren, die an seinen Ufern wuchsen.

Die Gegend von den Seen Ottowa bis an den Obernsee ist durchgehends sehr uneben und ganz voller Wälder. Der Erdboden ist an einigen Stellen

recht

recht gut, an andern aber nur sehr mittelmäßig. Bey den Quellen der Flüsse St. Croix und Tschipiwá giebt es vortrefliche Störe. Die ganze Wildniß zwischen dem Mississippi und dem Obernsee wird von den Indiern das Mückenland (Muschettoe country) genannt, und ich glaube es verdient seinen Nahmen völlig; denn ich sah und fühlte, da es ohnehin die Jahrszeit davon war, nie vorher so viele von diesen Insekten.

Gegen Ende des Julius erreichte ich den großen Trageplatz, der an dem nordwestlichen Ufer des Obernsees liegt. Ich nahm meinen Weg dahin längst dem Ufer der westlichen Bucht. Bey diesem Trageplatze bringen die Kaufleute, die nordwestwärts gegen die Seen la Pluie, Dubois u. s. w. handeln, ihre Kanoen und ihr Gepäcke etwa neun englische Meilen über Land, bis sie an einen Haufen kleiner Seen kommen, wovon einige in den Oberesee, andre aber in den Fluß Burbon fallen. Der Oberesee hat von der westlichen Bucht bis an diesen Trageplatz einen sehr felsichten Boden, den südwestlichen Theil der Bucht ausgenommen, wo er ziemlich eben war.

Bey dem großen Trageplatze ist eine kleine Bucht, an deren Einfahrt eine Insel liegt, welche die wilde und grenzenlose Aussicht über den See unter-

unterbricht, und die Bucht ruhig und angenehm macht. Ich traf hier einen großen Haufen von Killistinern und Assinipoilen an, die ihre beyderseitigen Könige und ihre Familien bey sich hatten. Sie waren hieher gekommen, um den Kaufleuten von Mischillimackinac zu begegnen, die hier auf ihrer nordwestlichen Reise vorbeygehn. Von ihnen erhielt ich folgende Nachricht von den Seen, die nordwestwärts vom Obernsee liegen.

Der See Burbon, der nordlichste von den bisher entdeckten, erhielt seinen Nahmen von etlichen französischen Kaufleuten, die einen Trupp Indier vor etlichen Jahren bis an Hudsons Meerbusen begleiteten. Er erhält sein Wasser aus dem Flusse Burbon, der, wie ich schon vorhin angeführt habe, weit gegen Süden hin und nahe bey den nordlichen Quellen des Mississippi entspringt.

Dieser See ist ungefähr achtzig Meilen lang, von Norden nach Süden, und hat überhaupt fast die Gestalt einer Kreisfläche. Es giebt keine große Inseln darinn. Das Land auf der östlichen Seite ist sehr gut, und gegen Südwesten findet man einige Berge. An verschiednen andern Theilen desselben giebt es unfruchtbare Ebenen, Sümpfe und Moräste. Er liegt fast ganz südwestwärts von Hudsons Bay, zwischen dem zwey und funfzigsten und

vier

vier und funfzigsten Grade nordlicher Breite. Man findet in den Gegenden um ihn herum nur wenige Thiere, da die Witterung seiner nordlichen Lage wegen ungemein kalt ist, und ich erhielt von den Indiern nur sehr unzulängliche Nachrichten von den dortigen Landthieren, Vögeln und Fischen. Man trifft zwar nur einige kleine Büffel, die gegen Ende des Sommers gut und fett werden, einige wenige Musethiere und Rennthiere an, allein die Menge von Pelzthieren von jeder Art ersetzt diesen Mangel hinreichend. Das hiesige Bauholz besteht größtentheils in Tannen, Zedern und einigen Ahornbäumen.

Der Winnepiek, oder wie die Franzosen es schreiben Ouinipique, liegt am nächsten bey dem vorhergehenden, und erhält sein Wasser aus der nähmlichen Quelle. Seine Länge von Norden nach Süden beträgt etwa zweyhundert Meilen. Seine Breite hat bisher noch niemand genau bestimmt, doch wird sie in der größten Weite auf ungefähr hundert Meilen geschätzt. Dieser See ist voller Inseln, unter denen sich jedoch keine von beträchtlicher Größe befinden. Er nimmt viele beträchtliche Flüsse auf, wovon jedoch noch keine Nahmen erhalten haben. Sein Wasser ist mit Fischen, vorzüglich Forellen und Störeen angefüllt,

F 4   und

und ausserdem trifft man noch etliche kleinere Arten darinn an, die diesen Seen besonders eigen sind.

Das Land auf der Südwestseite ist gut, vorzüglich bey bem Ausflusse eines großen Arms des Flusses Burbon, der von Südwesten herkömmt. An diesem Flusse liegt eine Faktorey, die von den Franzosen gebaut und la Reine genannt ward, wohin die Kaufleute von Mischillimackinac reisen, um mit den Assinipollen und Killistinoern zu handeln. Die Mahäer, welche ein Land zweyhundert und funfzig Meilen weit nach Südwesten zu bewohnen, kommen ebenfalls des Handels wegen hieher, und bringen einen großen Vorrath von indischem Korn mit, wogegen sie Messer, Beile und andre Stücke eintauschen. Diese Völkerschaft soll an einem Arme des westlichen Flusses wohnen.

Der See Winnepiek hat gegen Nordosten einige Berge, und gegen Osten viele unfruchtbare Ebenen. Der Ahorn oder Zuckerbaum wächst hier sehr häufig, und es wird eine ungeheure Menge Reis eingesammlet, ein Beweis, daß diese Getreideart eben so gut in nordlichen, als in südlichen Gegenden fortkommt. Büffel, Muserthiere und Rennthiere sind hier herum sehr zahlreich. Die Büffel aus diesen Gegenden unterscheiden sich von den südlichen blos durch ihre weit geringere Größe, so wie

das

das Hornvieh in den nördlichen Theilen von Großbritannien ebenfalls viel kleiner ist, als englische Ochsen.

An den Gewässern, die in diesen See fallen, fangen die benachbarten Völkerschaften viele vortrefliche Pelzthiere. Einige davon bringen sie nach den Faktoreyen und Besitzungen der Gesellschaft von Hudsonsmeerbusen, die nicht weit vom Ausflusse des Burbon liegen, doch thun sie dies äusserst ungern. Denn einige Assinipoilen und Killistinoer, die gewöhnlich mit den Bedienten der Gesellschaft handelten, versicherten mich, daß wenn sie beständig so viele Waaren, als sie brauchten, von Mischillimackinac haben könnten, so würden sie nirgends anders hinhandeln. Sie zeigten mir Tuch und andre Stücke, die sie am Hudsonsmeerbusen gekauft hatten, und womit sie sich sehr im Tausche betrogen zu seyn glaubten.

Wenn ihre Angabe richtig war, so kann ich nicht umhin, ihre Unzufriedenheit zu billigen. Allein vielleicht waren die Kanadischen Kaufleute die Hauptursache dieses Misvergnügens. Diese Kaufleute hatten sich, so lange die Franzosen noch im Besitz von Mischillimackinac waren, eine vollkommene Kenntniß des Handels nach den nordwestlichen Gegenden erworben, und wurden daher nach

der Eroberung von Kanaba von den dortigen englischen Kaufleuten zur Einrichtung dieses Handels,
von denen diese nichts verstanden, gebraucht. Ein
Hauptmittel, dessen sie sich bedienten, den Indiern
ihre Anhänglichkeit an die Hudsonsgesellschaft zu
benehmen, bestand darin, daß sie alle Waaren
der Gesellschaft bey jeder Gelegenheit verachteten,
und die Vortheile ihnen sehr wichtig vorstellten,
die sie dadurch erlangen würden, daß sie blos mit
den Kanabischen Kaufleuten handelten. Der Erfolg von diesem Verfahren war für sie nur gar zu
günstig, und vermuthlich rührte die Unzufriedenheit, welche die Assinipoilen und Killistinver gegen
mich äusserten, zum Theil davon her. Ausserdem
ward ihnen die lange Reise bis zu den Faktoreyen
der Gesellschaft, die ihnen den Sommer über fast
drey Monathe wegnahm, Hin- und Zurückreise
zusammengerechnet, ungemein beschwerlich, und
sie konnten noch dazu kaum ein Drittel von ihren
Bieberfellen in ihren kleinen Kanoen fortbringen.
Es ist daher kein Wunder, daß diese Indier wünschen, es möchten sich Kaufleute bey ihnen aufhalten. Zwar gehört die Gegend, welche sie bewohnen, zu dem Bezirke der Gesellschaft, allein sie
würde sich gezwungen sehn, Eingriffe von dieser
Art zu erlauben, da die Indier wahrscheinlicherweise

weise ihre Kaufleute beschützen würden. Ausserdem erlauben ihnen die Päsle, welche den Kaufleuten von Mischillimackinac gegeben werden, nordwestwärts vom Obernsee zu handeln, worunter Fort la Reine, der See Winnepiek und die ganze andre Gegend am Burbon begriffen sind, in denen sich die Holzläufer (couriers de bois) oder Kaufleute niederlassen dürfen, wo es ihnen am bequemsten scheint.

Der Holzsee (lac du bois) wie ihn die Franzosen gemeiniglich auf ihren Karten nennen, oder auf englisch lake of the wood, hat seinen Namen von der Menge Holz, die an seinen Ufern wächst, und welches größtentheils aus Eichen, Fichten, Tannen u. s. w. besteht. Dieser See liegt noch höher hinauf an einem Arme des Flusses Burbon, fast völlig ostwärts von dem südlichen Ende des Sees Winnepiek. Seine Länge von Osten nach Westen beträgt etwa siebenzig, und seine größte Breite beynahe vierzig Meilen. Es giebt nur einige kleine Inseln darin. Die Fische, Vögel und Landthiere die man hier antrifft, sind von denen bey den andern beyden Seen nur wenig unterschieden. Einige von den Killistinoern schlagen hier zuweilen der Jagd und des Fischfangs wegen ihr Lager auf.

Dieser See liegt an dem natürlichen Kanale, wodurch der Oberesee mit den Seen Winnepiek und

Burbon seine Gemeinschaft hat. Sein Wasser soll nicht völlig so rein seyn, als das von den übrigen Seen, weil er an verschiedenen Stellen einen sehr schlammigten Boden hat.

Der See, welchen die Franzosen la Pluie nennen, heißt bey den Engländern the rainy lake (der regnichte See) und soll seinen Nahmen von denen erhalten haben, die ihn zuerst bereisten, und bey einer ungemein regnichten Witterung hinüber fuhren; oder wie andere wollen, von einem regenartigen Nebel, der von einem senkrechten Wasserfalle in einem Flusse auf der Südwestseite verursacht wird.

Dieser See scheint in der Mitte von einer Erdzunge in zwey Theile getheilt zu werden; der westliche Theil heißt der große regnichte See, und der östliche, welcher der kleinste ist, der kleine regnichte See. Der ganze See liegt einige Meilen weiter ostwärts, als der Holzsee, an dem nämlichen Arme des Burbon. Er ist fast durchgehends sehr seicht. Seine größte Breite beträgt nicht über zwanzig Meilen, und seine Länge, beyde Abtheilungen zusammen genommen, ungefähr dreyhundert Meilen. Das Wasser in der westlichen Abtheilung ist sehr rein, und man findet einige vortrefliche Fischarten darin. Gegen das Ende des Jahres kommen eine Menge wilder Vögel hieher.

Muse-

Musethiere und Rennthiere werden häufig angetroffen, und ihre Häute schicken sich zu Hosen und Handschuhen weit besser, als alle übrigen in ganz Nordamerika. Das Land um diesen See herum wird an einigen Stellen für sehr gut gehalten, doch ist es etwas zu stark beholzt. Hier hält sich ein beträchtlicher Haufen Tschipiwäer auf.

Ostwärts von diesem See liegen verschiedne kleinere, die sich in einer Kette bis an den großen Trageplatz, und von dort aus bis an den Obern See erstrecken. Zwischen diesen kleinen Seen giebt es verschiedne Trageplätze, die den Handel nach Nordwesten sehr beschwerlich und langwierig machen, da zwey Jahre zu einer Reise von Mischillimackinac nach diesen Gegenden erfordert werden.

Der rothe See (red Lake) ist vergleichungsweise ein sehr kleiner See bey der Quelle eines Armes vom Flusse Burbon, der von einigen der rothe Fluß (red river) genannt wird. Er ist fast völlig rund und hat sechszig Meilen im Umkreise. An einer Seite desselben giebt es eine ziemlich große Insel, bey welcher ein kleiner Fluß in den See fällt. Er liegt fast gegen Südosten von dem See Winnepiek und dem Holzsee. Die umherliegende Gegend ist wenig bekannt, und wird selbst von den Wilden nur selten besucht.

Etwas

Etwas gegen Südwesten nicht weit von diesen See liegt der sogenannte Weissebären See (white bear lake), der ungefähr eben so groß ist, als der vorige. Er gehört zu den nordlichsten Gewässern, woraus der Missisippi entsteht, und könnte füglich seine äusserste Quelle genannt werden. Die Jagd von Pelzthieren ist in der benachbarten Gegend ergiebiger, als irgend eine im ganzen übrigen Nordamerika. Die Indier, welche hier jagen, kommen selten zurück, ohne ihre Kanoen so voll geladen zu haben, als es irgend möglich ist, ohne sie zu versenken.

Da ich eben angeführt habe, daß dieser See die äusserste Quelle des Missisippi nach Norden zu ist, so muß ich hier noch hinzusetzen, daß dieser Strom, ehe er in den Meerbusen von Merico fällt, alle seine Krümmungen mit eingerechnet, völlig eine Weite von dreytausend Meilen durchlaufen muß. In einer graben Linie beträgt seine Länge ungefähr zwanzig Grade, welche beynahe vierzehnhundert englische Meilen ausmachen.

Eben diese Indier sagten mir, daß nordwestwärts vom See Winnepiek noch ein See läge, der einen weit grösseren Umkreis hätte, als irgend einer von den eben beschriebenen. Sie gaben ihn gar noch grösser an, als den Obernsee. Allein da seine Lage so weit gegen Nordwesten ist, so sollte

ich

ich fast glauben, daß es kein See, sondern der Archipelagus oder ein Busen des Meeres ist, wodurch Hudsonsmeerbusen, und die nördlichen Theile des stillen Meeres zusammenhängen.

Es giebt sonst noch eine große Menge von kleinen Seen, an den westlichen Hauptarmen des Mississippi, und zwischen diesen und dem See Winnepiek, allein keiner davon ist so groß, daß man ihn für den See oder das Gewässer, dessen die Indier erwähnten, halten könnte.

Ich erfuhr ferner von ihnen, daß einige von den nördlichen Armen des Messorie und die südlichen Arme des St. Petersflusses sich einander bis auf eine Meile nähern, und daß sie ihre Kanoen über diese Landenge tragen. So viel, als ich von ihnen verstand, so nehmen sie auf ihren Kriegszügen gegen die Panier und Pananier, die einige Arme des Messorie bewohnen, diesen Weg. In dem Lande, das diesen Völkerschaften gehört, soll häufig Allraun *) gefunden werden, eine Art Wurzel, die Menschenfiguren von beyderley Geschlecht ähnlich, und hier vollkommner seyn soll, als der, welchen man am Nil in Unteräthiopien entdeckt hat.

Etwas gegen Nordwesten von der Quellen des Messorie und St. Petersflusses soll, wie die Indier

mir

*) Mandrake, Atropa Mandragora L.

mir erzählten, eine Völkerschaft wohnen, die etwas kleiner und weisser ist, als die benachbarten Stämme. Sie treibt den Ackerbau, und legt sich auch, wenn ich anders ihre Ausdrücke recht verstand, gewissermaaßen auf Künste. Sie fügten noch hinzu, daß einige von den Nationen, welche die Gegenden bewohnen, die westwärts von den glänzenden Bergen liegen, einen solchen Ueberfluß an Golde haben, daß sie ihren geringsten Hausrath daraus machen. Diese Berge, die ich weiter unten genauer beschreiben werde, theilen die Gewässer, die in die Südsee fließen, von denen, die ins atlantische Meer fallen.

Die Völkerschaften, die nahe bey ihnen wohnen, sollen von den verschiednen Stämmen herkommen, welche den mexikanischen Königen zinsbar waren, und die aus ihrem Vaterlande flüchteten, wie die Spanier Mexiko eroberten.

Diese Muthmaaßung wird dadurch noch wahrscheinlicher, daß sie grade die innerste Gegend des festen Landes zu ihrem Aufenthalte gewählt haben, und noch die Meinung hegen, daß die Seeküste von der damaligen Zeit an bis jetzt beständig von Ungeheuern verwüstet werden, die Feuer sprüheten, und Donner und Blitz umher spien; aus deren Bauche Menschen hervor kämen, die mit unsichtbaren Werkzeugen, oder durch Zauberey, die un-
schul-

schuldigen Indier in einer erstaunlichen Menge tödteten. Vor solchen Ungeheuern flohen ihre Vorväter (einer Ueberlieferung zufolge, die sich noch unversehrt bey ihnen erhält) nach den entfernten Gegenden, welche sie noch jetzt bewohnen. Denn da sie fanden, daß die schwimmenden Ungeheuer, die sie in so großes Schrecken gesetzt hatten, sich dem Ufer nicht ganz nähern konnten, und daß die Menschen, die daraus hervor kamen, es nicht der Mühe werth hielten, Streifereyen tief ins Land vorzunehmen, so faßten sie den Entschluß, in eine Gegend zu ziehn, die weit vom Meere entfernt wäre, und wo sie vor solchen teuflischen Feinden sicher seyn könnten. Sie machten sich daher mit ihren Familien auf den Weg, und ließen sich nach einer langen Wanderschaft bey dielen Bergen nieder, wo sie glaubten, ihre völlige Sicherheit gefunden zu haben.

Die Winnebagoer, die am Fuchsflusse wohnen, und von denen ich schon vorhin gehandelt habe, sollen ebenfalls eine irrende Nation aus den mexikanischen Ländern seyn. Allein sie können nur eine unvollkommene Nachricht von ihrem ursprünglichen Aufenthalte geben. Sie erzählen, sie wären vor Zeiten weit von Westen hergekommen, und durch Kriege gezwungen worden, zu den Nabo-

Carvers Reisen. G westiern

wesstern ihre Zuflucht zu nehmen. Allein da sie nichts von Künsten oder von dem Werthe des Goldes wissen, so ist eher zu vermuthen, daß sie von den eben erwähnten Flüchtlingen aus ihren Besitzungen vertrieben wurden, als diese bis zu ihren jetzigen Wohnplätzen vordrangen.

Doch bedürfen diese Muthmaaßungen noch einer weitern Bestätigung; denn die kleinern Stämme der Indier verändern ihre Wohnplätze der beständigen Kriege wegen, in welche sie verwickelt sind, so oft, daß es fast unmöglich wird, nach einem halben Jahrhunderte ihre ursprüngliche Lage zu bestimmen.

Die Kette von Gebirgen, wovon die glänzenden Berge einen Theil ausmachen, fängt bey Mexiko an, und geht nordwärts bis an die Ostseite von Kalifornien, und trennt die Quellen der zahlreichen Flüsse von einander, die entweder in den Meerbusen von Mexiko oder von Kalifornien fallen. Von Kalifornien erstreckt sie sich noch weiter nordwärts, zwischen die Quellen des Mississippi und der Flüsse, die in die Südsee fallen, hindurch, und scheint ungefähr sich im sieben und vierzigsten oder acht und vierzigsten Grade nordlicher Breite zu endigen, unter welcher Breite eine Menge Flüsse entspringen, die entweder in die Südsee, in Hudsons Meer-

busen

buſen oder in die bazwiſchen liegenden Gewäſſer fließen.

Von dieſen Gebirgen heißt der Theil, der weſtwärts vom Fluſſe St. Peter liegt, die glänzenden Berge, und hat von einer unbeſchreiblichen Menge erſtaunlich großer Kryſtallen, womit ſie bedeckt ſind, den Nahmen. Dieſe Kryſtallen werfen, wenn die Sonne darauf ſcheint, einen ſolchen Glanz von ſich, daß man ſie in einer großen Entfernung ſehn kann.

Die Länge dieſer auſſerordentlichen Kette von Gebirgen wird auf mehr als dreytauſend Meilen geſchätzt, ohne daß beträchtliche Zwiſchenräume ſie unterbrechen, und ich glaube daher, daß ſie alle andre Gebirge in den übrigen Welttheilen übertrifft. Vielleicht wird man in künftigen Jahrhunderten entdecken, daß ſie mehr Reichthümer in ihrem Innern enthalten, als die Berge von Indoſtan und Malabar, die Goldküſte von Guinea, oder ſelbſt die peruaniſchen Erzgruben. Vielleicht werden weſtwärts von ihnen künftige Kolone oder Raleighe neue Seen, neue Ströme und Länder entdecken, die mit allem, was zu den Bedürfniſſen und Vergnügungen des Lebens gehören, angefüllt ſind; und wo vielleicht künftige Geſchlechter eine Zuflucht finden können, wenn ſie durch Erpreſſungen raub-

ſüchtiger

süchtiger Tyrannen, durch Religionsverfolgungen, oder durch den gar zu großen Anwachs ihrer Miteinwohner aus ihrem Vaterlande vertrieben werden. Doch es sey nun aus Zwang, oder aus Hofnung sich zu bereichern, so ist nicht zu zweifeln, daß sie ihre Erwartungen in diesen reichen und unerschöpften Gegenden völlig befriedigen werden. Aber es ist Zeit, daß ich zu den Assinipoilen und Killistinoern zurückkehre, die ich am großen Trageplatze verließ, und von denen ich die vorhergehenden Nachrichten von den Seen erhielt, die gegen Nordwesten liegen.

Da die Handelsleute, welche wir erwarteten, diesmahl länger ausblieben, als gewöhnlich geschieht, und unsre Anzahl sich auf dreyhundert belief, so gerieth es sehr mit unserm Vorrathe von Lebensmitteln, die wir mitgebracht hatten, auf die Neige, und wir erwarteten ihre Ankunft mit Ungedult.

Eines Tages, da wir alle unsre Wünsche deswegen äusserten, und von einer Anhöhe Acht gaben, um sie über den See herkommen zu sehn, so sagte uns der Oberpriester der Killistinoer, daß er versuchen wollte, eine Unterredung mit dem großen Geiste zu halten, um von ihm zu erfahren, wenn die Kaufleute ankommen würden. Ich achtete

wenig

wenig auf dies Anerbieten, da ich glaubte, daß es nichts, als ein bloßes Taschenspielerstück seyn würde, dadurch sich nur unwissende Indier hintergehn laßen könnten. Allein der König dieses Stammes versicherte mich, daß der Priester es vorzüglich unternehme, um meine Besorgniß zu vertreiben, und um mich zugleich von dem Ansehn zu überzeugen, in welchem er bey dem großen Geiste stände. Ich hielt es daher für meine Pflicht, meine Gedanken darüber noch nicht zu äußern.

Der nächste Abend ward zu dieser geistlichen Unterredung festgesetzt. Wie alles dazu vorbereitet war, so kam der König und führte mich in ein geräumiges Zelt, wovon die Gehänge aufgezogen waren, damit die Aussenstehenden alles beobachten könnten, was darinn vorgienge. Wir fanden das Zelt von einer großen Menge Indier umringt, allein wir wurden willig durchgelaßen, und setzten uns auf Felle, die für uns auf dem Boden ausgebreitet waren.

In der Mitte bemerkte ich einen länglichten Platz, der aus Stangen bestand, die in die Erde gesteckt waren, doch so, daß Zwischenräume offen blieben, welche die Gestalt von einem Kasten oder Sarge hatten, der groß genug war, einen menschlichen Körper zu faßen. Die Stangen waren von

G 3   mittler

mittler Größe, und so weit von einander gestreckt, daß man bequem alles sehen konnte, was sich zwischen ihnen befand. Das Zelt ward von einer großen Menge Fackeln erleuchtet, die aus Splittern von Birken- oder Tannenholze gemacht waren, und von den Indiern gehalten wurden.

Nach einigen Minuten kam der Priester herein. Es ward eine sehr große Elendshaut grade zu meinen Füßen ausgebreitet, worauf er sich niederlegte, nachdem er alle Kleidungsstücke, ausgenommen das, was er mitten um den Leib trug, ausgezogen hatte. Er lag jetzt gestreckt auf dem Rücken, und nahm eine Seite von der Haut, und legte sie über sich. Eben dies that er mit der andern Seite, so daß blos sein Kopf unbedeckt blieb. So bald dies geschehn war, so nahmen zwey junge Leute, die bey ihm standen, ungefähr sechszig Ellen von einem starken Seile, das ebenfalls aus einer Elendshaut gemacht war, und banden es ihm fest um den Leib, so daß er völlig in der Haut, wie ein Kind in seinen Windeln, lag. In dieser Mumien ähnlichen Gestalt ward er von einem bey den Füßen, und von dem andern bey dem Kopfe ergriffen, und über die Stangen in die Einfassung gehoben. Ich konnte ihn noch jetzt völlig so genau beobachten, als ich es bisher gethan hatte, und ich nahm mich sehr in
Acht,

Acht, meine Augen nur einen Augenblick von ihm zu verrücken, damit ich das Kunststück desto eher entdecken könnte, denn ich zweifelte keinesweges, daß es doch endlich darauf hinauslaufen würde.

Kaum hatte der Priester in dieser Stellung einige wenige Secunden gelegen, als er anfieng zu murmeln. Er fuhr damit einige Zeit fort, und ward allmählig lauter und lauter, bis er endlich anfieng deutlich zu sprechen; doch war das, was er murmelte, ein solches Gemisch aus der Sprache der Tschipiwäer, der Ottowaer und Killistinoer, daß ich nur sehr wenig davon verstehn konnte. Er fuhr in diesem Tone eine beträchtliche Zeit fort, und erhob endlich seine Stimme aufs äusserste, bald betend, bald rasend, bis er sich in solche heftige Bewegung gebracht hatte, daß er am Munde schäumte.

Nachdem er fast dreyviertel Stunden auf dieser Stelle gelegen, und sein Schreyen mit unermüdeter Heftigkeit fortgesetzt hatte, so schien er ganz abgemattet zu seyn, und ward völlig sprachlos. Allein plötzlich sprang er auf, ungeachtet es unmöglich schien, wie er eingeschnürt ward, daß er Arme oder Beine bewegen könnte, und warf eine Decke so behende ab, als wenn die Seile, die darum gebunden waren, verbrannt wären, worauf er die, welche um ihn herum standen, mit einer gesetzten und vernähmlichen Stimme folgendermaaßen anredete: "Meine Brüder, der große Geist hat sich herabgelassen, eine Unterredung mit seinem Knechte auf meine ernstliche Bitte zu halten. Er hat mir zwar nicht gesagt, wenn die Kaufleute, welche wir erwarten, ankommen werden, allein Morgen, wenn die Sonne den höchsten Gipfel am Himmel erreicht hat, wird ein Kanoe kommen, und die Leute darinn werden uns Nachricht geben, wann wir auf die Ankunft der Kaufleute sicher rechnen können." Wie er dies gesagt hatte, so gieng er aus der Einfassung heraus, zog seine Kleider an, und ließ die Versammlung aus einander gehn. Ich muß gestehn, ich ward durch das, was ich gesehn hatte, nicht wenig in Erstaunen gesetzt; allein da ich sah, daß jedermann seine Augen auf mich geheftet hatte, um meine Gedanken zu errathen, so gab ich mir alle Mühe, meine Empfindungen zu verbergen.

Den folgenden Tag hatten wir hellen Sonnenschein, und schon lange vor Mittage hatten sich alle Indier auf der Anhöhe versammlet, von welcher man den See übersehn kann. Der alte König kam zu mir, und fragte mich, ob ich der Prophezeihung des Priesters so vielen Glauben beymäße, daß ich mit ihm zu seinen Leuten auf dem Hügel gehn,

gehn, und auf ihre Erfüllung warten könnte. Ich sagte ihm, daß ich nicht wüßte, was ich von seiner Weissagung denken sollte, allein ich würde ihn gern begleiten. Wir giengen hierauf zusammen an den Ort, wo sich die übrigen versammlet hatten. Jeder heftete seine Augen bald auf mich, bald auf den See, und wie grade die Sonne ihren höchsten Stand erreicht hatte, so kam, wie der Priester vorher gesagt hatte, ein Kanoe um eine Landspitze herum, die ungefähr eine Seemeile von uns lag. So bald die Indier ihn erblickten, so fiengen sie ein allgemeines Freudengeschrey an, und thaten auf das Ansehn, in welchem ihr Priester bey dem großen Geiste so deutlich zu stehn schien, recht stolz.

Der Kanoe kam in weniger als einer Stunde ans Ufer, wohin ich dem Könige und den Oberhäuptern folgte, um die Leute, die darin waren, zu bewillkommen. So bald sie ans Land gestiegen waren, giengen wir alle zusammen nach dem Zelte des Königs, wo wir, nach ihrer beständigen Gewohnheit, anfiengen, zu rauchen, und selbst ohne irgend einige Fragen zu thun, ungeachtet wir äusserst ungeduldig waren, die Neuigkeiten, die sie mit gebracht hatten, zu hören; denn überhaupt sind die Indier sehr gesetzte Leute. Jedoch fragte der König nach einiger Zeit, ob sie nichts von den Handelsleuten gesehn hätten? Sie antworteten, daß sie dieselben vor einigen Tagen verlassen hätten, und daß sie entschlossen wären, übermorgen hier einzutreffen, und würklich kamen sie auch zu unsrer grossen Zufriedenheit an, doch schienen die Indier sich am meisten darüber zu freuen, da sie so wohl das Ansehn von ihrem Priester, als von ihrer Nation so sehr in Gegenwart eines Fremden erhöht sahen.

Ich gestehe gern, daß diese Geschichte, den, der sie erzählt, sehr in den Verdacht von Leichtgläubigkeit bringen muß. Allein ich bin überzeugt, daß niemand weniger von dieser Schwachheit angesteckt seyn kann, als ich es bin. Die Umstände daben sind gewiß sehr ausserordentlich, allein da ich als ein kalter und gleichgültiger Beobachter des ganzen Vorfalls dafür stehn kann, daß sie nicht übertrieben oder unrichtig vorgestellt sind, so konnte ich diese Geschichte meinen Lesern nicht vorenthalten, die ihre eigenen Folgerungen daraus ziehn mögen.

Ich habe schon vorher angeführt, daß die Assinipoilen ein von den Nadowessiern abgefallner Stamm sind. Sie trenneten sich von ihren Landsleuten, wegen würklicher oder eingebildeter Beschwerden, denn überhaupt sind die Indier sehr eifrig für ihre Rechte, und opferten ihre Bequemlichkeit ihrer Liebe zur Freiheit auf. Denn die Gegend um den

See

See Winnepiek, welche sie jetzt bewohnen, ist, da sie viel weiter gegen Norden liegt, lange nicht so fruchtbar und angenehm, als die, welche sie verliessen. Sie haben noch einerley Sprache und Sitten mit ihren alten Landsleuten.

Die Killistinoer sind jetzt Nachbarn und Bundsgenossen der Assinipoilen; denn sie wohnen ebenfalls an dem nähmlichen See und dem Flusse Burbon, und scheinen ursprünglich von den Tschiplwäern abzustammen, deren Sprache sie noch jetzt, aber mit einer veränderten Mundart, reden. Ihre Völkerschaft besteht aus drey bis vierhundert Kriegern, die starke muthige Leute zu seyn scheinen. Ich habe schon vorhin ihres Landes in meiner Beschreibung vom See Winnepiek erwähnt. Da sie sich innerhalb den Grenzen von der Gesellschaft vom Hudsonsmeerbusen aufhalten, so handeln sie gewöhnlich nach den Faktoreyen der Gesellschaft, doch kommen sie aus den vorhin angeführten Ursachen nach dem Orte, wo ich sie antraf, um den Kaufleuten von Mischillimackinac zu begegnen.

Meine Unruhe über den Verzug dieser Kaufleute ward durch ihre Ankunft eben nicht gehoben. Ich konnte von keinen die Waaren erhalten, welche ich brauchte, und sah mich also zum zwentenmahle in meiner Hofnung betrogen. Mein ganzes Vorhaben

war

war jetzt vernichtet, und mir blieb nichts übrig, als nach dem Orte zurückzukehren, von welchen ich meine weitläuftige Reise anfieng. Ich nahm daher von dem alten Könige der Killistinoer und den Oberhäuptern beyder Völkerschaften Abschied. Der König war ungefähr sechszig Jahr alt, und groß und schlank, und trug sich sehr grade. Er war überhaupt sehr artig und gesprächig, und begegnete mir mit großer Höflichkeit, welches mir sonst auch von allen übrig. Oberhäuptern wiederfuhr.

Ich bemerkte, daß diese Völkerschaften noch eine Gewohnheit beybehalten hatten, die allgemein gewesen zu seyn scheint, ehe sie mit den Sitten der Europäer bekannt wurden; ich meine die Gewohnheit, Fremden ihre Weiber anzubieten. Und dies thun nicht allein Leute von niedrigem Range, sondern die Oberhäupter selbst, die es als den größten Beweis ihrer Höflichkeit gegen Fremde ansehen.

Im Anfang des Octobers kam ich nach einer Reise längst den nordlichen und östlichen Ufern des Obernsees zu Cadots Fort an, welches bey dem Wasserfall von St. Maria und nahe bey seinem südwestlichen Winkel liegt.

Lake Superior, (der größte See) ward sonst der Obersee von seiner nordlichen Lage genannt; aber seinen jetzigen Nahmen hat er von seiner Größe,

der

der keiner von den übrigen Seen gleich kömmt. Man könnte ihn mit Recht das Caspische Meer von Amerika nennen, da er wahrscheinlicher Weise der größte Landsee auf der ganzen Erdkugel ist. Sein Umkreis beträgt nach den französischen Karten etwa funfzehnhundert Meilen; allein ich glaube, daß über sechshundert Meilen mehr herauskommen würden, wenn man längst den Küsten führe, und die völlige Weite jeder Bucht mäße.

Ich kam aus dem Flusse Goddard an der westlichen Bucht zuerst auf den See, und fuhr über zwölfhundert Meilen längst seinen nordlichen und westlichen Ufern fort, und bemerkte, daß der größte Theil von diesem weitläuftigen Reiche von Felsen und Anhöhen eingefaßt war. Der Grund schien größtentheils aus einem Felsenbette zu bestehn. Wenn es ruhiges Wetter und heller Sonnenschein war, so konnte ich in meinem Kanoe sitzen, und in einer Tiefe von mehr, als sechs Klaftern, deutlich auf dem Grunde große Pfeiler von Stein, von unterschiedlichen Figuren unterscheiden, davon einige ordentlich das Ansehn hatten, als wenn sie behauen wären. Das Wasser war alsdann so rein und durchsichtig als Luft, und mein Kanoe schien blos darin zu schweben. Es war unmöglich, länger als einige Minuten durch diesen hellen

Zwischen-

Zwischenraum die Felsen zu betrachten, ohne schwindlicht und gezwungen zu werden, seine Augen von dieser glänzenden Scene wegzuziehn.

Ich entdeckte durch einen Zufall noch eine zweyte ausserordentliche Eigenschaft des Wassers in diesem See. Es war im Julius, als ich darüber fuhr, und die Oberfläche des Wassers hatte von der darüber schwebenden Luft einen beträchtlichen Grad vom Wärme erhalten, allein dem ungeachtet hatte das Wasser, das man mit einer Schale ungefähr eine Klafter tief hervorholte, eine solche Kälte, daß es mir im Munde wie Eis vorkam.

Die Lage dieses Sees wird verschiedentlich angegeben, allein nach den genauesten Beobachtungen, die ich anstellen konnte, liegt er zwischen dem sechs und vierzigsten und funzigsten Grade nordlicher Breite, und zwischen dem vier und achtzigsten und drey und neunzigsten Grade westlicher Länge, von der Londoner Mittagslinie angerechnet.

Es giebt viele Inseln in diesem See, wovon zwey sehr groß sind; und wenn ihr Boden sich gut zum Ackerbau schickt, so könnte auf jeder eine beträchtliche Pflanzstadt angelegt werden; vorzüglich auf der Königsinsel (Isle royale) die wenigstens hundert Meilen lang, und an vielen Stellen vierzig Meilen breit seyn muß. Doch läßt sich von

keiner

keiner von beyden Länge oder Breite genau angeben. Selbst die Franzosen, die immer einen Schoner auf diesem See hielten, so lange sie noch im Besitz von Kanada waren, womit sie leicht eine solche Untersuchung hätten anstellen können, hatten nur eine geringe Kenntniß von den Ufern dieser Inseln. Wenigstens haben sie, so viel als mir bekannt ist, nie etwas von ihren innern Gegenden bekannt gemacht.

Auch konnte ich in meinen Unterredungen mit den benachbarten Indiern nie erfahren, ob sie Pflanzstädte je darauf angelegt gehabt hätten, oder auf ihren Jagdzügen darauf ans Land gestiegen wären. So viel ich aus ihren Reden schließen konnte, so scheinen die Indier zu glauben, daß der große Geist seine Wohnung darauf habe, und sie erzählen viele seltsame Geschichte von Bezauberungen und Hexereyen, die armen Indiern wiederfahren waren, wenn sie ein Sturm zwang, auf diesen Inseln Schutz zu suchen.

Einer von den Anführern der Tschipiwäer erzählte mir, daß einige von seiner Völkerschaft einmal an die Insel Maurepas wären geworfen worden, die auf der Nordostseite des Sees liegt, und darauf große Haufen von einem schweren glänzenden gelben Sande gefunden hätten, der nach ihrer Beschreibung

Gold-

Goldstaub gewesen seyn muß. Sein glänzender Anblick bewog sie den folgenden Morgen, wie sie wieder in ihren Kanoe steigen wollten, etwas davon mitzunehmen; allein ein großer Geist, der nach ihrer Beschreibung über sechszig Fuß hoch war, gieng ihnen ins Wasser nach, und befahl ihnen, alles was sie mitgenommen hatten, wieder heraus zu geben. Sie ließen sich durch seine Riesengröße in Schrecken setzen, und da er sie ohnehin beynahe eingeholt hatte, so gaben sie ihren glänzenden Schatz wieder hin, worauf sie auch ruhig ihre Fahrt fortsetzen konnten. Seit der Zeit wagt sich kein Indier, der diese Geschichte gehört hat, weiter an diese Spülküste. Sie erzählten mir noch außer dieser verschiedne ähnliche Mährchen von diesen Inseln.

Die Gegend auf der nordlichen und östlichen Seite des Obersees ist sehr gebirgicht und unfruchtbar. Das Wachsthum der Pflanzen ist hier sehr kümmerlich, da die Kälte im Winter sehr scharf ist, und die Sonne im Sommer keine große Kraft hat. Man findet daher nur wenige Früchte auf seinen Ufern. Doch giebt es einige Arten in großer Menge. Auf den Bergen nahe beym See wachsen Heidelbeeren von einer ungemeinen Größe und sehr schönem Geschmack in erstaunlichem Ueberflusse,

flusse, und eben so gut kommen daselbst schwarze Johannisbeeren und Stachelbeeren fort.

Allein die beste von allen Früchten ist eine Beere, die Hinbeeren ähnlich ist, aber eine hellrothe Farbe, und ansehnlichere Größe hat. Ihr Geschmack ist ebenfalls weit angenehmer, als der von Hinbeeren, die doch in Europa sehr geschätzt werden. Sie wächst auf einem Strauche, der einer Weinrebe ähnlich ist, und auch eben solche Blätter hat. Es würde ohne Zweifel eine sehr kostbare und schmackhafte Frucht daraus werden, wenn man sie in eine wärmere Gegend verpflanzte.

Es fallen auf der Nord- und Ostseite zwey sehr große Flüsse in diesen See. Der eine davon heißt der Nipegon Fluß, oder wie ihn die Franzosen aussprechen, der Allanipegon, der von einem Stamm der Tschipiwäer herkömmt, welcher in der Gegend um einen See gleiches Namens wohnt; der andre heißt der Mitschipicuton, dessen Quelle nicht weit von Jamesbay liegt. Bey seiner Quelle giebt es nur einen kurzen Trageplatz bis zu einem andern Flusse, der bey einem Forte, das der Gesellschaft gehört, in den eben erwähnten Meerbusen fällt. Diesen Weg nahm eine Parthey Franzosen von Mischillimackinac, wie sie die Besitzungen der Gesellschaft unter der Regierung der

Carvers Reisen.   H   König-

Königin Anna angriffen. Sie eroberten und schleiften die Forte, und nahmen die Kanonen, die sie darin fanden, mit nach der Festung, von welcher sie ausmarschirt waren. Es waren kleine metallene Stücke, die sich noch dort befinden, da sie durch den gewöhnlichen Wechsel des Glücks wieder an ihre alten Herrn gekommen sind.

Nicht weit vom Nipegon giebt es einen kleinen Fluß, der grade ehe er in den See fällt, senkrecht von dem Gipfel eines Berges mehr als sechshundert Fuß herabstürzt. Da er sehr schmahl ist, so läßt er in der Ferne wie ein weisses Band, das in der Luft schwebt.

Längst dem östlichen Ufer wohnen einige Indier, die noch von den Algonkinen übergeblieben seyn sollen, die ehemals im Besitz dieser Gegend waren, aber fast ganz von den Irokesen aus Kanada ausgerottet wurden. Es giebt überhaupt beynahe vierzig Flüsse, die in den Obernsee fallen, von welchen einige eine beträchtliche Größe haben. An der Südseite liegt ein merkwürdiges Vorgebürge, das ungefähr sechszig Meilen lang ist, und Kap Schagomegan genannt wird. Man könnte es eben so gut eine Halbinsel nennen, da es fast ganz vom festen Lande auf der Ostseite durch eine enge Bucht, die sich von Osten nach Westen erstreckt, getrennt wird.

wird. Man braucht die Kanoes nur eine kurze Strecke über Land zu tragen, da hingegen die Reise zu Wasser um dasselbe über hundert Meilen beträgt.

Ungefähr hundert Meilen westwärts von dem eben beschriebenen Vorgebürge fällt in den See ein beträchtlicher Fluß, der aus einem Zusammenflusse von vielen kleinen Gewässern entsteht. Dieser Fluß ist wegen der Menge gediegen Kupfer merkwürdig, die man an seinen Ufern findet. Man trift sonst dies Metall auch noch an verschiednen andern Stellen auf dieser Küste an. Ich bemerkte, daß viele von den kleinen Inseln, hauptsächlich auf der östlichen Küste, mit Kupfererzt bedeckt waren. Sie sahen wie Betten von Vitriol aus, von welchem viele Tonnen in einem kleinen Raume zusammen lagen.

Eine Gesellschaft aus England fieng bald nach der Eroberung von Kanada an, etwas von diesem Metall wegzuführen; allein der verworrene Zustand der Sachen in Amerika hat sie genöthigt, ihr Vorhaben aufzugeben. Es könnte in künftigen Zeiten eine vortheilhafte Handlung daraus entstehn, da das Metall nichts auf der Küste kostet, und auch ohne große Unkosten eingeschifft werden könnte. Man müßte es erst in Booten oder Kanoen über den Wasserfall von St. Maria nach der Insel

Joseph bringen, die am Ende der Meerenge nahe bey ihrem Einfluß in den See Huron liegt; von dort könnte es auf größern Fahrzeugen über diesen See bis an den Wasserfall von Niagara geführt werden; hier würde es zu Lande über den großen Trageplaß, und alsdenn weiter ohne große Schwierigkeit nach Quebec gebracht. Die Leichtigkeit und die wenigen Unkosten, womit eine sehr große Menge davon zusammen gebracht werden kann, ersetzt die Weite des Weges völlig, und macht, daß die Eigner es zu eben so guten Preisen, als das Kupfer aus andern Ländern, auf fremde Märkte führen können.

Der Obersee hat einen Ueberfluß an Fischen, worunter Forellen und Störe die vornehmsten sind, welche man fast zu jeder Jahrszeit im größten Ueberflusse fangen kann. Die Forellen wiegen gemeiniglich zwölf Pfund, und zuweilen sogar über funfzig. Ausser diesen wird noch eine Art von Weißfisch sehr häufig gefangen, die einer Else *) ähnlich, aber etwas dicker ist, und nicht so starke Gräten hat. Sie wiegen ungefähr vier Pfund, und schmekken sehr angenehm. Man fängt sie am besten mit einem Netze, doch kann man Forellen immer mit Angeln fangen. Es giebt hier ebenfalls kleine Arten von Fischen im großen Ueberflusse; und unter diesen

*) Clupea Alosa, Shad engl. Alose fr.

diesen eine, die einem Heringe ähnlich ist, und zum Köder für die Forellen gebraucht wird. So wohl in diesem See, als in Mischigan, findet man noch eine kleine Art Taschenkrebse, die nicht größer sind, als ein Gulden.

Dieser See ist Stürmen völlig so sehr unterworfen, als das atlantische Meer. Seine Wellen steigen eben so hoch, und sind den Schiffen eben so gefährlich. Sein Wasser hat an dem südöstlichen Winkel durch die Straße von St. Maria einen Ausfluß. An dem obern Ende dieser Straße steht ein Fort, das seinen Nahmen von ihr hat, und vom Herrn Cabot, einem französischen Kanadier, befehligt wird, der als Eigenthümer des Bodens in dem Besitz davon geblieben ist. Nahe bey diesem Forte ist ein starker Strom, gegen den zwar keine Kanoes angehn können, aber man kann ihn, wenn man einen geschickten Lootsen hat, ohne Gefahr herabfahren.

Ungeachtet der Obersee, wie ich vorhin angeführt habe, von beynahe vierzig Flüssen sein Wasser erhält, unter welchen einige sehr beträchtlich sind, so scheint doch kaum der zehnte Theil von dem Wasser, das er aus diesen Flüssen erhält, durch diese Oefnung herauszufließen. Ich sehe nicht ein, wie sich ein solcher Ueberflaß von

H 3 Wasser

Waſſer verliehren kann, welches doch auf irgend eine Art geſchehn muß, weil ſonſt die Oberfläche des Sees beſtändig zunehmen würde. So viel iſt gewiß, daß er ſein Waſſer durch keinen Unternſtrom verliehrt, wie das mittelländiſche Meer thun ſoll, wo dieſer untere Strom dem auf der Oberfläche beſtändig entgegen arbeitet; denn der Strom, der über den Felſen fällt, iſt nicht über fünf bis ſechs Fuß tief, und fließt ganz durch die Straße in den nächſten See. Es iſt auch nicht wahrſcheinlich, daß eine ſo große Menge durch Ausbünſtungen verlohren gehn könnte; und folglich muß es irgendwo einen Ausfluß durch tiefe unterirrdiſche Gänge darinn geben.

Der Waſſerfall von St. Maria ſtürzt nicht ſenkrecht herunter, wie die Waſſerfälle von St. Anton und Niagara, ſondern er beſteht aus einem reiſſenden Strome, der ſich dreyviertel Meile weit erſtreckt, und über den Kanoe mit Vorſicht geführt werden können.

Unten an dieſem Waſſerfalle ſchicken ſich die Felſen ſehr bequem zum Fiſchfang. Wenn man im September und October ſeine Netze auswirft, ſo iſt man ſicher, ſie immer voller Weißfiſche heraus zu ziehn, die in dieſer Jahrszeit nebſt verſchiednen andern Fiſcharten in ſolchen Schwärmen hieher kom-

kommen, daß, wenn sie gehörig zubereitet würden, Tausende davon das Jahr hinburch leben könnten.

Die Straße von St. Maria ist ungefähr vierzig Meilen lang, und läuft südöstlich. Ihre Breite ist sehr verschieden. Der Strom zwischen dem Wasserfalle und dem See Huron ist nicht so reissend, als man erwarten könnte, und Lastschiffe können darauf bis an die Insel St. Joseph hinauf fahren.

Verschiedene Reisende haben angemerkt, daß die Aussicht, wenn man aus dieser Straße in den Obersee kömmt, eine der schönsten ist, die man sich denken kann. Die Stelle, wo sie sich am vortheilhaftesten zeigt, ist grade bey der Oefnung des Sees, wo man zur linken Hand viele schöne kleine Inseln erblickt, die eine beträchtliche Kette ausmachen. Zur rechten Hand sieht man eine Menge kleiner auf einander folgender Landspitzen, die etwas ins Wasser vorlaufen, und dies reitzende Becken, wenn man es so nennen könnte, gegen die Wuth der stürmischen Winde sichern, welchen der nahe liegende See oft ausgesetzt ist.

Der See Huron, in welchen man aus der Straße St. Maria kömmt, ist der größte nach dem Obersee. Er liegt zwischen dem zwey und vierzigsten und sechs und vierzigsten Grade nordlicher Breite, und zwischen dem neun und siebenzigsten

zigsten und fünf und achtzigsten Grade westlicher Länge. Seine Figur ist dreyeckigt, und sein Umkreis beträgt tausend Meilen.

An der Nordseite davon liegt eine Insel, die ihrer Länge wegen merkwürdig ist, welche hundert Meilen beträgt, da sie doch nur acht Meilen breit ist. Diese Insel ist unter dem Namen Manatalin, Ort der Geister, bekannt, und wird von den Indiern eben so heilig geschätzt, als die oben erwähnten Inseln im Obersee.

Ungefähr in der Mitte auf der Südwestseite dieses Sees liegt der Busen Saganaum. Die Vorgebürge, welche diesen Busen von dem See trennen, liegen ungefähr achtzehn Meilen von einander, und in der Mitte dazwischen liegen zwey Inseln, welche den Kanoen und kleinern Fahrzeugen sehr zu statten kommen, da man ohne einen solchen Sicherheitsort sich nicht gut über einen so großen See wagen könnte. Längst der Küste hinzufahren würde die Reise äußerst langwierig und unangenehm machen. Dieser Busen ist ungefähr achtzig Meilen lang, und im Durchschnitt ungefähr achtzehn bis zwanzig Meilen breit.

Beynahe auf der Hälfte der Weite zwischen dem Busen Saganaum und dem nordwestlichen Winkel des Sees, liegt ein zweyter Busen, der Donnerbusen

busen (thunderbay) genannt. Die Indier, die diese Gegenden seit undenklichen Zeiten besucht haben, und alle Europäer, die darüber gekommen sind, geben ihm einmüthig diesen Namen, weil sie beständig Donnerwetter darauf antrafen. Die Bucht ist ungefähr neun Meilen breit, und eben so lang. Wie ich darüber fuhr, wozu ich fast vier und zwanzig Stunden brauchte, so donnerte und blitzte es den größten Theil dieser Zeit ausserordentlich stark. Ich konnte keine sichtbare Ursache davon ausfündig machen, da überhaupt diese Gegend Gewittern nicht sehr unterworfen ist. Die Berge umher waren von keiner beträchtlichen Höhe, und schienen auf ihrer Oberfläche auch mit keiner schwefelartigen Materie bedeckt zu seyn. Da aber diese Erscheinung doch eine natürliche Ursache haben muß, so schließe ich, daß die Ufer des Busens oder die benachbarten Berge entweder eine große Menge von schwefelartiger Materie oder irgend ein Mineral enthalten, das in einem starken Grade die elektrischen Theilchen an sich ziehn kann, womit die vorüberziehenden Wolken angefüllt sind. Doch ich überlasse die Auflösung dieser und aller übrigen philosophischen Probleme, die zufälliger Weise in diesem Werke vorkommen sollten, Leuten von größerer Einsicht, als ich besitze.

Die Fische im See Huron sind fast die nämlichen, wie im Obersee. Das Land auf seinen Ufern ist an einigen Stellen fruchtbar, und schickt sich sehr gut zum Ackerbau, an andern hingegen ist es sandigt und unfruchtbar. Das Vorgebürge, welches diesen See vom See Mischigan trennt, besteht aus einer großen Ebene, die über hundert Meilen lang ist, und eine abwechselnde Breite hat, welche zehn bis funfzehn Meilen beträgt. Dieser Strich ist, wie ich schon oben angeführt habe, fast zu gleichen Theilen zwischen den Ottowaern und Tschlpiwaern getheilt. Am nordöstlichen Winkel hat dieser See eine Gemeinschaft mit dem See Mischigan durch die schon beschriebene Straße von Mischillimackinac.

Ich hätte beynahe einen merkwürdigen Umstand vergessen, der diese Straße betrifft. Nach den Beobachtungen, welche die Franzosen machten, da sie noch im Besitz des Fortes waren, giebt es zwar keine tägliche Ebbe und Fluth darin, allein durch eine genaue Aufmerksamkeit entdeckt man doch eine gewisse periodische Veränderung darin. Man bemerkte, daß das Wasser stuffenweise und fast unmerklich bis zu einer Höhe von ungefähr drey Fuß stieg. Dies ereignete sich in achtehalb Jahren, und in eben dem Zeitraume nahm es wieder ab,

bis

123

bis es seinen vorigen Stand erreicht hatte; so daß diese unerklärliche Revolution in funfzehn Jahre zu Stande kam. Wie ich dort war, so konnte die Richtigkeit dieser Beobachtung noch von den Engländern nicht bestätigt werden, da sie blos einige Jahre das Fort im Besitz gehabt hatten; aber alle stimmten darin überein, daß eine Veränderung in dem Wasser der Straße zu spüren wäre. Alle diese Seen sind den Winden so ausgesetzt, daß es zuweilen scheint, als wenn eine Fluth statt fände, doch währt dies nur eine kurze Zeit, und erstreckt sich nur über einen Theil der Seen.

Um diesen See, vorzüglich nahe bey dem Busen Saganaum, wohnt eine große Anzahl von Tschiplwäern zerstreut herum. An seinen Ufern wachsen eine erstaunliche Menge von Sandkirschen, und in der herumliegenden Gegend findet man fast eben solche Früchte, als man bey den andern Seen antrifft.

Von dem Wasserfall von St. Maria gieng ich gemächlich nach Mischillimackinac zurück, und kam daselbst im Anfange des Novembers 1767 an, nachdem ich vierzehn Monathe auf dieser Reise, die sich beynahe auf viertausend Meilen erstreckte, zugebracht hatte. Ich besuchte darauf zwölf indische Völkerschaften, die gegen Westen und Norden von Mischillimackinac wohnen. Der Winter fiel das

nach

nach meiner Ankunft ein, und ich sah mich daher genöthigt, bis zum nächsten Junius zu verweilen, da die Schiffahrt auf dem See Huron für große Fahrzeuge wegen des Eises nicht eher wieder anfieng. Ich fand hier eine sehr umgängliche Gesellschaft, und brachte diese Monathe sehr angenehm und ohne alle Langeweile zu.

Einer meiner vornehmsten Zeitvertreibe war der Forellenfang. Die Straße war zwar mit Eise bedeckt, worin wir aber Oeffnungen machten, durch welche wir starke und zwey und zwanzig Ellen lange Linien hinunter ließen, an denen drey bis vier Angel mit kleinen Fischen befestigt waren, und auf diese Art fingen wir oft zwey zugleich, von welchen ein jeder vierzig Pfund wog. Sonst beträgt ihre gewöhnliche Größe zehn bis zwanzig Pfund. Sie geben ein ungemein schmackhaftes Essen ab. Man trocknet sie in der Luft, so lange als der Winter währet, welches gewöhnlich drey Monate sind, und in einer einzigen Nacht frieren sie so hart, daß sie sich völlig so gut halten, als wenn sie eingesalzen wären.

Ich habe auf meiner Reisekarte den Weg bezeichnet, den ich nahm, als ich von Mischillimacinac ausreiste, und wieder dahin zurückkehrte. Die Länder, welche nahe an den Kolonien liegen,

sind

sind so oft und so umständlich beschrieben worden, daß man keiner weitern Beschreibung davon bedarf. Ich will daher den übrigen Theil meines Tagebuchs blos der Beschreibung von den übrigen großen Seen in Kanada widmen, da ich viele davon beschifft habe, und zugleich einige besondere Vorfälle erzehlen, die man hoffentlich nicht für unangenehm und zweckwidrig halten wird.

Im Junius 1768 verließ ich Mischillimackinac, und gieng in dem Schoner Gladwyn, einem Fahrzeuge von ungefähr achtzig Tonnen, über den See Huron nach dem See St. Klara zurück, wo wir das Schiff verließen, und in Booten weiter nach Detroit giengen. Dieser See hat ungefähr neunzig Meilen im Umkreise, und empfängt durch den Fluß Huron, der aus dem südlichen Winkel des Sees Huron kömmt, das Wasser aus den drey großen Seen, dem Obersee und den Seen Mischigan und Huron. Seine Figur ist fast rund, und an einigen Stellen ist er für große Schiffe tief genug, aber gegen die Mitte zu giebt es eine Sandbank, über die keine beladene Schiffe gehen können. Schiffe, die blos Ballast führen, finden Wasser genug darauf, von andern aber muß die Ladung auf Booten über die Sandbank gebracht, und alsdann wieder eingeladen werden.

Der

Der Fluß, der aus dem See St. Klara in den See Erie fließt, heißt Detroit, welches im Französischen eine Meerenge bedeutet. Er läuft fast völlig südwärts, und hat einen gelinden Strom und gehörige Tiefe für ziemlich große Lastschiffe. Die Stadt Detroit liegt auf dem westlichen Ufer des Flusses, ungefähr neun Meilen unterhalb des Sees St. Klara.

Fast gegen dieser Stadt über liegt auf der Ostseite des Flusses ein Dorf der alten Huronen; eines Stammes von Indiern, deren schon so viele Schriftsteller erwähnt haben, daß ich sie hier übergehn muß, da ich mich blos auf die Beschreibung von wenig bekannten Oertern und Völkern eingeschränkt habe. Ein Karthäuser hält sich mit Erlaubniß des Bischofs von Kanada 's Missionär bey ihnen auf.

An den Ufern des Flusses Detroit, so wohl oberhalb als unterhalb der Stadt, liegen eine Menge Meyereyen, die sich auf eine Weite von zwanzig Meilen erstrecken. Die Gegend ist ungemein fruchtbar, und schickt sich sehr gut zum Anbau von Waizen, indischem Korn, Hafer und Erbsen. Auch giebt es an verschiednen Stellen sehr schöne Weide. Da aber die Einwohner, die größtentheils aus Franzosen bestehn, welche sich der englischen

Regie-

Regierung unterwarfen, als General Amherst in diese Gegenden vordrang, sich mehr auf die Handlung mit den Indiern legen, so wird der Ackerbau nur mit wenigem Fleiße betrieben.

Die Stadt Detroit enthält über hundert Häuser. Die Gassen sind ziemlich regelmäßig, und an der Südseite liegt eine Reihe von schönen und bequemen Barracken, nebst einem geräumigen Waffenplatze. Auf der Westseite liegt der königliche Garten, welcher dem Statthalter gehört, und sehr gut angelegt ist. Die Vestungswerke der Stadt bestehn aus einem starken Stackwerk von runden Pfählen, das außen mit vorstehenden Pallisaden besetzt ist. Dies Stackwerk wird von etlichen kleinen Bollwerken vertheidigt, auf welchen etliche schlechte kleine Stücke aufgeführt sind, die blos gegen Indier, oder gegen einen Feind ohne Artillerie von Nutzen seyn können.

Die Besatzung besteht in Friedenszeiten aus zweyhundert Mann, die ein Staabsofficier befehligt, welcher zugleich hier die höchste Obrigkeit unter dem Statthalter von Kanada ist. Herr Turnbull, Hauptmann vom sechszigsten oder königlich amerikanischem Regiment, war eben Kommandant, als ich mich hier anhielt. Kaufleute und Einwohner hatten sehr große Ursache, mit seinem

nem Betragen zufrieden zu seyn, und ich schätze mich glücklich, hier Gelegenheit zu haben, ihm öffentlich meinen Dank für die vielen Gefälligkeiten, welche er mir erwiesen hat, zu bezeugen.

Im Julius 1762 regnete es in der Stadt und der umliegenden Gegend ein schwefelhaftiges Wasser von einer Farbe und Dicke wie Dinte. Man sammlete etwas davon in Flaschen, und wie man es versuchte damit zu schreiben, so fand man, daß es die völligen Dienste von Dinte that. Bald nachher brach der indische Krieg aus, wovon schon viel war gesprochen worden. Ich will hiemit nicht behaupten, daß dieser Zufall eine Vorbedeutung davon war, ungeachtet man fast aus jedem Zeitalter glaubwürdige Schriftsteller hat, die ähnliche Beyspiele von außerordentlichen Erscheinungen vor besondern Begebenheiten anführen; ich erzehle den Umstand blos als eine geschehene Sache, die mir von verschiednen glaubwürdigen Leuten erzehlt wurde, und überlasse es meinen Lesern, wie ich bisher gethan habe, ihre eignen Folgerungen daraus zu ziehn.

Pontiac, unter dem die Indier den Angriff auf das Fort Mischillimackinac wagten, wie ich vorhin erzählt habe, war ein unternehmender Anführer oder Hauptkrieger der Miamier. Während des letzten Krieges zwischen den Engländern und Fran-

zosen

zosen war er ein standhafter Freund von den letztern, und hegte seinen eingewurzelten Haß gegen jene noch immer fort, selbst wie schon der Friede zwischen beyden Nationen geschlossen war. Da er den Räubereyen, die er so lange getrieben hatte, nicht gern entsagen wollte, so zog er ein Heer von verbundenen Indiern zusammen, die aus den oben angeführten Völkerschaften bestanden, um den Krieg förmlich wieder anzufangen. Doch anstatt die englischen Besitzungen öffentlich anzugreifen, machte er einen Entwurf alle Forte an den Grenzen, welche sie vor kurzem durch den Frieden erhalten hatten, unvermuthet zu überfallen.

Meine Leser wissen schon, wie gut es der Parthey glückte, welche er nach Mischillimackinac abgeschickt hatte. Allein es erforderte mehr Entschlossenheit und tiefer ausgesonnene List, um Detroit, einen Ort von grösserer Wichtigkeit, und der weit besser besetzt war, in seine Hände zu bekommen. Er nahm daher dies Unternehmen selbst über sich, und näherte sich dem Platze mit dem Hauptchor seiner Truppen. Er ward jedoch an der Ausführung seines Vorhabens durch einen dem Anschein nach geringen und unvermutheten Zufall verhindert.

In der Stadt Detroit logen, als Pontiac seinen Entwurf darauf machte, ungefähr dreyhundert

Carvers Reisen.   J   Mann

Mann in Besatzung, unter den Befehlen des Majors Gladwyn, eines tapfern Officiers. Eben damals schien der Krieg ein völliges Ende zu haben, und die Indier betrugen sich ungemein freundschaftlich. Pontiac näherte sich dem Forte, ohne irgend Verdacht bey dem Befehlshaber oder den Einwohnern zu erregen. Er schlug sein Lager in einer kleinen Entfernung davon auf, und ließ dem Befehlshaber sagen, daß er gekommen wäre, um zu handeln; und da er wünschte, die Kette des Friedens zwischen den Engländern und seiner Nation glänzend zu machen, so möchte er ihm und seinen Oberhäuptern erlauben, einen Rath mit ihnen zu halten. Da der Statthalter noch nicht den geringsten Argwohn in die Aufrichtigkeit der Indier gesetzt hatte, so gewährte er ihrem Anführer sein Gesuch, und bestimmte den folgenden Morgen zur Haltung des Raths.

Den nähmlichen Abend brachte eine indische Frau, die für Major Gladwyn ein Paar indische Schuh aus einer vorzüglich guten Elendshaut gemacht hatte, sie nach seinem Hause. Sie gefielen dem Major so sehr, daß er ihr befahl, das übrige von der Haut zu nehmen, und ihm noch ein Paar daraus zu machen, da er diese zu einem Geschenke für einen guten Freund bestimmt hatte. Er befahl

darauf

darauf seinem Bedienten, ihr das erste Paar zu bezahlen, und ließ sie gehn. Die Frau ging bis an die Hausthür, aber nicht weiter, und zögerte da noch, als wenn sie ihr Geschäft noch nicht ausgerichtet hätte. Endlich beobachtete sie ein Bedienter, und fragte sie, warum sie noch da wäre, allein sie antwortete ihm nicht darauf.

Bald darauf sah sie der Statthalter selbst, und erkundigte sich bey seinem Bedienten, nach der Ursache ihres Zurückbleibens, und da er keine hinreichende Antwort von ihm erhielt, so ließ er die Frau wieder hereinrufen. Wie sie vor ihm kam, so fragte er sie, warum sie noch zauberte, und nicht aus dem Forte gienge, ehe die Thore zugeschlossen würden, damit sie die Arbeit für ihn zur bestimmten Zeit fertig machen könnte. Sie antwortete ihm nach vieler Verwirrung, sie möchte das übrige von der Haut nicht mit nehmen, da er einen so großen Wehrt darauf setzte, und sich immer so gütig gegen sie betragen hätte, und doch hätte sie sich nicht überwinden können, es ihm gleich zu sagen. Er fragte sie, warum sie denn jetzt es nicht so gern thun wollte, als da sie ihm das erste Paar gemacht hätte, und sie antwortete mit noch größerer Verwirrung, daß sie nie im Stande seyn würde, sie zurück zu bringen.

Da jetzt des Statthalters Neugierde erregt ward, so bestand er darauf, das Geheimniß zu erfahren, das ihr so viel Unruhe zu machen schien. Endlich, wie er ihr versprach, daß ihr die Nachricht, die sie ihm geben würde, nicht zu ihrem Nachtheil gereichen, und daß sie dafür belohnt werden sollte, wenn man sie wichtig finden würde, so erzählte sie ihm, daß bey dem Rathe, der Morgen gehalten werden sollte, Pontiac und die andern Oberhäupter beschlossen hätten, ihn, die Besatzung und Einwohner zu ermorden, und darauf die Stadt zu plündern. Alle Oberhäupter, die zum Rathe gelassen werden sollten, hätten daher ihre Flinten kürzer gemacht, damit sie sie unter ihren Decken verbergen könnten, und daß sie, so bald ihr Anführer ein Zeichen bey Ueberlieferung des Gehänges gemacht hätte, auf ihn und sein Gefolge Feuer geben würden. Hierauf wollten sie sich gleich in die Gassen stürzen, wo sie von einer grossen Anzahl ihrer Krieger unterstützt werden würden, die während des Raths, unter dem Vorwande zu handeln, in die Stadt kommen, und auf die nähmliche Art bewafnet seyn sollten. Da er von dieser Frau alle Nebenumstände dieser Verschwörung, und auch die Art, wie sie dahinter gekommen war, erfahren hatte, so befahl er ihr, ja nichts davon zu entdecken, und

ver-

versprach, alles genau zu halten, was sie von ihm verlangt hätte.

Die Nachricht, die der Statthalter eben erfahren hatte, machte ihm viele Unruhe, und er fragte gleich den Officier, der zunächst das Kommando unter ihm hatte, darüber um Rath, allein dieser glaubte, daß die ganze Geschichte ausgesonnen wäre, um vielleicht sich ein Verdienst dadurch zu erwerben, und rieth ihm, nicht darauf zu achten. Doch zum Glück machte er auf den Major keinen Eindruck. Er glaubte, er müßte die Nachricht für wahr halten, bis er vom Gegentheil überzeugt wäre; und nahm daher alle zu seiner Sicherheit nöthigen Maaßregeln, welche ihm die Kürze der Zeit erlaubte, ohne seinen Argwohn irgend jemand weiter zu entdecken. Er machte die Nacht selbst die Runde im Fort, und sah dahin, daß jede Schildwache auf ihrem Posten blieb, und alle Waffen in gehöriger Ordnung waren.

Wie er über den Wall gieng, der bem indischen Lager am nächsten war, so hörte er, daß sie im vollen Schmause waren, und sich vielleicht schon im Voraus auf ihren glücklichen Erfolg freuten, da sie nicht leicht vermuthen konnten, daß ihr Vorhaben schon entdeckt wäre. So bald der Tag anbrach, ließ er die Besatzung ins Gewehr treten, und machte einigen von den vornehmsten Offizieren seinen Verdacht bekannt, und gab ihnen die nöthigen Verhaltungsbefehle. Zugleich schickte er an alle Kaufleute, und ließ ihnen sagen, daß sie ihre Waffen in Bereitschaft halten möchten, da heute eine Menge Indier in die Stadt kommen würden, die sich vielleicht einfallen lassen könnten, zu plündern.

Ungefähr um zehn Uhr kamen Pontiac und die übrigen Oberhäupter, und wurden in das Rathszimmer geführt, wo der Statthalter und die übrigen Offiziere mit Pistolen in ihren Gürteln sie erwarteten. Die Indier bemerkten, daß mehr Truppen, als gewöhnlich, auf dem Waffenplatz waren, und so bald sie ins Zimmer gekommen waren, und sich gesetzt hatten, so fragte Pontiac den Statthalter, warum seine jungen Leute alle auf den Gassen paradirten? Er erhielt zur Antwort, daß es bloß geschähe, um sie in ihren Uebungen vollkommen zu machen.

Der Hauptkrieger der Indier fieng jetzt seine Rede an, welche die stärksten Ausdrücke von Freundschaft und Zuneigung gegen die Engländer enthielt, und wie er an die Ueberlieferung des Gürtels kam, davon die besondre Art, nach der Aussage der Frau, das Zeichen für die andern seyn sollte, so zogen der Statthalter und seine Offiziere ihre Degen zur

Hälfte

Hälfte aus der Scheide, und zugleich machten die Soldaten vor der Thür, die mit Fleiß offen gelassen war, ein Gerassel mit ihren Waffen. Pontiac, der sonst einen sehr großen Grad von Kühnheit besaß, ward todtenblaß, und fieng an zu zittern, und anstatt den Gürtel auf die verabredete Art zu übergeben, reichte er ihn dem Statthalter auf die gewöhnliche Art hin. Die übrigen Oberhäupter, die mit Ungedult das Zeichen erwarteten, sahen einander voll Erstaunen an, und verhielten sich ruhig.

Der Statthalter hielt darauf auch eine Rede, aber anstatt dem großen Krieger für die Freundschaftsversicherungen zu danken, die er ihm eben gegeben hatte, beschuldigte er ihn der Verrätherey. Die Engländer wüßten alles, und wären von seinen schändlichen und verrätherischen Absichten überzeugt. Und zum Beweise, wie genau sie ihr geheimes Vorhaben kannten, gieng er auf den indischen Anführer zu, der am nächsten bey ihm saß, und zog seine Decke weg, so daß man das abgekürzte Gewehr sehn konnte. Dies machte die Verwirrung der Indier vollkommen, und hintertrieb ihre Absichten.

Er deutete ihnen darauf an, da er sein Wort gegeben hätte, daß ihre Personen sicher seyn sollten, so wollte er sein Versprechen unverletzt halten, ungeachtet sie es so wenig verdienten. Allein er rieth ihnen, sich geschwind aus dem Forte wegzumachen, damit seine jungen Leute, wenn sie ihr verrätherisches Vorhaben erführen, sie nicht in Stücken hieben. Pontiac suchte dieser Beschuldigung zu widersprechen, und sein verdächtiges Betragen zu entschuldigen; allein der Statthalter, der die Falschheit seiner Betheurungen kannte, wollte ihn nicht anhören. Die Indier verließen daher das Fort ungesäumt, allein anstatt das großmüthige Verfahren des Statthalters dankbar zu erkennen, so warfen sie jezt die Maske ab, und thaten den Tag darauf einen regelmäßigen Angriff.

Viele haben Major Gladwyn wegen dieser übelverstandenen Gelindigkeit getadelt; denn wenn er einige von den vornehmsten Anführern als Gefangne behalten hätte, so würde er dadurch alle verbundne Völkerschaften in Furcht erhalten, und einem Kriege vorgebeugt haben. Allein er machte dies Versehn durch die tapfere Vertheidigung des Forts völlig wieder gut, die unter vielen Widerwärtigkeiten über ein Jahr währte.

Während dieser Belagerung ereigneten sich verschiedne hitzige Scharmüzel, worunter das folgende das vornehmste und blutigste war. Hauptmann Delzel, ein braver Offizier, bewog den Statthal-

ter,

ter, ihm das Kommando über ungefähr zweyhundert Mann anzuvertrauen, um damit das feindliche Lager anzugreifen. Er that den Ausfall aus der Stadt vor Tages Anbruch; allein Pontiac, der von einigen von seinen schnell laufenden Kriegern, die beständig die Bewegungen der Garnison beobachteten, zeitige Nachricht von seinem Vorhaben erhielt, nahm seine auserlesensten Truppen, und begegnete dem Detaschement in einiger Entfernung von seinem Lager nahe bey einer Stelle, die seitdem die blutige Brücke (bloody bridge) heißt. Die Indier waren weit zahlreicher, als Hauptmann Delzels Parthey, und er ward daher bald übermannt und zurück getrieben. Da er schon fast umringt war, so machte er noch einen tapfern Versuch, wieder an die Brücke zu kommen, über welche er eben gegangen war, und wodurch er allein seinen Rückzug bewerkstelligen konnte; allein er verlohr mit vielen seiner Leute sein Leben dabey. Doch fanden Major Rogers, der zweyte im Kommando, und Lieutnant Breham Mittel, den Ueberrest ihrer kleinen Armee zu retten, und brachten sie wieder ins Fort zurück.

Da durch diesen Unfall die Besatzung sehr geschmolzen war, so ward es dem Major sehr schwer, die Stadt länger zu vertheidigen. Doch hielt er sich noch so lange, bis Entsatz kam, weil ohnehin die Indier nur wenig Angriffe auf den Ort thaten, sondern bloß fortfuhren, ihn eingeschlossen zu halten.

Der Schooner Gladwyn, das nähmliche Fahrzeug, in dem ich nachher meine Reise von Mischilimackinac nach Detroit that, und das nachher mit seiner ganzen Mannschaft auf dem See Erie verlohren gieng, weil der Befehlshaber darauf nicht Ballast genug einnehmen wollte, kam gerade mit einer Verstärkung und nothwendigen Kriegs- und Mundvorrath nahe an die Stadt. Doch ward dies Fahrzeug, noch ehe es den Ort seiner Bestimmung völlig erreichen konnte, von einer Parthey von Pontiacs Indiern hartnäckig angegriffen. Die Indier umringten es in ihren Kanoen und tödteten viele von seiner Mannschaft. Als endlich der Kapitain geblieben war, und die Indier anfiengen, auf allen Ecken hinauf zu klettern, so befahl der Lieutenant Jacobs, der es nachher führte als es verunglückte, dem Konstabel, die Pulverkammer anzustecken und das Schiff in die Luft zu sprengen. Das einzige Mittel, wodurch er noch verhindern konnte, daß der Kriegsvorrath dem Feinde nicht in die Hände fiel. Dieser Befehl sollte eben vollzogen werden, als ein Anführer der Huronen, der Englisch verstand, seinen Landsleuten

leuten das Vorhaben des englischen Befehlshabers bekannt machte. So wie diese davon hörten, kletterten sie mit der größten Eilfertigkeit vom Schiffe herunter, und suchten bald so weit davon zu kommen, als ihnen möglich war. Lieutnant Jacobs machte sich ihre Bestürzung zu Nutze, und kam ohne weitere Hindernisse glücklich an die Stadt.

Diese zeitige Hülfe machte der Besatzung neuen Muth, und da Pontiac jetzt überzeugt war, daß es nicht in seiner Macht stehn würde, den Platz zu erobern, so bot er einen Vergleich an. Der Statthalter, der ebenfalls wünschte, von solchen beschwerlichen Feinden los zu kommen, die allen Handel mit den benachbarten Nationen störten, hörte seine Vorschläge an, und schloß auf vortheilhafte Bedingungen einen Frieden mit ihnen. Bald darauf trennten sich die Indier, und giengen nach ihren verschiednen Provinzen zurück. Seit der Zeit fanden sie es auch nie wieder für gut, die Ruhe in diesen Gegenden zu stören.

Pontiac schien in der Folge allen Widerwillen gegen die Engländer bey Seite gesetzt zu haben, und ihr eifriger Freund geworden zu seyn. Um seine Anhänglichkeit zu belohnen und dauerhaft zu machen, bewilligte ihm die Regierung einen ansehnlichen Gehalt. Allein sein unruhiger und hinterterlistiger Karakter erlaubte ihm nicht, dankbar dafür zu seyn, und sein Betragen ward endlich von neuem verdächtig. Es begleitete ihn daher im Jahr 1767, wie er im Lande der Illinesen einen Rath halten wollte, ein getreuer Indier, entweder auf Veranlassung eines englischen Befehlshabers, oder aus eignem Triebe, als Kundschafter; und da dieser Indier, durch eine Rede, die Pontiac in dem Rathe hielt, überzeugt ward, daß er noch seine alten Vorurtheile gegen seine neuen vorgeblichen Freunde hegte, so stieß er ihm sein Messer durchs Herz, daß er auf der Stelle todt niederfiel.

Doch es ist Zeit, von dieser Ausschweifung zurückzukehren.

Der See Erie erhält das Wasser aus den drey großen Seen, durch die Straße Detroit, die in seinem nordwestlichen Winkel fällt. Dieser See liegt zwischen dem ein und vierzigsten und drey und vierzigsten Grade nordlicher Breite, und zwischen dem acht und siebenzigsten und drey und achtzigsten Grade westlicher Länge. Er ist fast dreyhundert Meilen lang von Osten nach Westen, und seine größte Weite beträgt ungefähr vierzig Meilen. Auf seiner Nordseite liegt eine sehr lange schmale Landspitze, die südostwärts verschiedne Meilen in ihn verläuft.

An

An seinem westlichen Ende giebt es verschiedne Inseln, die so voller Klapperschlangen sind, daß es sehr gefährlich ist, darauf ans Land zu steigen. Man findet gewiß keine Gegend, die eine größere Anzahl von allen Arten dieses Ungeziefers hervorbrächte, als diese, doch sind die Wasserschlangen darunter vorzüglich häufig. Der See ist nahe bey den Ufern der Inseln mit großen Seerosen (Nymphaea) gleichsam bedeckt, und ihre Blätter liegen so dicht an einander, daß man auf eine große Strecke fast nichts vom Wasser sehn kann, und doch lagen auf jedem Blatte, wie ich über den See fuhr, Wasserschlangen, die sich sonnten.

Die merkwürdigste Art von den Schlangen dieses Sees ist die zischende Schlange. Sie ist gefleckt und ungefähr achtzehn Zoll lang. Wenn sich ihr irgend etwas naht, so macht sie sich ganz platt, und ihre Flecken werden durch ihre Wuth sichtbarlich glänzender. Zugleich läßt sie aus ihrem Rachen mit vieler Stärke einen feinen Wind, der sehr unangenehm riechen, und wenn man ihn unvorsichtiger Weise einathmet, unfehlbar eine Auszehrung verursachen soll, die in wenigen Monaten tödlich werden muß, da man bisher noch kein Gegenmittel dafür kennt.

Die

Die Steinarten an den Ufern dieses Sees haben gröstentheils mehr oder weniger Flecken, die wie Messing aussehn, aber eine Schwefelartige Natur haben. Man findet kleine Stücke von dem nehmlichen Mineral, von der Gröſse einer Haselnuß, auf dem Sande am Ufer und unter dem Waſſer.

Die Schiffahrt auf diesem See soll gefährlicher seyn, als auf den übrigen, weil viele steile Anhöhen an seinen Ufern liegen, und sich viele Meilen weit in einer senkrechten Lage ins Waſſer erstrecken. Wenn daher ein plötzlicher Sturm entsteht, so gehn leicht Kanoe und Boote verlo'n, da sie keine Stelle finden können, wo sie vor dem Winde sicher wären.

Dieser See verliert sein Waſſer auf der Nordostseite durch den Fluß Niagara, der nord- und südwärts fließt, und ungefähr sechs und dreißig Meilen lang ist, und in den See Ontario fällt. Beym Eingange in diesen Fluß und auf seinem östlichen Ufer liegt das Fort Niagara. Ungefähr achtzehn Meilen weiter hinauf findet man den merkwürdigen Waſſerfall, der unter allen bekannten Werken der Natur für das wundervollste geschätzt wird.

Da so viele Reisende diesen Waſſerfall besucht und beschrieben haben, so will ich blos davon anführen,

führen, daß sein Wasser, das seine erste Quelle in einer Entfernung von zwey tausend Meilen gegen Nordwesten hat, und durch den Obersee, die Seen Mischigan, Huron und Erie läuft, und beständig einen neuen Zufluß erhält, endlich sich eine senkrechte Höhe von hundert und vierzig Fuß herunter stürzt, und in einem äußerst schnellen Strome, der sich bis auf neun Meilen erstreckt, noch meist eben so viel Fuß tiefer fällt.

Man kann das Geräusch dieses Falles in einer erstaunlichen Entfernung hören. Ich selbst hörte es an einem hellen Morgen deutlich in einer Weite von zwanzig Meilen. Andre behaupten, daß es zu besondern Zeiten und bey gutem Winde sich gar auf fünf und vierzig Meilen erstrecke.

Die Gegend bey dem Wasserfall ist ungemein bergicht und uneben, allein der größte Theil am Flusse Niagara schickt sich sehr gut zur Weide.

Das Fort Niagara ward den Franzosen im Jahr 1759 durch die Truppen unter Sir Wilhelm Johnson abgenommen, und hat jetzt eine ansehnliche Besatzung.

Der See Ontario ist der nächste und kleinste von den fünf großen Seen in Kanada. Er liegt zwischen dem drey und vierzigsten und fünf und vierzigsten Grade nordlicher Breite, und zwischen dem

sechs

sechs und siebenzigsten und neun und siebenzigsten Grade westlicher Länge. Seine Figur ist fast ganz eyförmig, seine größte Länge erstreckt sich von Nordosten nach Südwesten, und sein Umkreis beträgt ungefähr sechs hundert Meilen. Auf der Südostseite nimmt er den Fluß Oswego auf, und auf der Nordostseite ergießt er sich in den Fluß Cataraqui. Nicht weit von seinem Ausflusse stand ehemals das Fort Frontenac, welches den Franzosen im letzen Kriege 1758 durch ein kleines Heer von Provinzialtruppen unter dem Obersten Bradstreet abgenommen ward.

Bey der Mündung des Flusses Oswego steht ein Fort gleiches Namens, worin jetzt nur ein kleines Kommando zur Besatzung liegt. Dies Fort ward im Jahre 1756 von den Franzosen erobert, und ein großer Theil der Besatzung, die aus den ehemaligen Regimentern von Shirley und Pepperil bestand, von den Wilden mit kaltem Blute ermordet.

Es werden viele Arten von Fischen im See Ontario gefangen, worunter sich eine diesem See eigene Art Barsche *) befindet, die einen vortrefflichen Geschmack hat, ungefähr drey bis vier Pfund wiegt.

*) Oswego bass. v. Pennant's british Zoology C. App. xxxii.

wiegt. Es giebt auch noch eine andere Art, der
Katerwels genannt, (Catfish or Pout) der gewöhnlich sehr groß ist, und zuweilen acht bis zehn
Pfund wiegt. Wenn er gehörig zubereitet wird,
so macht er ein sehr schmackhaftes Gericht.

In der Gegend, die an dem nordwestlichen Theile
dieses Sees und dem südwestlichen vom See Huron
liegt, wohnt ein nicht sehr zahlreicher Stamm von
Indiern, die Missisagier genannt, deren Ortschaft
von dem See, woran sie liegt, Toronto heißt.
Die Gegend um den See Ontario, hauptsächlich auf
seiner östlichen und nordlichen Seite, ist sehr gut,
und wird vielleicht in künftigen Zeiten blühende
Pflanzstädte aufzeigen können.

Der See Oniada, der bey der Quelle des Flusses
Oswego liegt, empfängt sein Wasser aus dem Holz-
flusse (Woodcreek), der nicht weit vom Flusse Mo-
hak entspringt. Sie kommen einander so nahe,
daß bey dem Forte Stanwix eine Vereinigung durch
Schleusen, ungefähr zwölf Meilen von dem Ausflusse des Holzflusses zu Stande gebracht worden ist.
Dieser See ist ungefähr dreißig Meilen lang, von
Osten nach Westen, und beynahe funfzehn Meilen
breit. Die Gegend umher gehört den Oniada
Indiern.

Carvers Reisen.   K   Der

Der See Schamplán, der in Größe auf den See Ontario folgt, und fast völlig ostwärts von ihm liegt, ist ungefähr achtzig Meilen lang von Norden nach Süden, und seine größte Breite beläuft sich auf vierzehn Meilen. Er ist sehr gut mit Fischen versehn, und die Gegend an seinen Ufern, oder den Flüssen, die in ihn fallen, ist sehr gut.

Der See Georg, der sonst von den Franzosen der See St. Sacrament genannt ward, liegt südwestwärts von dem eben erwähnten See, und ist ungefähr fünf und dreißig Meilen lang von Nordosten nach Südwesten, allein seine Breite ist unbeträchtlich. Die Gegend umher ist sehr bergicht, doch ist das Land in den Thälern sehr gut.

Wie diese beyden Seen zuerst entdeckt wurden, so kannte man sie blos unter dem Nahmen der Irokesen Seen, und mir beucht, daß sie auch auf den ersten Karten so genannt werden. Auch die Indier, die damals Irokesen genannt wurden, heißen jetzt die fünf Mohakischen Nationen, und die Mohakier von Kanada. In dem letzten Kriege waren die ersten, welche aus den Onondagiern, den Oniaden, den Senekern, den Tuscaroriern und Irundocks bestanden, Bundsgenossen der Engländer, die letztern hingegen, welche die Coh-

na-

nawahganer und St. Franziscus Indier ausmachen, hielten es mit den Franzosen.

Eine ungeheure Strecke Landes, die zwischen den beyden letzterwähnten Seen und dem See Ontario liegt, ward im Jahre 1629 von der Gesellschaft zu Plymouth, vermöge eines Freyheitsbriefes, den sie vom Könige Jacob dem Ersten erhalten hatte, an Sir. Ferdinand Gorges, und Hauptmann Johann Mason, dem Haupte der Familie, die sich nachher von den übrigen durch den Nahmen der Masons von Connecticut unterschied, abgetreten. Das in diesem Schenkungsbriefe angeführte Land, soll zehn Meilen von den Quellen der Flüsse anfangen, die von Osten und Süden her in die Seen Schamplán und Georg fallen, und von dort in einer graden Linie westwärts bis an die Mitte des Sees Ontario fortgehn. Von dort aus sollte sie längst dem Cataracki oder Irokesenflusse sich über Montreal bis an das Fort Sorell erstrecken, welches bey der Vereinigung dieses Flusses mit dem Richelieu liegt, und von dort aus sollte dieser letzte Fluß bis an die beyden Seen ihre Grenzen ausmachen.

Dieser ungeheure Raum ward unter dem Nahmen der Provinz Lakonia den eben erwähnten Herrn unter gewissen Bedingungen und Strafen, wovon sich aber keine, im Fall jene nicht erfüllt würden, auf eine völlige Verwürkung, sondern nur auf eine Geldstrafe belief, abgetreten.

Wegen der beständigen Kriege, denen diese Gegenden wegen ihrer Lage zwischen den Indiern, den französischen und englischen Besitzungen unterworfen waren, konnten sich die wahren Eigenthümer dieses Schenkungsbriefes noch bisher nicht zu Nutze machen. Dem ungeachtet sind seit dem letzten Kriege verschiedne Oerter am See Schamplán angelegt, und Stücke von diesem Gebiet an verschiedne Leute vom Statthalter von Neu-York verwilligt worden, zu dessen Provinz es jetzt gehört.

Es giebt im Norden von Kanada eine große Menge Seen zwischen Labrador, dem Obernsee, und dem Meerbusen Hudson, aber sie sind in Verhältniß der andern nur klein, und da sie ausserhalb dem Reiche meiner Reise liegen, so will ich ihrer nur obenhin erwähnen. Am weitesten gegen Westen liegen die Seen Mipissing und Tamiscaming. Der erste liegt bey der Quelle des Franzosenflusses, und ergießt sich in der See Huron; der andre liegt am Flusse Ottowa, der sich zu Montreal mit dem Cataraki vereinigt. Jeder von diesen Seen hat ungefähr hundert Meilen im Umkreise.

Der

Der nächste darauf ist der See Mistassin, an der Quelle des Flusses Rupert, der in Jamesbay fällt. Dieser See hat eine so unregelmäßige Figur, durch die großen Landspitzen, die von jeder Seite durchschneiden, daß es sehr schwer wird, sie genau zu beschreiben, oder seine Größe anzugeben. Er scheint doch im Ganzen über zweyhundert Meilen im Umkreise zu haben.

Der St. Johannis See, der ungefähr achtzig Meilen im Umfange, und eine kreisförmige Figur hat, liegt am Flusse Sagená, grade nordwärts von Quebec, und ergießt sich in den Fluß St. Lorenz, etwas nordwestlich von der eben genannten Stadt. Der See Manikuagone liegt nahe bey der Quelle des schwarzes Flusses (black river), der ostwärts von dem oben erwähnten Flusse, nahe bey der Küste Labrador in den St. Lorenz fällt, und hat ungefähr sechszig Meilen im Umkreise. Die Seen Pertibi, Winkragan, Erschelogon, und Papenuagane und verschiebne andre kleine Seen liegen nahe bey den Quellen des Flusses Bustard, nordwärts vom St. Lorenz. Noch viele andre, die es nicht verdienen, hier besonders angeführt zu werden, findet man zwischen den Seen Huron und Ontario.

Alle, die ich hier hergerechnet habe, und deren Zahl sich über zwanzig beläuft, liegen innerhalb

K 3 der

der Grenzen von Kanada; und aus meiner Beschreibung davon könnte bewiesen werden, daß die nördlichen Theile von Nordamerika vermöge dieser inländischen Seen mehr Wasser enthalten, als irgend ein andres Viertel der Erde.

Im October 1768 kam ich zu Boston an, da ich zwey Jahr und fünf Monate davon abwesend gewesen war, und in der Zeit sieben tausend Meilen durchreist hatte. So bald ich hier mein Tagebuch und meine Karten in Ordnung gebracht hatte, so machte ich mich auf die Reise nach England, um meine Entdeckung zum Vortheile der Nation bekannt zu machen. Allein die Ausführung meines Entwurfes, den ich zur Erlangung dieser vortheilhaften Aussichten gemacht hatte, hat bisher noch wegen die unglücklichen Zwistigkeiten zwischen Großbritannien und seinen Kolonien, die von ihren beyderseitigen Feinden erregt und unterhalten wurden, nicht zu Stande gebracht werden können. Sollte der Friede einmahl wieder hergestellt werden, so zweifle ich nicht, daß die Länder, welche ich beschrieben habe, eine ergiebigere Quelle von Reichthümern für die Nation abgeben werden, als ihre ostindischen und westindischen Besitzungen; und ich werde es mir zur Ehre und zum Glücke rechnen, ein Werkzeug gewesen zu seyn, ihr eine so schätzbare Aussicht zu eröfnen.

Ich

Ich kann nicht umhin, die Beschreibung meiner weitläuftigen Reise damit zu beschließen, daß ich der Güte des höchsten Wesens, die mich unsichtbarer Weise vor den vielen Gefahren beschützt hat, die mit einem so langen Aufenthalte unter rauhen und unbändigen Wilden nothwendig verknüpft seyn müssen, meinen ungeheuchelten Dank darbringe.

Zugleich hoffe ich, daß man mich nicht der Eitelkeit beschuldigen werde, wenn ich versichere, daß die Bewegungsgründe, die ich in der Einleitung zu diesem Werke angegeben habe, nicht die einzigen waren, die mich zu diesem schweren Unternehmen bewogen. Meine Aussichten waren nicht bloß auf den Vortheil eingeschränkt, der mir oder meinem Vaterlande daraus erwachsen konnte, sondern ich ward dazu von noch eblern Bewegungsgründen angetrieben.

Der eingeschränkte Zustand, sowohl in Absicht auf bürgerliche als geistliche Kenntnisse, in dem so viele meiner Nebenmenschen leben, erregten in meiner Brust eine unwiderstehliche Begierde, die fast völlig unbekannten Gegenden, welche sie bewohnen, zu untersuchen, und ihre Sprache, Gebräuche und Grundsätze kennen zu lernen, um dadurch den Weg zur Einführung feiner Sitten und menschlicher Gesinnungen unter ihnen zu bahnen.

Ich muß gestehn, daß der geringe Nutzen, den die Indier bisher aus ihrem Umgange mit denen, die sich Christen nennen, geschöpft haben, mir eben keinen großen Muth zu meinem liebreichen Vorhaben einflößen konnte; allein da zu hoffen stand, daß viele doch einigen Vortheil davon ziehn würden, daß man die Sitten und Religion der Europäer bey ihnen einführte, ohne die Irrthümer und Laster beyzubehalten, die ihre Bekenner nur leider zu häufig damit verbinden, so entschloß ich mich, standhaft dabey zu beharren.

Auch durfte ich mir nicht schmeicheln, diesen großen Entwurf allein auszuführen, allein ich war bereitwillig, alles, was in meinem Vermögen stand, dazu beyzutragen. Und was für große Dinge würden nicht zu Stande gebracht werden können, wenn jedermann dies bey allen öffentlichen Unternehmungen thun wollte?

Die Indier sind zwar nicht ohne alles Gefühl von Religion, und einige verehren den großen Schöpfer selbst mit einem Grade von Lauterkeit, den man bey Völkern oft vermißt, die bessere Gelegenheiten hatten, zur Erkenntniß zu kommen. Allein ihre Religionsgrundsätze sind lange nicht so fehlerfrey, als sie ein berühmter Schriftsteller beschreibt, oder so leer von Meinungen und Gebräuchen, daß
ihr

ihr Vorzug dadurch nicht sehr verringert werden sollte. Wenn daher die Lehren des wahren und lebendigen Christenthums so rein und unverfälscht, als sie aus dem Munde ihres göttlichen Stifters kamen, bey ihnen eingeführt werden könnten, so würde durch sie gewiß der abergläubische und abgöttische Wust weggeräumt werden, wodurch das Vernünftige in ihren Religionsätzen itzt verdunkelt wird. Seine milden und wohlthätigen Vorschriften würden ihre unversöhnliche Denkungsart erweichen, und ihre wilden Sitten verfeinern. Wie glücklich würde ich mich schätzen, wenn dies Werk die Wege, worauf man ihnen solchen heilsamen Unterricht mittheilen kann, zeigen, und auch nur an der Bekehrung einiger wenigen Ursache seyn sollte.

Von

dem Ursprunge, den Sitten,
den Gebräuchen, der Religion und
Sprache

der Indier.

Erstes Kapittel.
Von dem Ursprunge der Indier.

Die Art, auf welche Amerika seine ersten Bewohner erhalten habe, ist seit seiner Entdeckung durch die Europäer die Quelle von unzähligen Untersuchungen gewesen. Wenn ich alle verschiednen Meynungen und Gründe der vielen Schriftsteller, die sich die Vertheidigung ihrer Muthmaßungen eifrig haben angelegen seyn lassen, hier sammlen wollte, so würde ich dadurch die Grenzen, die ich mir bey diesem Werke vorgesetzt habe, weit überschreiten, und wichtigere Stücke nur obenhin behandeln können.

Die Dunkelheit worin diese Materie eingehüllt ist, da bey allen indischen Völkern dieses großen Welttheiles die Kunst zu schreiben völlig unbekannt war,

war, und mündliche Ueberlieferungen, die einen so entfernten Zeitpunkt betreffen, nothwendigerweise sehr ungewiß seyn müssen, läßt befürchten, daß auch durch die genauesten Untersuchungen sich nichts mit Gewißheit darin wird bestimmen lassen. Und diese Vermuthung wird durch die Verschiedenheit der Sprache, die fast bey allen Indiern sehr auffallend ist, noch gewisser gemacht, da man daraus schliessen kann, daß die Bevölkerung von Amerika nicht einem Lande, sondern verschiednen benachbarten Nationen und verschiednen Jahrhunderten zugeschrieben werden müsse.

Die meisten Geschichtschreiber und Reisenden, die von den ursprünglichen Bewohnern von Amerika gehandelt haben, sind sich in ihren Meynungen nicht einig. Man behauptet, daß viele von den Alten nicht allein gewußt hätten, daß dieser Welttheil da sey, sondern auch daß er Einwohner habe. Plato behauptet in seinen Timäus, daß jenseits der Insel, die er Atlantis nennt, und die nach seiner Beschreibung im westlichen Meere liegen sollte, noch eine große Anzahl andrer Inseln, und hinter diesen ein großes festes Land angetroffen werde.

Oviedo, ein berühmter spanischer Schriftsteller, der in einem weit spätern Zeitalter lebte, zweifelt gar nicht, daß die antillischen Inseln die berühmten

ten Hesperiden der alten Dichter wären; die ihre rechtmäßigen Herren, die Könige von Spanien, als Abkömmlinge des Königs Hesperus, der vor ungefähr dreytausend Jahren lebte, und von dem sie den Nahmen führten, endlich wieder in Besitz genommen hätten.

Zwey andre Spanier, der Vater Gregor Garcia, ein Dominikaner, und Vater Joseph de Acosta, ein Jesuit, schrieben ebenfalls über den Ursprung der Amerikaner. Der erste, der bey den Missionen von Mexiko und Peru gebraucht ward, suchte aus den Ueberlieferungen der Mexikaner, der Peruaner und andrer, und aus der Verschiedenheit der Karackter, Gebräuche, Sprachen und Religion, in den verschiedenen Ländern der neuen Welt, zu beweisen, daß sie von verschiednen Völkern ihre Einwohner erhalten hätte.

Vater de Acosta hingegen untersucht die Art, wie die ersten Indier ihren Weg nach Amerika könnten gefunden haben, und verwirft die Meynung, daß sie zur See dahin gekommen wären, weil kein alter Schriftsteller der Magnetnadel erwähnte. Er behauptet, daß es entweder durch den Norden von Asia und Europa, die an einander stoßen, oder durch die Gegenden, die südwärts von der magellanischen Straße liegen, geschehn seyn müsse. Er

ver-

verwirft auch die Muthmaßung, daß Amerika von den Juden sey bevölkert worden.

Johann de Laet, ein niederländischer Schriftsteller, widerlegt die Meynungen dieser beyden spanischen, und vieler andern Schriftsteller. Er glaubt vielmehr, daß Amerika gewiß von den Scythen oder Tatarn seine Einwohner erhalten, und daß die Wanderung dieser Völker sich bald nach der Zerstreuung von Noahs Groß-Söhnen zugetragen habe. Er zeigt, daß die Nordamerikaner in ihren Gesichtszügen, in ihrer Farbe und Lebensart eine größere Aehnlichkeit mit den Scythen, Tatarn und Samojeden, als mit irgend einer andern Völkerschaft haben.

Er widerlegt Grotius, der behauptet hatte, daß einige Norweger über Grönland nach Amerika gekommen wären, damit, daß Grönland erst im Jahre 964 wäre entdeckt worden, und daß Gomera und Herrera zeigten, daß die Tschitschimiker am See von Mexiko schon im Jahre 721 gewohnt hätten. Diese Wilden kamen nach den einstimmigen Ueberlieferungen der Mexikaner, die sie vertrieben, aus einem Lande, das seit der Zeit Neu-Mexiko genannt wird, und aus der Nachbarschaft von Kalifornien. Folglich müßte Nordamerika viele Jahrhunderte vorher schon bewohnt gewesen seyn, ehe es

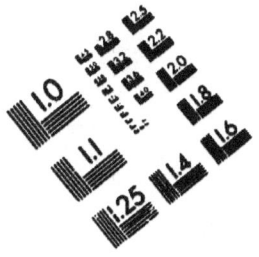
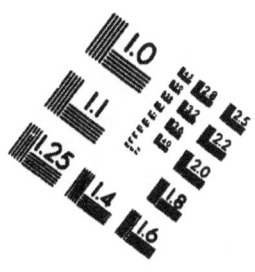

**IMAGE EVALUATION
TEST TARGET (MT-3)**

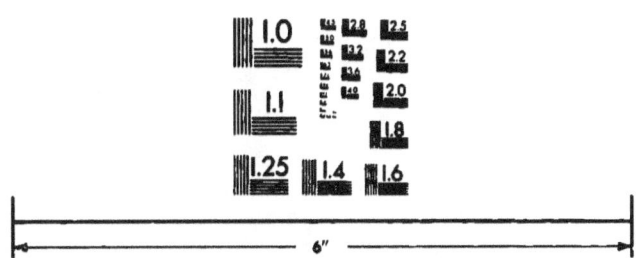

Photographic
Sciences
Corporation

23 WEST MAIN STREET
WEBSTER, N.Y. 14580
(716) 872-4503

es seine Einwohnern aus Norwegen über Grönland erhalten konnte.

Er beweist, daß es eben so gewiß sey, daß die wahren Mexikaner im Jahre 902 nach der Ueberwindung der Tschitschimicker, der Ottomier und andrer wilden Völker, die die Gegend um den See von Mexico besaßen, und wovon jedes eine besondre Sprache redete, ihr Reich gestiftet hätten. Auch diese eigentlichen Mexikaner sollen aus einem Lande nicht weit von Kalifornien herkommen, und ihren Weg größtentheils zu Lande genommen haben. Folglich konnten sie nicht aus Norwegen kommen.

De Laet setzt noch hinzu, daß zwar einige Einwohner von Nordamerika vielleicht aus Nordwesten dahin gekommen seyn könnten, allein daß es zugleich höchstwahrscheinlich sey, daß die Einwohner der Inseln auf der Westküste von Afrika, und vorzüglich der kanarischen Inseln, nach Amerika übergegangen wären, da Plinius und verschiedne andre Schriftsteller alter Gebäude erwähnen, die man auf diesen Inseln gesehn habe, und die nachher völlig unbewohnt gefunden wurden. Die Kürze und die Leichtigkeit der Ueberfahrt nach Amerika macht diese Muthmaßung noch wahrscheinlicher. Diese Auswanderung muß sich nach der Rechnung jener Schriftsteller vor mehr als zweytausend Jahren

ren zugetragen haben, grade wie die Spanier von den Karthaginensern sehr gedrückt wurden. Vielleicht lernten diese von ihren Siegern die Schiffahrt und den Schifbau, und giengen über die westlichen azorischen Inseln, die grade auf der Hälfte des Weges liegen, nach den Antillen.

Er glaubt auch, daß sich Großbritanien, Ireland und die Orkabischen Inseln sehr gut zu einer ähnlichen Muthmaßung schickten, und führt zum Beweise folgende Stelle aus der Geschichte von Wales an, die David Powel im Jahre 1170 schrieb.

Madoc, einer von den Söhnen des Owen Gwynnith, rüstete aus Unwillen über die bürgerlichen Kriege, die zwischen seinen Brüdern nach seines Vaters Tode ausbrachen, etliche Schiffe aus, und da er sie mit allem, was zu einer langen Seereise nöthig war, versehn hatte, so gieng er aus, um neue Länder westwärts von Ireland zu suchen. Er entdeckte auch wirklich sehr fruchtbare Gegenden, die aber unbewohnt waren. Er setzte einige von seinen Leuten ans Land, und kam nach Wales zurück, wo er neue Mannschaft anwarb, und nach seiner Kolonie hinüber führte.

De Laet kömmt darauf zu den Scythen zurück, und stellt einen Vergleich zwischen ihnen und den

Ameri-

Amerikanern an. Er bemerkt, daß verschiedne Stämme von ihnen nordwärts vom kaspischen Meere eine herumwandernde Lebensart führten, welche die Indier in Amerika, wie viele andere von ihren Gewohnheiten und Sitten, mit ihnen gemein hätten. Die Aehnlichkeit zwischen beyden wäre zwar nicht ganz vollkommen, aber selbst die Auswanderer wären noch, ehe sie ihr Vaterland verließen, von einander unterschieden gewesen, und hätten verschiedne Namen geführt. Die Veränderung ihres Wohnplatzes mußte natürlich auch viel zu einer Veränderung in ihrer Lebensart beytragen.

Außerdem behauptet er, daß eine eben solche Aehnlichkeit zwischen verschiednen amerikanischen Völkerschaften und den Samojeden statt fände, die nach den Berichten der Russen am großen Flusse Oby wohnen sollen. Und es wäre natürlicher zu glauben, daß Pflanzvölker von diesen Nationen nach Amerika über das Eismeer auf ihren Schlitten gegangen wären, als daß die Norweger den Weg hätten nehmen sollen, den ihnen Grotius vorschreibt.

Dieser Schriftsteller macht noch verschiedne andre eben so richtige Bemerkungen, allein er mischt wieder viele mit unter, wovon man leicht den Ungrund einsehn kann.

Emanuel

Emanuel de Moraez, ein Portugiese, behauptet in seiner Geschichte von Brasilien, daß Amerika ganz von den Karthaginensern und Israeliten sey bevölkert worden. Zum Beweise führt er die Entdeckungen an, die jene bekanntermaaßen weit über die Küste von Afrika hinaus sollen gemacht haben, und da ihr Fortgang durch den Rath von Karthago gestört ward, so wurden diejenigen, die sich eben damals in den neuentdeckten Ländern befanden, von aller Gemeinschaft mit ihren Landsleuten getrennt, und fielen, aus Mangel vieler Lebensbedürfnisse, in einen Stand der Wildheit zurück. Was die Israeliten betrifft, so glaubt der Verfasser, daß nichts als die Beschneidung bey den Brasiliern fehle, um eine völlige Aehnlichkeit zwischen beyden Völkern zu beweisen.

Georg van Horn, ein gelehrter Holländer, schrieb ebenfalls über diesen Gegenstand. Er glaubt, daß Amerika unmöglich vor der Sündfluth habe bevölkert werden können, da zwischen ihr und der Erschaffung der Welt nur eine so kurze Zeit verflossen sey. Er nimmt darauf an, daß nach der Sündfluth Menschen und andre Landthiere zu Wasser und zu Lande, einige mit Vorsatz, andre aber durch ein bloßes Ungefähr, dahin gekommen wären. Vögel konnten leicht hinüber fliegen, da sie

sie auf den Felsen und Inseln, die im Weltmeere zerstreut umher liegen, Ruheplätze fanden. Wilde Thiere konnten leicht zu Lande hinkommen, und an dem Mangel von Pferden und Hornvieh (er hätte Elephanten, Kamele und mehrere Thiere hinzufügen können,) sey wahrscheinlich die Unwissenheit der Völker, die hinüber giengen, oder die Unmöglichkeit sie fortzuschaffen, Schuld gewesen.

Er schließt viele Völker, welche andere mit zu den ersten Bevölkerern von Amerika rechnen, ganz von dieser Ehre nicht ohne triftige Gründe aus, und nimmt an, daß es aus dem Norden seine ersten Einwohner erhalten habe, die sich durch die Landenge von Panama über das ganze feste Land ausbreiteten.

Die ersten Stifter der Indischen Pflanzvölker waren nach seiner Meynung unstreitig Scythen: Nachher erhielten auch die Phönizier und Karthaginenser über das atlantische Meer, und die Chineser über die Südsee, festen Fuß in Amerika. Vielleicht kamen auch noch andre Völker durch Stürme und andre Zufälle dahin, da man auf dem ganzen festen Lande so wohl in dem nordlichen als südlichen Theile unwidersprechliche Beweise einer Vermischung der nordlichen Völker mit solchen, die aus andern Gegenden kamen, antrifft. Vielleicht

konnten

konnten auch etliche Juden und Christen durch ähnliche Zufälle dahin kommen, doch konnte dies nicht eher geschehn, als bis die ganze neue Welt schon bevölkert war.

Ueberhaupt aber gesteht er, daß die Bestimmung der Frage mit großen Schwierigkeiten verknüpft sey, woran theils die geringe Kenntniß, die wir von den Enden der Erdkugel am Nord- und Südpole haben, theils auch die Verwüstungen Schuld sind, welche die Spanier unter den alten Denkmählern in Amerika anrichteten, und worunter der große doppelte Weg zwischen Quito und Cuzco, ein so ungeheures Werk, daß selbst die prächtigsten Werke der Römer damit nicht verglichen werden können, das vornehmste war.

Er nimmt noch eine zweyte Auswanderung der Phönizier an, die sich während der dreyjährigen Seereise ereignete, welche die tyrische Flotte im Dienste des Königs Salomo that. Er beruft sich auf den Josephus, nach welchem diese Flotte aus einem Hafen am mittelländischen Meere auslief. Sie holte Elephantenzähne und Pfauen von der westlichen Küste von Afrika, welche Tarsisch ist, und Gold aus Ophir, dem Haite der Indier, und jetzigem Hispaniola. In dieser letzten Meynung wird er von Kolon bestärkt, der Spuren von Schmelz-

L 2

bsen, worin das Gold war geläutert worden, zu finden glaubte, als er Hispaniola entdeckte.

Diesen Auswanderungen, die vor der christlichen Zeitrechnung hergiengen, fügt er noch verschiedne spätere von unterschiedlichen Völkern bey, die ich hier nicht alle anführen kann. Eben so wenig erlaubt es mir der Raum, mich bey unzählich andern Schriftstellern über diesen Gegenstand aufzuhalten, und ich will daher nur noch der Meynungen von zwey andern Schriftstellern erwähnen.

Der erste davon ist Peter Charlevoix, ein Franzose, der in dem Tagebuche seiner Reise nach Nord-Amerika, die er erst im Jahre 1720 unternahm, die Muthmaaßungen vieler andern Schriftsteller anführt, und endlich seine eignen hinzufügt, die aber nicht ohne Mühe eines Auszugs fähig sind, da man sie so sehr unter die angeführten Stellen gemischt antrifft, daß es viele Aufmerksamkeit erfordert, sie hervor zu suchen.

Er scheint zuzugeben, daß Amerika seine ersten Einwohner aus der Tatarey und Hircanien erhalten habe. Es scheint ihm dies dadurch noch wahrscheinlicher zu werden, daß die Löwen und Tiger, die man in Amerika antrifft, aus keinen andern, als diesen beyden Ländern, dahin haben kommen können, und daß daher die beyden Halbkugeln

gegen

gegen Norden von Asia zusammen hängen müssen.
Und zum noch größern Beweise dieses Satzes führt
er eine Geschichte an, die ihm Vater Grollon, ein
französischer Jesuit, als eine ungezweifelte Wahrheit erzehlt hätte.

Dieser Geistliche gieng nach China, nachdem
er einige Zeit in den Missionen von Neufrankreich
gearbeitet hatte. Eines Tages, als er in der Tatarey herumreiste, traf er eine huronische Frau
an, die er vorher in Kanada gekannt hatte. Er
fragte sie, durch was für einen Zufall sie in eine
Gegend so weit von ihrem Vaterlande gerathen
wäre. Sie antwortete, sie wäre in einem Kriege
gefangen, und von einem Volke zum andern geführt
worden, bis sie endlich den Ort, wo er sie antraf,
erreicht hätte.

Ein zweyter Jesuit soll auf seiner Durchreise
durch Nantes, als er aus China zurück kam, eine
ähnliche Begebenheit mit einer spanischen Frau
aus Florida erzehlt haben. Sie ward ebenfalls von
Indiern gefangen, und an andre Indier überlassen,
die in einem entfernten Lande wohnten. Von diesen gerieth sie wieder unter eine andre Völkerschaft, bis sie endlich von einem Lande ins andre,
und zuletzt durch sehr kalte Gegenden nach der
Tatarey kam. Hier verheyrathete sie sich an einen

L 3   Tatar,

Tatar, der mit seinen siegreichen Landsleuten nach China kam, und sich daselbst niedergelassen hatte.

Er gesteht zwar, daß die Glaubwürdigkeit beyder Geschichten dadurch etwas zweifelhaft würde, daß die Seefahrer, die am weitesten ostwärts von Asia hinausgiengen, und längst den Küsten von Jesso oder Kamschatka hinführen, das äußerste Ende dieses Welttheiles entdeckt haben wollen, und daher geschlossen haben, daß gar keine Gemeinschaft zu Lande mit Amerika möglich wäre. Allein er fügt hinzu, daß Franz Guella, ein Spanier, behauptet habe, daß beyde Welttheile blos durch eine Meerenge von etwa hundert Meilen getrennt würden, und einige neuere Seereisen der Japaneser Anlaß geben, zu gläuben, daß diese Meerenge blos ein Meerbusen sey, und daß weiter oben hinauf wirklich beyde Theile zusammenhiengen.

Es gäbe zwar nur wenig Arten von wilden Thieren in Nordamerika, eine Tigerart ohne Flecken ausgenommen, die man im Lande der Irokesen antrifft, allein gegen die Wendekreise zu fände man Löwen und würkliche Tiger, die demungeachtet aus der Tatarey und Hirkanien gekommen seyn könnten, denn wie sie weiter gegen Süden ein Klima antrafen, daß ihrer Natur angemessener war, so verließen sie die nordlichen Gegenden."

Er

Er beruft sich auf den Solinus und Plinius, um darzuthun, daß die scythischen Menschenfresser einstmalen einen großen Strich Landes bis an das Vorgebürge Tabin verwüstet hätten. Auch sollte es nach dem Marcus Polo, einem Schriftsteller aus einem spätern Zeitalter, gegen Nordosten von China und der Tatarey große unbewohnte Länder geben, wodurch die Muthmaßung wegen einer Auswanderung der Scythen nach Amerika sehr bestätigt würde. Man fände bey den Alten Namen von verschiednen dieser Völkerschaften; so erwähnte Plinius der Tabianer, Solinus der Apuleer, welche die Massageten zu Nachbarn hatten, die, wie Plinius erzählt, nachher völlig verschwanden. Ammianus Marcellinus sagte ausdrücklich, daß die Furcht vor den Menschenfressern verschiedne von den Einwohnern dieser Länder gezwungen hätte, ihre Zuflucht anderswohin zu nehmen. Und aus allen diesen Zeugnissen schließt Herr Charlevoix, daß man wenigstens Grund habe, zu vermuthen, daß mehr als eine amerikanische Nation ihren Ursprung von den Scythen oder Tatarn herleiten müsse.

Er schließt seine Anmerkungen über die angeführten Schriftsteller damit, daß dieser Streit auf folgende zwey Punkte gebracht werden könnte; erstlich, wie die neue Welt hätte bevölkert werden können, und von welchen Völkern und auf welche Art sie würklich wäre bevölkert worden.

Nichts kann, nach seiner Meynung, so leicht beantwortet werden, als der erste Punkt. Amerika konnte auf die nähmliche Art seine Einwohner erhalten, als die übrigen drey Welttheile. Man hat sich zwar viele Schwierigkeiten dabey vorgestellt, die einige für unüberwindlich halten, ob sie es gleich im geringsten nicht sind. Die Bewohner beyder Erdkugeln stammen unstreitig von einem gemeinschaftlichen Vater ab. Der erste Mensch erhielt einen ausdrücklichen Befehl, die ganze Welt zu bevölkern, und folglich muß er sie bevölkert haben.

Um dies möglich zu machen, mußten alle Schwierigkeiten aus dem Wege geräumt werden, und sie wurden daher aus dem Wege geräumt. Waren diese Schwierigkeiten größer bey der Bevölkerung von Asia, Afrika und Europa, oder war es schwerer, Menschen nach Inseln zu bringen, die eine beträchtliche Strecke vom festen Lande liegen, als nach Amerika hinüber zu gehn? Die Schiffahrt, die in den drey oder vier letzten Jahrhunderten zu einer so großen Vollkommenheit gebracht worden ist, konnte vielleicht in jenen frühen Zeiten eben so vollkommen seyn, als sie es jetzt ist. Wer kann sich einbilden, daß Noah und seine nächsten Ab-

kömm-

kömmlinge weniger davon wußten, als wir? und daß der Erbauer und Steuermann des größten Schiffs, das je gesehn ward, eines Schiffes, das dazu bestimmt war, ein unbegrenztes Meer zu befahren, und wo so viele Gefahr von Felsen und Sandbänken zu befürchten war, die Schiffahrt nicht sollte verstanden, und seine Nachkommen gelehrt haben, durch welche er die Befehle seines großen Schöpfers ausrichten mußte. Und diese Schiffahrt ward ihnen auf einem stillern und ruhigern Meere, das wieder in seine alten Gränzen eingeschlossen war, weit leichter, als sie es für ihn seyn mußte, da es den ganzen Erdboden bedeckte.

Wie leicht ist es nicht, wenn man dies einräumt, auch ohne den obenangeführten Weg zu Lande, daß Menschen von der Küste von Afrika nach Brasilien, von den kanarischen Inseln nach den azorischen, und von dort nach den Antillen hinübergehn konnten? Die Ueberfahrt von den brittischen Inseln oder der Küste von Frankreich nach Newfoundland, ist weder lang, noch gefährlich; eben das gilt von der Ueberfahrt von China nach Japan, von dort nach den philippinischen Inseln, von diesen nach den Diebesinseln, und endlich nach Mexiko.

Es giebt Inseln in einer beträchtlichen Entfernung vom festen Lande von Asia, wo wir uns nicht

L 5   wun-

wunderten, Einwohner anzutreffen, und warum kömmt es uns denn mit den Einwohnern von Amerika so wunderbar vor? Eben so wenig als es durchaus unmöglich, daß Noahs Enkel, als sie sich zur Erfüllung der göttlichen Absichten von einander trennen, und über die ganze Erde ausbreiten mußten, fast die eine Hälfte davon hätten sollen bevölkern können.

Ich bin in meinem Auszuge aus diesem Schriftsteller weitläuftiger gewesen, als ich willens war, da seine Gründe wichtig, und viele von seinen Bemerkungen wahr zu seyn scheinen. Doch muß ich hiervon die Geschichten von seinen huronischen und spanischen Frauen ausschließen, die ich vermuthlich mit Grunde für fabelhaft erklären kann.

Ich will blos noch die Methode hinzufügen, der Herr Charlevoix folgt, um die Wahrheit, nach der wir trachten, zu erforschen, damit meine Leser eine deutlichere Einsicht von seiner Abhandlung erhalten mögen.

Das einzige Mittel, wodurch man, wie er sagt, hier zum Zweck kommen kann, besteht darin, daß man die Sprachen der Amerikaner mit den Sprachen der verschiedenen Völker, wovon sie abstammen sollen, vergleicht. Wenn wir die Wörter aus jenen mit den sogenannten Stammwörtern aus dieser

ser vergleichen, so dürfte man vielleicht dadurch auf irgend eine glückliche Entdeckung gerathen. Und dieser Weg auf den Ursprung eines Volkes zu kommen, ist dem wenigsten Zweifel unterworfen, und lange nicht so schwer, als man vielleicht glauben könnte. Wir haben Missionarien gehabt und haben sie noch, welche die Sprachen lernten, die in allen Theilen der neuen Welt geredet werden. Es würde nichts weiter erfordert werden, als eine Sammlung aus ihren Sprachlehren und Wörterbüchern zu machen, und sie mit den todten und lebendigen Sprachen der alten Welt, die für Grundsprachen gehalten werden, zu vergleichen, und so würde es leicht seyn, die Aehnlichkeit heraus zu bringen. Selbst die verschiednen Mundarten haben ungeachtet der Veränderungen, denen sie unterworfen waren, noch genug von ihrer Stammsprache beybehalten, um hinreichendes Licht dadurch zu erhalten.

Eine Untersuchung der Sitten, Gebräuche, Religion und Ueberlieferungen der Amerikaner, würde, wie er glaubt, wenig gründliches zur Entdeckung ihres Ursprunges beytragen. Eine Untersuchung von der Art giebt nur ein falsches Licht, daß uns eher vom rechten Wege abführt, als uns mit Sicherheit zum Ziele bringt.

Alle

Alle Ueberlieferungen verliehren sich aus dem Gedächtniße, da wo man die nöthigen Mittel, sie zu erhalten, nicht kennt, oder seit einigen Jahrhunderten nicht gehabt hat. Und in diesem Zustande befindet sich wenigstens die Hälfte der Welt. Neue Begebenheiten, neue Einrichtungen der Dinge, geben Anlaß zu neuen Ueberlieferungen, welche die alten auslöschen, und zu ihrer Zeit wieder ausgelöscht werden. Nach zwey bis drey Jahrhunderten sind von den ersten Ueberlieferungen keine Spuren mehr übrig, und so sehn wir uns von neuem in Dunkelheit eingehüllt.

Er schließt darauf mit der folgenden Bemerkung. Unvermuthete Zufälle, Stürme und Schiffbrüche haben unstreitig dazu beygetragen, jeden wohnbaren Theil der neuen Welt zu bevölkern. Sollten wir uns daher wundern, gewisse Aehnlichkeiten in der Bildung und den Sitten zwischen Völkern wahrzunehmen, die weit von einander entfernt sind, da wir doch einen so großen Unterschied zwischen unmittelbaren Nachbarn beobachten? Da uns historische Beweise fehlen, so können uns, ich sage es noch einmahl, blos eine Kenntniß der Stammsprachen, einiges Licht in dieser undurchsehlichen Finsterniß geben.

Wir

Wir würden bey dieser Untersuchung doch wenigstens so viel erfahren können, was für welche aus der ungeheuren Anzahl von Völkern, in ihren Sprachen schlechterdings keine Wörter aus den Sprachen der alten Welt haben, und folglich in den frühesten Zeiten nach Amerika gekommen seyn müssen, und was für welche hingegen durch irgend eine Aehnlichkeit ihrer Sprache mit einer Sprache aus den drey Theilen der alten Welt, Anlaß geben zu schliessen, daß ihre Auswanderung in neuern Zeiten geschehn, und Schiffbrüchen oder andern Zufällen zuzuschreiben sey.

Ich will blos noch die Meinung eines einzigen Schriftstellers anführen, ehe ich meine eignen Gedanken über diesen Gegenstand eröfne, nähmlich die Meynung vom Herrn Jakob Adair, welcher sich vierzig Jahr unter den Indiern aufhielt, und seine Geschichte von ihnen im Jahre 1772 herausgab. In dieser systematischen Geschichte der Nationen, die westwärts von den südlichsten Kolonien der Engländer in Amerika ihre Wohnpläze haben, behauptet er grade zu, daß die Vorväter der Amerikaner von den Israeliten herstammen, und daß sie entweder zu der Zeit, da diese Nation noch eine Seemacht war, oder auch bald nach ihrer allgemeinen Gefangenschaft nach Amerika gekommen wären.

Er

174

Er sucht diesen Satz durch ihre Religionsfeyerlichkeiten, durch ihre bürgerlichen und kriegrischen Gebräuche, durch ihre Heirathen, ihre Leichenbegängnisse, ihre Sitten, Sprache, Ueberlieferungen und eine Menge andrer Umstände zu beweisen. Er scheint so vollkommen davon überzeugt zu seyn, daß er eine vollkommene und unleugbare Aehnlichkeit zwischen allen findet. Es erlauben mir nicht die Umstände, hier alle seine Beweise herzusetzen, und ich werde daher nur einen kurzen Auszug von einigen geben, um zu zeigen, auf was für einem Grunde seine Muthmaßungen beruhen, und in wie fern er in diesem Stücke Beyfall verdient.

Er bemerkt zuerst, daß zwar einige geglaubt hätten, die Amerikaner stammten von den Chinesern her, allein dies würde hinlänglich dadurch widerlegt, daß so wenig ihre Religion, als ihre Gesetze und Gebräuche, die geringste Aehnlichkeit mit den chinesischen hätten. Ausserdem brächten unsre besten Schiffe auf der Reise nach China, oder der Rückreise nach Europa, fast ein halbes Jahr*) zu,

und

---

*) Herr Adair denkt hier nicht daran, daß diese Fahrt in einer hohen nordlichen Breite anfängt, durch die Linie und dann wieder nordwärts hinauf geht, und nicht blos grade über die Südsee geschieht, welches nur eine Weite von hundert und eilf Graden ausmachen würde.

und es wäre daher sehr unwahrscheinlich, daß sie es gewagt haben würden, mit ihren kleinen Schiffen auf solche gefährliche Entdeckungen gegen reissende Ströme und finstre ungesunde Monsone auszugehn.

Und diese Vermuthung würde noch besto unwahrscheinlicher, da man keine Spuren hätte, daß die Chineser mit dem Gebrauche der Magnetnadel wären bekannt gewesen. China läge ungefähr acht tausend Meilen vom festen Lande von Amerika, eine doppelt so große Entfernung, als die Breite des atlantischen Meeres. Kein alter Schriftsteller gäbe uns Nachricht von ihrer Schiffahrtkunde oder ihrer Neigung zu Seereisen, kleine Reisen längst den Küsten ausgenommen. Außerdem wehen die Winde größtentheils von Osten nach Westen, zwischen dem dreißigsten Grade nordlicher und südlicher Breite, und folglich ihnen gerade entgegen, so daß ein Sturm sie nicht leicht nach Amerika treiben konnte.

Eben so wenig konnte man nordwärts von der Tatarey und dem alten Scythien aus nach Amerika segeln, da dies Land seiner Lage wegen nie eine Seemacht seyn konnte, und es ohnehin unmöglich war, über das dortige Meer zu gehn. Außerdem sind ihre Religionsgebräuche, ihre bürgerlichen und

krie-

kriegerischen Gewohnheiten, den scythischen, so viel man diesen nachspüren kann, völlig entgegen gesetzt. Selbst in den gemäßigten nordischen Gegenden findet man nicht die geringsten Spuren von ansehnlichen Gebäuden, oder nahe an einander liegenden Oertern, als noch in den weniger gesunden Gegenden von Mexiko und Peru übrig seyn sollen. Und verschiedne indische Nationen versichern, daß sie über den Mißisippi giengen, ehe sie sich in ihren jetzigen nordlichen Besitzungen niederließen. Alles Beweise, welche die ungegründete Meynung, daß die ersten Einwohner von Amerika von den Tatarn oder alten Scythen herkommen, leicht widerlegen können.

Herrn Adairs Gründe, daß die Amerikaner von den Juden abstammen, sind folgende.

Erstlich sind sie in Stämme abgetheilt, die ihre eigene Oberhäupter haben, wie bey den Juden.

Zweytens waren die Juden verbunden, den wahren und lebendigen Gott zu Jerusalem unter dem Namen Jehovah zu verehren. Auch die Indier nennen das höchste Wesen Yohewah. Die alten Heiden verehrten bekanntermaaßen mehrere Götter, allein die Indier bezeigen blos dem großen gütigen, heiligen und höchsten Geiste des Feuers, der sich über den Wolken und zuweilen auch bey guten Menschen

auf

auf der Erde aufhalten soll, göttliche Ehre. Sie beten keine Bilder, Todte, himmlische Körper, böse Geister oder irgend sonst ein Geschöpf an.

Drittens halten die Indier, nach den Grundsätzen der jüdischen Theokratie, die Gottheit für das unmittelbare Oberhaupt ihres Stammes.

Viertens, die Juden glaubten, daß Gott sich der Engel zur Ausrichtung seiner Befehle bediene, und die Indier glauben, daß die höhern Gegenden von guten Geistern bewohnt werden.

Fünftens, die indische Sprache und ihre Mundarten scheinen völlig den Ton und die Wendungen der hebräischen Sprache zu haben. Ihre Wörter und Redensarten sind kurz, nachdrücklich, wohlklingend, und kühn, und haben oft die nähmlichen Buchstaben und Bedeutungen, wie die hebräischen.

Sechstens haben sie die nähmliche Zeitrechnung, wie die Juden.

Siebentens, haben sie nach dem Beyspiele der Juden ihre Propheten, Hohepriester und andre gottesdienstlichen Ordnungen.

Achtens, sind ihre Feste, Fasten, und gottesdienstlichen Feierlichkeiten den jüdischen sehr ähnlich.

Neuntens haben die Indier, ehe sie einen Krieg anfangen, Ceremonien, zur Reinigung und Fasten, eben so, als es die Juden thaten.

Carvers Reisen.   M   Zehn

Zehntens finden sie einen Geschmack an den nähmlichen Zierathen, und machen auch noch wirklich Gebrauch von solchen, die bey den Juden Beyfall fanden.

Diese und viele ähnliche Gründe führt Herr Adair zur Behauptung seiner Meinung an, allein ich sollte doch denken, daß die Indier, wenn sie wirklich von den Juden abstammten, unter ihren gottesdienstlichen Ceremonien, auf deren Aehnlichkeit er doch hauptsächlich zu bauen scheint, gewiß die Beschneidung würden beybehalten haben, von der man nicht die geringste Spur bey ihnen antrifft.

So zahlreich und so verschieden sind die Meynungen der bisherigen Schriftsteller über diesen Gegenstand. Ich werde mich aber nicht dabey aufhalten, sie mit einander zu vereinigen, oder zu zeigen, worin ein jeder irre, sondern jetzt meine eigne Meynung über den Ursprung der Amerikaner vortragen. Sie beruhet auf Folgerungen, die ich aus den vornehmsten Gründen der angeführten Schriftsteller und meinen eignen Beobachtungen hergeleitet habe, und meine Leser mögen selbst beurtheilen, in wie ferne sie richtig oder ungegründet sind.

Um meine Muthmaßungen in diesem Stücke desto deutlicher vorstellen zu können, so halte ich es für nothwendig, die Entfernung zwischen Amerika und

und den Theilen der bewohnten Erdkugel, die ihm am nächsten liegen, zu bestimmen.

Das feste Land von Amerika scheint, allen Untersuchungen zufolge, die man bey den Polen angestellt hat, völlig von den andern Theilen der Welt getrennt zu seyn. Der Theil von Europa, der ihm am nächsten kömmt, ist die Küste von Grönland, die ungefähr unter siebenzig Graden Norderbreite liegt, und sich bis auf zwölf Grad von der Küste von Labrador erstreckt, die auf der nordöstlichen Grenze dieses Welttheiles sich befindet. Die Küste von Guinea ist der nächste Theil von Afrika, und liegt ungefähr acht hundert und sechszig Meilen nordwestwärts von Brasilien. Die östlichste Küste von Asia, die sich bis an das Meer von Korea gegen Norden von China erstreckt, läuft nordostwärts vor der östlichen Tatarey und Kamschatka vorbey, bis an Siberien, in einer nordlichen Breite von ungefähr sechszig Graden. Gegen sie erstreckt sich die westliche Küste von Amerika, von Kalifornien bis an die Straße von Annian, fast nordwestwärts, und liegt ungefähr unter dem sechs und vierzigsten Grade der nähmlichen Breite.

Ob sich das feste Land von Amerika weiter nach Norden ausdehne, als diese Straße, und sich mit den östlichen Theilen von Asia vereinige, wie einige von den vorhin angeführten Schriftstellern behaupten, oder ob das Land, das dazwischen entdeckt worden ist, blos ein Haufen von Inseln sey, die sich gegen das gegen überliegende Land zu erstrecken, ist bisher noch nicht völlig ausgemacht.

Da aber so viel gewiß ist, daß viele große Inseln zwischen den äussersten Theilen von Asia und Amerika liegen, z. E. Japan, Yeso oder Yedso, Gama's Land, Behrings Insel, und viele andre Inseln, die Tschirikow entdeckte; und da ausser diesen vom funfzigsten Grade Nordbreite noch ein Haufen von Inseln vorhanden zu seyn scheint, der bis nach Sibirien hinauf reicht, so ist es wahrscheinlich, daß Amerika, dem sie so nahe liegen, seine ersten Einwohner daraus erhielt. Dieser Schluß scheint mir der vernünftigste zu seyn, den ich daraus folgern kann, wenn man annehmen darf, daß dieser Theil der Welt, seit der Zeit, daß seine ersten Bewohner sich darin festsetzten, keinen ausserordentlichen und plötzlichen Veränderungen, in seiner Lage und Oberfläche, durch Ueberschwemmungen, Erdbeben, oder andre Zufälle, von denen wir jetzt nichts wissen, ist unterworfen gewesen.

Mir kömmt es höchst unwahrscheinlich vor, daß es aus verschiednen Welttheilen über das Meer sollte bevölkert worden seyn, wie einige behauptet haben.

haben. Da die damahligen Schiffe so klein waren, und da man den Gebrauch der Magnetnadel noch gar nicht kannte, so läßt es sich nicht denken, daß irgend ein Volk sich über den unergründlichen Ocean gewagt haben sollte, um entfernte Länder zu entdecken. Hätten sie aber wirklich einen solchen Versuch gemacht, oder wäre Amerika durch Schiffe, auf denen sich Leute von beyderley Geschlecht befanden, und die von starken Ostwinden über das atlantische Meer getrieben würden, zuerst bevölkert worden, so müßten diese Kolonisten doch wenigstens noch einige Spuren von der Sprache des Landes, aus welchem sie kamen, beybehalten haben; und diese Spuren würde man doch seit der Ankunft der Europäer wohl ausfündig gemacht haben. Ausserdem scheint es sonderbar, daß solche zufällige Auswanderungen, wie einige zugeben, aus verschiednen Gegenden sich sollten eräugnet haben.

Ueberhaupt bin ich nach den genauesten Untersuchungen und der reiflichsten Ueberlegung gewiß versichert, daß Amerika seine ersten Bewohner aus Nordosten, über den großen eben erwähnten Inselhaufen, und blos von dieser Seite her erhalten habe. Allein dies könnte zu verschiednen Zeiten und aus verschiednen Gegenden geschehn; aus der Tatarey, aus China, Japan oder Kamschatka, da die Einwohner

wohner, dieser Länder einander an Bildung, Gesichtsfarbe und Gestalt sehr ähnlich sind; und vielleicht auch, ehe sie einige Kenntniß von Künsten und Wissenschaften erlangten, ähnliche Sitten, Gebräuche, Religion und Sprache haben konnten.

Der einzige Unterschied zwischen den Chinesern und Tatarn beruht darauf, daß diese ein völlig rohes, jene aber ein verfeinertes Volk sind. Jene legen sich stark auf die Handlung, und wohnen in Häusern, die regelmäßige Dörfer und Städte ausmachen; diese leben größtentheils unter Zelten, und schwärmen hordenweise herum, ohne einen festen Wohnplatz zu haben. Selbst die langen und blutigen Kriege, die diese beyden Völker mit einander führten, haben diese angeerbte Aehnlichkeit nicht auslöschen können. Die jetzige Familie der chinesischen Kaiser ist tatarischer Abkunft, und wenn sie nicht noch andre Rechte, als das Recht der Eroberung hätten, so würde ein so zahlreiches Volk sich nicht leicht unter der Regierung von Ausländern ruhig verhalten.

Es ist augenscheinlich, daß einige von den Sitten und Gebräuchen der Amerikaner tatarischen ähnlich sind, und ich zweifle nicht, daß man in einem künftigen Zeitalter, und vielleicht bald, noch mit Gewißheit werde bestimmen können, daß nehmend
eines

eines Krieges zwischen den Tatarn und Chinesern, ein Theil der Einwohner aus den nordlichen Provinzen aus ihrem Vaterlande getrieben worden sey, und sich nach den vorerwähnten Inseln, und aus diesen nach Amerika begeben habe. Jede von den beyden Nationen erhielt vielleicht wechselsweise die Oberhand, und die Sieger mußten vor den Besiegten fliehen. Hieraus entstand vermuthlich die Aehnlichkeit der Indier mit allen diesen Völkern, und die Feindschaft, die so viele von ihren Stämmen gegen einander hegen.

Mir scheint es ein deutlicher Beweis von der Aehnlichkeit der Indier mit den Chinesern zu seyn, daß sie sich das Haar abscheeren oder ausreissen, und blos einen kleinen Zopf oben auf dem Wirbel stehn lassen. Die tatarischen Kaiser sollen diesen Gebrauch den Chinesern auferlegt haben, als sie sich dieselben unterwarfen, und folglich ist dies ein Beweis, daß die Tatarn diese Gewohnheit hatten, von denen die Amerikaner sie, so wie die Chineser, annahmen.

Ausserdem haben die Indier viele Wörter, die an Ton und Bedeutung, den chinesischen ähnlich sind. Die Chineser nennen Sklaven Shungo, und die Nadowessischen Indiern, deren Sprache wegen ihres wenigen Umgangs mit den Europäern am

M 4 wenig-

wenigſten verborben iſt, heißen einen Hund Schangusch. Jene nennen eine Art von ihrem Thee Schauſong und dieſe ihren Toback Schauſaſſa. Sonſt haben noch viele andre indiſche Wörter die Silben tſche, tſchau und tſchu, die der chineſiſchen Sprache eigen ſind.

Vielleicht würde man auch eine Aehnlichkeit in den Sprachen der Tatarn und eigentlichen Amerikaner entdecken, wenn wir ſie ſo gut kennten, als wir die chineſiſche durch den Handel mit dieſer Nation haben kennen lernen.

Ich werde in dieſen Muthmaßungen durch die Nachrichten von Kamſchatka, die auf Befehl der Kaiſerinn von Rußland vor einigen Jahren bekannt gemacht wurden, noch beſtärkt. Der Verfaſſer davon ſagt, daß das Meer zwiſchen dieſer Halbinſel und Amerika voller Inſeln ſey, und daß die Entfernung zwiſchen Tſchukotſkoi-Noß, einem Vorgebürge, das am äußerſten Ende dieſes Landes liegt, und der Küſte von Amerika nicht mehr als drittehalb Grade eines großen Kreiſes betrage; und daß es ſehr wahrſcheinlich ſey, daß Aſia und Amerika hier einmal zuſammengehängt haben, da beyde Küſten Buchten und Vorgebürge haben, die in einander zu paſſen ſcheinen. Außerdem ſind die Einwohner beyder Theile einander an Geſtalt,

Klei-

Kleidung, Sitten und Nahrung völlig gleich. Ihre Sprache scheint zwar nicht die nähmliche zu seyn, aber die Einwohner eines jeden Distrikts von Kamschatka reden eine Sprache, die von einander eben so unterschieden ist, als von der, die auf der gegenüber liegenden Küste gesprochen wird. Hiezu kommt noch, daß die Boote der Einwohner auf beyden Küsten einander völlig ähnlich sind, und daß die Bewohner dieses Theils von Amerika Wein und Toback gar nicht kennen, welches er als einen Beweis ansieht, daß sie bisher mit den Europäern noch keine Gemeinschaft gehabt haben. Alle diese Gründe sollen seiner Meynung nach fast ganz gewiß beweisen, daß Amerika von diesem Theile von Asia aus ist bevölkert worden.

Die Grenzen dieses Buches erlauben mir nicht, mich länger bey diesem Gegenstande aufzuhalten, oder noch andre Beweise für meinen Satz anzuführen. Ich bin jedoch so sehr von der Gewißheit desselben überzeugt, und ich habe mir so viele Mühe gegeben, alle Gründe zu seiner Unterstützung zu sammlen, daß ich einst gegen eine Gesellschaft von Privatpersonen, die aufmerksam auf solche Untersuchungen waren, und denen ich meine Gedanken über diesen Punkt mitgetheilet hatte, mich erbot, mit gehöriger Unterstützung eine Reise durch die

M 5   nord-

nordöstlichen Theile von Europa und Asia nach
den innern Theilen von Nordamerika, und von
dort zurück nach England zu thun. Meine Absicht
war, so wie ich weiter reiste, über die Sprache und
Sitten eines jeden Volkes, das mir aufstoßen
würde, solche Beobachtungen anzustellen, als zur
Erläuterung meines Satzes, und zur Befriedigung
wißbegieriger Leute dienen könnten. Allein da man
glaubte, daß ein solches Unternehmen mehr eine
Unterstützung von der Nation, als von Privatpersonen bedürfte, so kam es nicht damit zur Ausführung.

Ich freue mich, daß diese Schlüsse, nachdem
ich sie entworfen hatte, mit der Meynung des
großen und berühmten Geschichtschreibers, Dr.
Robertson, übereinstimmen, und ob ich gleich mit
ihm einräumen muß, daß die Untersuchung ihrer
Beschaffenheit noch so dunkel und verwickelt ist,
daß meine Muthmaßungen nichts als Muthmaßungen und keine sichere Schlüsse sind, so haben sie
doch so mehr Wahrscheinliches, als die Meynung
derer, die glauben, daß Amerika seine Einwohner
von einer andern Seite her erhalten habe.

Eine Stelle, die Dr. Robertson aus den Tagebüchern von Bering und Tschirikow, die ungefähr
1741 von Kamtschatka absegelten, anführt, scheint

ein

ein großes Gewicht zu haben, und meinen Gründen neue Festigkeit zu geben." Diese Befehlshaber richteten ihren Lauf nach Osten, und entdeckten Land, das sie für einen Theil des festen Landes von Amerika hielten, und daß nach ihren Beobachtungen einige Grade von der nordwestlichen Küste von Kalifornien gelegen zu haben scheint. Sie hatten etwas Umgang mit den Einwohnern, die ihnen Nordamerikanern ähnlich zu seyn schienen. Sie boten den Russen den Kalumet oder die Friedenspfeife an, die bey allen Nordamerikanischen Völkern ein Sinnbild des Friedens, und eine ihnen eigne willkührlich eingeführte Gewohnheit ist.„

Einer von den Gründen, welche dieser unvergleichliche Schriftsteller für seine Meynung anführt, zeugt ebenfalls von großer Beurtheilungskraft und ist beynahe ganz überzeugend. Er sagt: "wir können es als einen gewissen Grundsatz bey dieser Untersuchung annehmen, daß Amerika von keinem Volke aus der alten Welt, das schon einen beträchtlichen Fortgang in seiner Verfeinerung gemacht hatte, seine ersten Bewohner erhalten habe. Die Einwohner der neuen Welt befanden sich in einem so rohen Zustande, daß sie nicht einmal die Künste kannten, womit der menschliche Geist seine ersten Schritte zur Verbesserung anfängt. Selbst den

gesit-

gesittesten Völkern von Amerika fehlten viele von den einfachen Erfindungen, die in andern Theilen fast zugleich mit der menschlichen Gesellschaft entstanden, und die schon in den ersten Zeitpunkten des bürgerlichen Lebens bekannt waren. Dies beweist offenbar, daß die Stämme, die zuerst nach Amerika kamen, zu Völkern gehörten, die eben so roh und unwissend waren, als ihre Nachkommenschaft, wie die Europäer zuerst mit ihnen bekannt wurden. Hätten die Wilden in Amerika, oder ihre Vorfahren, je den Gebrauch des Eisens gekannt, hätten sie sich je eines Pfluges, eines Weberstuhles oder einer Schmiede bedient, so würde der Nutzen dieser Erfindungen sie erhalten haben, und es würde unmöglich für sie gewesen seyn, sie ganz zu vergessen oder zu vernachläßigen.

Zweytes Kapittel.
Von den Indiern selbst, ihrer Kleidung u. s. w.

Von der Zeit an, da sich die Franzosen in Kanada zuerst niederließen, bis zum Jahre 1760, da es die Engländer eroberten, haben verschiedne von dieser Nation, die in die innern Theile von Nordamerika reisten, um mit den Indiern zu handeln,

deln, oder sie zu bekehren, Nachrichten von der
Lebensart, den Sitten und Gewohnheiten der Indier bekannt gemacht.

Die vornehmsten davon sind Vater Ludwig Hennepin, Herr Charlevoix und der Baron la Hontan.
Der erste gab vor vielen Jahren einige gründliche
Betrachtungen heraus, wozu er von den Karten
und Tagebüchern des unglücklichen Herrn de la
Salle, der auf seinen Reisen von seinen eignen
Leuten ermordet ward, viel neuen Stoff erhielt.
Viele, die Indier betreffenden wichtigen Umstände
hat Vater Hennepin aus diesen Tagebüchern genommen; doch besaß er sonst in vielen Stücken
lange nicht die Kenntnisse, welche er durch seinen
langen Aufenthalt bey den Indiern hätte erlangen
können, auch sind seine Berechnungen und selbst
seine Nachrichten nicht immer richtig.

Die Beschreibungen der beyden andern, vorzüglich die vom Herrn Charlevoix, sind in der Erdbeschreibung sehr unrichtig, und viele von den Geschichten des Barons la Hontan völlig fabelhaft.

Einige von den Jesuiten, die bisher diese Gegenden bereisten, haben ebenfalls über diesen Gegenstand geschrieben. Allein da wenige oder gar
keine von ihren Schriften ins Englische übersetzt
sind, so können nur wenige bey uns einigen Nutzen
daraus

daraus schöpfen. Ueberhaupt enthalten sie auch nicht viel Wichtiges, da sie ihre Beobachtungen größtentheils auf die Religionsgrundsätze der Wilden, und die Art einschränkten, auf welche sie ihre Bekehrung zu bewirken suchten.

Seit der Eroberung von Kanada haben uns auch einige von unsern Landsleuten, die unter den Indiern lebten, und ihre Sprache lernten, ihre Bemerkungen mitgetheilt; allein da ihre Reisen sich nicht bis in die innern Gegenden erstreckten, von denen ich handle, sondern sich bloß auf die Völkerschaften einschränkten, die nahe bey unsern Pflanzungen wohnen, so kann man keine Kenntniß von den wahren und unverfälschten Sitten und Gebräuchen der Indier bey ihnen erwarten.

Die südlichen und übrigen Stämme, die einen beständigen Umgang mit den Franzosen oder Engländern hatten, können ihre Sitten und Gewohnheiten unmöglich in ihrer völligen Reinheit erhalten haben. Sie konnten es nicht vermeiden, die Laster und selbst die Sprache derer, mit welchen sie umgiengen, anzunehmen, und der Hang zur Trunkenheit, wozu sie durch die vielen schädlichen Getränke, welche die Europäer unter ihnen einführten, hauptsächlich angereizt wurden, verursachten eine gänzliche Veränderung in ihrem Karakter.

Bey

Bey diesen trift man folglich bloß ein verwirrtes Gemisch von Gebräuchen und Grundsätzen an. Ihre wahren und unverstellten Sitten kann man bloß bey denen kennen lernen, die wenig Gemeinschaft mit den Provinzen hatten. Ich fand solche Indier vorzüglich in den nordwestlichen Gegenden, und schmeichle mir daher, im Stande zu seyn, eine richtigere Nachricht von dem unverfälschten Zustande ihrer Sitten und Lebensart geben zu können, als man in den bisherigen Schriften antreffen wird. Meine Beobachtungen erstrecken sich über dreißig Völkerschaften, wovon sich zwar die meisten durch ihre Sprache unterscheiden, aber doch einander an Sitten sehr ähnlich sind.

Da es meine Absicht nicht ist, ein völliges und regelmäßiges System von der Lebensart der Indier zu geben, sondern bloß solche Umstände davon anzuführen, die ich für besonders merkwürdig halte, und die man eben bey andern Schriftstellern nicht antrift, so muß ich meine Leser um Verzeihung bitten, daß ich nicht in gehöriger Ordnung oder weitläuftiger davon handle.

Mir scheint es nicht, daß die indischen Völkerschaften an Gestalt, Farbe oder Leibesbeschaffenheit von einander so sehr unterschieden sind, als einige Schriftsteller behaupten. Sie sind größten-

theils

theils schlank, etwas groß und gut gewachsen. Man trifft selten Verwachsene unter ihnen an. Ihre Haut hat eine röthliche Kupferfarbe. Ihre Augen sind groß und schwarz, und ihr Haar hat dieselbe Farbe, doch ist es nur selten kraus. Sie haben gute Zähne, und ihr Athem riecht so gut, als die Luft die sie einathmen. Ihre Wangenknochen stehn etwas hervor, doch mehr bey den Frauensleuten, als bey den Männern. Die Frauensleute sind nicht völlig so groß, als die europäischen, aber man trifft häufig gute Gesichter und einen hübschen Wuchs bey ihnen an, ungeachtet sie leichter fett werden als das andre Geschlecht.

Ich werde mich auf keine weitläuftige Untersuchung einlassen, ob die Indier die Farbe ihrer Haut der Natur, der Kunst oder dem Himmelsstriche, unter welchem sie leben, zu danken haben. Mir scheint es zwar glaublich, daß sie diese Farbe ursprünglich von der Natur erhalten haben, allein ich wage es nicht, zu entscheiden, zu welcher Zeit sich die Veränderung ereignete, die man jetzt in der Farbe und den Zügen so vieler Nationen antrifft, wenn der Europäer seine Weisse, der Afrikaner seine Agathschwärze, und der Amerikaner seine Kupferfarbe erhält, oder welche die erste

Farbe

Farbe der Menschen war, und welche den höchsten Grad der Vollkommenheit besitze.

Viele Schriftsteller behaupten, daß die Indier selbst in ihren reifsten Jahren blos Haare auf dem Kopfe haben, und daß ungeachtet der Menge, womit dieser Theil bedeckt ist, alle übrigen Theile, wo man sie bey den Europäern antrifft, völlig davon frey blieben. Selbst Doktor Robertson hat sich durch ihre falschen Vorstellungen verleiten lassen, diesen Irrthum weiter zu verbreiten, und da er von der Richtigkeit der Beobachtung überzeugt zu seyn glaubte, verschiedne Folgerungen in Absicht auf ihre körperliche Stärke und Gesundheit daraus hergeleitet, deren Ungrund sich aber jetzt von selbst zeigt. Denn ich kann sicher behaupten, da ich mich durch genaue Untersuchungen und meine eignen Augen davon überzeugt habe, daß alle Behauptungen dieser Schriftsteller in diesem Stücke falsch sind, und von dem Mangel einer völligen Kenntniß der Gebräuche der Indier herrühren.

In dem männlichen Alter werden die Körper der Indier, wenn man sie der Natur überläßt, eben so gut mit Haaren bedeckt, als bey den Europäern. Die Männer glauben, daß ein Bart sehr verunstalte, und wenden daher viele Mühe an, sich davon zu befreyen, und man wird nicht leicht Euren davon bey ihnen antreffen, ausgenommen bey alten Leuten, die sich um ihren Putz nicht so mehr bekümmern. Eben so halten sie jeden andern Auswuchs von Haar auf ihrem Körper für häßlich, und beyde Geschlechter wenden viele Zeit auf die Ausrottung desselben.

Die Nadowessier und die übrigen entfernten Nationen reissen es mit krumgebogenen Stücken von hartem Holze aus. Die Indier hingegen, die Gemeinschaft mit den Europäern haben, schaffen sich Drath von ihnen an, und machen daraus eine Art von Schraubengang oder Wurm, den sie irgendwo an den Leib setzen. Sie drücken die Ringe darauf zusammen, und reissen mit einem plötzlichen Zuge alles Haar aus, was sie dazwischen gefaßt hatten.

Die Mannspersonen bey allen Völkerschaften unterscheiden sich durch ihren Anzug nur wenig von einander, diejenigen ausgenommen, die mit den Europäern handeln, und ihr Pelzwerk gegen Decken, Hemde und andre Zeuge vertauschen, deren sie sich sowohl zum Putz, als zur nothwendigen Kleidung bedienen. Sie binden ungefähr dreyviertel Ellen breites Tuch mit einem Gürtel um die Mitte des Körpers, und die, welche Hemden tragen, binden sie so wenig um das Handgelenke, als um den Hals zu, weil ihnen dies eine unerträgliche

Ein-

Einschränkung seyn würde. Sie werfen ihre Decke los über die Schultern, und halten die obere Seite davon bey den beyden Zipfeln, dabey tragen sie ein Messer in einer Hand, und eine Pfeiffe, einen Tobacksbeutel, u. d. m. in der andern, und so gehn sie in ihren Dörfern oder Lagern herum. Bey ihrem Tanze tragen sie selten Decken.

Diejenigen unter den Mannspersonen, die sich ein jugendlicheres Ansehn geben wollen, reissen sich alles Haar aus dem Kopfe, einen Zopf oben auf dem Scheitel ausgenommen, der ungefähr eine Stelle wie ein Gülden groß, bedeckt, und den sie ziemlich lang ausmachsen lassen. An diesen Zopf hängen sie Federn von verschiednen Farben, und kleine Stäbe von Elfenbein und Silber. Diese Art, das Haar zu schneiden und zu verzieren, unterscheidet verschiedne Nationen von einander.

Sie bemahlen ihr Gesicht schwarz und roth, und glauben, daß ihnen dies sehr schön stehe. Sie bemahlen sich auch sonst noch, wenn sie in den Krieg ziehn, doch bemahlen sie sich alsdenn auf eine andre Art, als wenn sie es bloß zur Zierde thun.

Die jungen Indier spalten sich den äussern Rand von beyden Ohren, wenn sie ihre Gefährten an Puz übertreffen wollen, doch nehmen sie sich sehr in Acht, ihn nicht ganz wegzuschneiden, sondern lassen das

Fleisch an bayden Enden festsitzen, und durchschneiden nur die dazwischen liegenden Theile. Um diesen abgesteckten Knorpel wickeln sie von oben bis unten Meßingdrath, bis das Gewicht davon den getrennten Rand in einen Bogen zieht, der fünf bis sechs Zoll im Durchmesser hat, und bis auf die Schultern herabhängt. Diese Zierde wird für sehr hübsch und anständig gehalten.

Es ist ebenfalls eine ziemlich gemeine Gewohnheit bey ihnen, sich die Nase zu durchbohren, und verschiedne Arten Gehänge darinn zu tragen. Ich bemerkte, daß Seemuscheln in den inländischen Gegenden häufig getragen, und für eine große Zierde gehalten wurden, allein ich konnte nicht erfahren, wo sie sie herbekamen. Vielleicht erhielten sie dieselben durch den Handel mit Nationen, die näher bey der See wohnten.

Sie bedecken ihre Schenkel gar nicht, wenn man das Tuch um den Mittelleib ausnimmt, das bis auf die Hälfte der Schenkel herab hängt. Für die Beine machen sie eine Art Strümpfe aus Fellen oder Tuch. Man nähet sie so eng, daß sie sich nur eben an- und abziehn lassen. Sie lassen den Rand des Zeuges, woraus sie gemacht sind, an der Nath sitzen, und ungefähr eine Hand breit los hängen; und dieser Theil, der an der Außenseite

des

des Beins sich befindet, wird bey den Indiern, die mit den Europäern handeln, gewöhnlich mit Band oder Spitzen, wenn die Strümpfe von Tuch sind, und wenn sie von Leder sind, mit Stickerey und bunt gefärbten Stacheln von Stachelschweinen ausgezieret. Fremde, die unter den Indiern in Gegenden auf die Jagd gehn, wo es viel Schnee giebt, finden diese Strümpfe weit bequemer, als andre Gestrümpfe.

Ihre Schuhe machen sie aus Reh-, Elendthier- oder Büffelhäuten. Zuweilen sind sie auf europäische Art zubereitet, und zuweilen lassen sie das Haar darauf sitzen, wenn sie Schuh daraus zuschneiden; die leicht sitzen und sehr bequem zum Gehn sind. Der Rand um die Knöchel ist mit Stücken von Messing oder Zinn ausgezieret, die an ledernen ungefähr einen Zoll langen Schnüren hängen, und die, wenn sie dicht an einander sitzen, eben kein unangenehmes Geräusch machen, wenn sie gehn oder tanzen.

Die Frauensleute tragen eine Art von Bedeckung, die vom Halse bis auf die Knie heruntergeht. Bey den Indiern, die mit Europäern handeln, tragen sie eine Art von leinenen Hemden, so wie die Männer, und wovon die Enden über den Rock herabhängen. Sonst machen sie sich, wenn sie sich noch nach der alten Mode tragen, eine Art von ledernen Hembde, das bloß den Körper, aber nicht die Arme bedeckt. Ihre Röcke sind entweder von Leder oder von Tuch, und reichen von den Hüften bis an die Knie. An ihren Füßen tragen sie Strümpfe und Schuh, die eben so gemacht und ausgezieret sind, als bey den Mannspersonen.

Sie unterscheiden sich von einander in der Art ihren Kopf aufzupuzen, da eine jede der Gewohnheit folgt, die bey der Nation oder dem Stamme, wozu sie gehört, üblich ist, und sie haben noch die nämliche Mode, die bey ihren Vorfahren vor undenklichen Zeiten herrschte.

Ich bemerkte, daß die meisten von den Frauensleuten auf der Ostseite des Mississippi ihre Haare entweder in Bänder einflechten, oder zwischen Platten von Silber binden; doch thun dies letztere, da es sehr kostbar ist, nur Frauenspersonen vom Stande. Das Silber, das sie dazu gebrauchen, wird in dünne Platten geschlagen, die ungefähr vier Zoll breit sind, und wovon sie verschiedne brauchen, ihr Haar einzuwickeln. Die Platte, die zunächst am Kopfe sitzt, hat eine beträchtliche Größe, die zweyte ist etwas schmähler, und geht zum Theil unter die erste hinunter; und auf diese Art befestigen sie sie in einander, und machen sie immer enger, bis tief

auf

auf dem Rücken herab. Da das Haar der Indier immer gewöhnlich sehr lang ist, so wird diese Mode dadurch sehr kostbar.

Die Frauensleute auf der Westseite des Mississippi theilen ihr Haar auf der Mitte des Kopfs in zwey Zöpfe, die gegen die Ohren zu herabhängen. Diese Zöpfe sind ungefähr drey Zoll lang und wie ein Arm dick. Sie hängen senkrecht vor beyden Ohren herunter, und reichen bis an das unterste Ende davon.

Die Frauenspersonen von allen Völkerschaften machen gewöhnlich einen Fleck von Schminke, wie ein Speciesthaler groß, unten aus Ohr; einige färben ihr Haar, und zuweilen auch eine Stelle auf der Stirn.

Ueberhaupt werden die Indier mehr Aufmerksamkeit auf ihre Kleidung und ihren persönlichen Putz, als auf die Bequemlichkeit in ihren Hütten oder Zelten, die sie auf folgende einfache und leichte Art anlegen.

Sie wählen sich Pfähle oder Stangen von gehöriger Länge, und binden zwey davon immer an ihren Enden ins Kreuz mit Bast an einander. Wenn sie damit fertig sind, so richten sie sie in die Höhe, und stehn sie unten so weit auseinander, als es der innere Raum des Zeltes erfordert. Hierauf richten sie mehrere von gleicher Länge auf, und befestigen sie so, daß sie den beyden Hauptpfählen zur Stütze dienen. Das Dach besteht aus Rohr oder Elendshäuten, die zusammen genäht werden, und von denen sie eine hinreichende Menge nehmen, um die Pfähle zu bedecken. Die Thür besteht in einer Oefnung, über die man ebenfalls ein Fell ziehn kann. Es wird hiezu oft eine große Menge Felle erfordert, da ihre Zelte sehr geräumig sind. Das Zelt des Hauptkriegers der Nabowessier hatte wenigstens vierzig Fuß im Umkreise, und war ziemlich bequem.

Sie schlagen ihr Lager ohne die geringste Ordnung auf, und stellen ihre Zelte grade auf die Stelle hin, die sie für die bequemste halten.

Auch die Hütten, welche sie errichten, wenn sie auf ihren Reisen keine Zelte brauchen, denn es giebt überhaupt nur wenig Stämme, die einen festen Wohnplatz oder regelmäßige Dörfer und Städte hätten, sind eben so einfach, und lassen sich bald aufbauen.

Sie stecken kleine biegsame Stangen in die Erde, und biegen sie, bis sie oben an einander stoßen, und einen halbkreisförmigen Bogen machen, und binden sie zusammen. Diese Stangen bedecken sie mit Matten, die aus Schilf geflochten werden;

oder

aber mit Birkenrinde, die sie in ihren Kanoen zu diesem Gebrauche mit sich führen.

Diese Hütten haben weder Schornsteine noch Fenster. Sie lassen bloß eine kleine Oefnung mitten im Dache, durch welche der Rauch hinaus geht, die aber zugestopft werden muß, wenn es stark regnet oder schneyet, und dadurch den Rauch äusserst beschwerlich macht.

Sie schlafen überhaupt auf Fellen, und vorzüglich Bärenhäuten, die Reihenweise auf dem Boden ausgebreitet sind. Wenn der Fußboden nicht groß genug für Betten für die ganze Familie ist, so wird ein Gerüste vier bis fünf Fuß hoch vom Boden errichtet, worauf die jüngern Kinder liegen.

Da die Wohnungen der Indier so schlecht sind, so haben sie auch nur wenigen und einfachen Hausrath. Die Werkzeuge, die sie zu seiner Verfertigung brauchen, sind so ungeschickt und schlecht, daß es unmöglich ist, sie auch nur etwas hübsch auszuarbeiten, und es wird dadurch eine so große Zeit dazu erfodert, daß sie von aller Handarbeit abgeschreckt werden müssen, wenn sie nicht äusserst nothwendig ist.

Die Radoweßier machen die Töpfe, worin sie ihre Speise kochen, aus der schwarzen Thon- oder Steinart, deren ich in meinem Tagebuche erwähnt habe,

habe, und die so hart ist, daß weder Feuer noch Eisen darauf wirken können. Wenn sie einen Braten machen, es sey nun ein großes Stück oder gar ein ganzes Thier, zum Beyspiel ein Bieber, so befestigen sie ihn auf europäische Art an einem Spieße von hartem Holze, und legen die Enden auf gabelförmigen Stangen, und drehen ihn zuweilen um. Wenn das Stück kleiner ist, so spießen sie es an auf die böhmische Art, und befestigen den Spieß in einer vertikalen Richtung, doch so, daß das Fleisch nach dem Feuer zuhängt, und verändern oft die Lage, bis alles gehörig gebraten ist.

Sie machen ihre Schüsseln und Schaalen, worin sie die Speisen auftragen, aus den astigen Auswüchsen des Ahornbaums und andrer Bäume. Ihre Löffel sind ziemlich gut gearbeitet, da weit weniger Arbeit dazu gehört, als zu größern Sachen. Sie nehmen dazu eine besondere Art Holz, die in Amerika Löffelholz genannt wird, und Buchsbaumholze sehr ähnlich ist.

Jeder Stamm ist jetzt mit Messern und Feuerstählen versehen. Da diese Stücke zu den gemeinsten Bedürfnissen des Lebens so nothwendig sind, so kaufen die Indier, welche keine unmittelbare Gemeinschaft mit europäischen Handelsleuten haben,

sie

sie von ihren Nachbarn, die näher an den Kolonien wohnen, und geben gewöhnlich Sklaven dafür.

Drittes Kapittel.
Von den Sitten und Eigenschaften der Indier.

Wenn die indischen Frauenspersonen sitzen, so nehmen sie eine anständige Stellung an, und halten ihre Knie dicht zusammen, aber eben diese Stellung, an die sie sehr gewöhnt sind, macht, daß sie schlecht gehn, und lahm zu seyn scheinen.

Es giebt keine Hebammen bey ihnen, da der Himmelsstrich, unter dem sie leben, oder eine besonders glückliche Leibesbeschaffenheit ihren Beystand unnöthig macht. Ihre Niederkunft hält sie nur einige Stunden von ihren gewöhnlichen Beschäftigungen ab, die gewöhnlich sehr schwer sind, da die Männer, die einen ungewöhnlichen Grad von Trägheit besitzen, ihnen alle harten Arbeiten überlassen. Selbst auf der Jagd bringen die Männer nie das Wildpret nach Hause, sondern lassen es durch ihre Weiber holen, wenn es auch gleich eine beträchtliche Strecke entfernt ist.

Die Weiber legen ihre Kinder bald nach ihrer Geburt auf Bretter, die mit weichem Moos, so
wie

wie man es in Sümpfen oder auf Wiesen antrifft, bedecket sind. Das Kind liegt auf dem Rücken, in dieser Art von Wiege, und wird in Felle oder Tuch eingewickelt, um es warm zu halten. Damit es nicht herunter fallen kann, so sind an beyden Seiten kleine krummgebogene Stücke Holz angebracht.

Diese Maschinen werden mit Riemen an Baumzweigen aufgehangt, oder wenn es keine Bäume in der Nähe giebt, so binden sie sie an einen Klotz oder Stein, wenn es ihre Geschäfte erfordern. In dieser Lage werden die Kinder einige Monathe lang erhalten. Wenn sie heraus genommen werden, so läßt man die Jungen nackend laufen, oder die Mädchen werden vom Halse bis an die Kniee mit einem Hemde und einem kurzen Rocke bedeckt.

Die indischen Frauensleute sind während ihrer monathlichen Reinigung ungemein bescheiden. Bey den Völkerschaften, die von den europäischen Niederlassungen am weitesten entfernt wohnen, sind sie in diesem Stücke vorzüglich sorgfältig. Doch folgen sie alle ohne Ausnahme einerley Gewohnheit, nur in verschiednem Grade.

In jedem Lager oder Dorfe giebt es ein Zimmer, wohin sich Verheyrathete und Unverheyrathete zu dieser Zeit begeben, und sich mit der größten Strenge alles Umgangs, so lange als sie dauert, enthalten.

Nach-

205

Nachher reinigen sie sich im fließenden Wasser, und kehren zu ihren verschiedenen Beschäftigungen zurück.

Die Mannspersonen vermeiden bey diesen Gelegenheiten allen Umgang mit ihnen aufs sorgfältigste, und die Nadowessier sind hierin so strenge, daß sie nicht einmal erlauben, die nothwendigsten Dinge, selbst Feuer, von den Frauensleuten während ihrer monathlichen Entfernung zu hohlen, und wenn auch der Mangel derselben mit den größten Unbequemlichkeiten verbunden seyn sollte. Sie haben sogar den Aberglauben, wenn eine Pfeiffenröhre, die bey ihnen von Holze sind, zerbricht, daß der Eigenthümer davon sie entweder bey einem unreinen Feuer angezündet, oder gar mit einer Frauensperson während ihrer Entfernung Gemeinschaft gepflogen habe, welches sie für äusserst schändlich und gottlos halten.

Die Indier sind sehr vorsichtig und überlegen jedes Wort und jede Handlung sehr genau. Nichts bringt sie leicht in übermäßige Hitze, als der eingewurzelte Haß gegen ihre Feinde, der einmahl so tief in ihrem Herzen liegt, daß es äusserst schwer ist, ihn völlig auszurotten. In jedem andern Falle sind sie kalt und so behutsam, daß sie nicht leicht ihre Leidenschaften äussern. Wenn ein Indier entdeckt, daß ein Freund in Gefahr ist, von einem

den

den er beleidigt hat, umgebracht zu werden, so sagt er ihm nicht in deutlichen Ausdrücken, wie gefährlich es für ihn seyn würde, den Weg zu nehmen, auf welchem sein Feind ihm auflaurt, sondern er fragt ihn erst kaltblütig, wohin er heute gehn würde; und wenn er es erfährt, so sagt er ihm mit der nähmlichen Gleichgültigkeit, daß ein Hund nahe bey dem Platze läge, der ihm schaden könnte. Dieser Wink ist hinreichend; und sein Freund vermeidet die Gefahr eben so sorgfältig, als wenn ihm jede Absicht und Bewegung seines Feindes wäre angezeigt worden.

Diese nähmliche Kaltblütigkeit äussert sich oft bey Gelegenheiten, welche ein fühlbares Herz in die größte Wärme versetzen würde. Wenn ein Indier von seiner Familie und seinen Freunden viele Monathe auf einem Kriegs- oder Jagdzuge abwesend gewesen ist, und seine Frau und Kinder ihm eine Strecke von seiner Wohnung entgegen kommen, so geht er, anstatt zärtliche Empfindungen zu äussern, die in der Brust eines fühlbaren Wesens gewiß entstehn würden, seinen graden Gang fort, ohne sich um alle, die ihn umgeben, zu bekümmern, bis er nach Hause kommt.

Hier setzt er sich hin, und raucht seine Pfeiffe mit der nähmlichen Gleichgültigkeit, als wenn er

keinen

ganzen Tag abwesend gewesen wäre. Seine Bekannten, die ihn begleitet hatten, thun das nehmliche, und es währet vielleicht etliche Stunden, ehe er ihnen die Zufälle erzählt, die ihn während seiner Abwesenheit begegneten, selbst wenn er einen Vater, einen Bruder oder Sohn auf dem Schlachtfelde verlohr, über dessen Tod er trauren sollte, oder wenn ihm das ganze Unternehmen fehlschlug, das seine Abwesenheit verursachet hatte.

Wenn ein Indier etliche Tage auf der Jagd oder bey einem andern mühsamen Geschäfte zugebracht hat, ohne seinen Hunger dabey stillen zu können, so nimmt er sich doch sehr in Acht, sich etwas davon merken zu lassen, wenn er in die Hütte oder das Zelt seines Freundes kömmt, wo er seine Bedürfnisse gleich befriedigen könnte; sondern setzt sich geruhig nieder, und raucht seine Pfeiffe mit so vieler Zufriedenheit, als wenn ihm nichts weiter fehlte. Eben dies thut er bey Fremden. Diese Gewohnheit wird bey alten Stämmen genau beobachtet, da sie sie für einen Beweis von Standhaftigkeit halten, und glauben, daß sie den Nahmen eines alten Weibes verdienen würden, wenn sie das Gegentheil thäten.

Wenn man einem Indier erzählt, daß seine Kinder sich sehr gegen die Feinde hervorgethan, so viele

getöd-

getödtet, und so viele als Gefangene mitgebracht haben, so scheint er eben keine sehr große Freude darüber zu empfinden. Seine Antwort besteht gewöhnlich darin, "es ist gut", ohne sich gar nach besondern Umständen zu erkundigen. Wenn man ihm im Gegentheil sagt, daß seine Kinder geblieben oder gefangen sind, so ehrt ihn auch dieselbe nicht, sondern er antwortet bloß: "es thut nichts", und fragt wahrscheinlich, wenigstens in einiger Zeit gar nicht, wie es zugieng.

Diese scheinbare Gleichgültigkeit rührt jedoch nicht von einer gänzlichen Unterdrückung alles natürlichen Gefühls her; denn ungeachtet man sie Wilde nennt, so sah ich bey keiner gesitteten Nation größere Beweise von Kindes- oder Vaterliebe; und ungeachtet sie ihren Weibern nach einer langen Abwesenheit mit einer solchen stoischen Unempfindlichkeit begegnen, so fehlt ihnen doch nicht ganz alle eheliche Zärtlichkeit.

Bey ihren Besuchen betragen sie sich gleichfalls auf eine sonderbare Art. Wenn ein Indier eine besondre Person aus einer Familie besuchen will, so sagt er gleich, wem er seinen Besuch zugedacht hat, und der übrige Theil der Familie begiebt sich an das andere Ende des Zeltes oder der Hütte, und nimmt sich sehr in Acht, ihnen nicht so nahe zu kommen, daß sie dadurch in ihrem Gespräche könnten unterbrochen werden. Eben so machen sie es, wenn ein Mann eine Frauensperson besucht, nur muß er sich alsdann hüten, nicht Liebe zum Gegenstande seines Gespräches zu machen, so lange es noch helle ist.

Die Indier können eine Sache ungemein leicht begreifen, und lernen alles, wozu eine genaue Aufmerksamkeit gehört, sehr bald. Sie erlangen durch Uebung und scharfe Beobachtung viele Vollkommenheiten, die Europäern fehlen. So gehn sie zum Beyspiele durch einen Wald oder eine Ebene von zweyhundert Meilen Breite, und kommen genau an den Punkt, den sie sich vorgesetzt hatten, ohne irgend einen beträchtlichen Umweg zu machen, und es ist ihnen völlig gleichgültig dabey, ob das Wetter heiter oder dunkel ist.

Eben so genau können sie die Stelle bestimmen, wo die Sonne am Himmel ist, wenn sie auch völlig von Wolken und Nebel versteckt wird. Sie können mit eben so großer Fertigkeit die Spuren von Menschen oder Thieren, auf Laub oder auf Grase ausfündig machen, und daher entgeht ihnen auch ein fliehender Feind nicht leicht.

Sie haben diese Eigenschaften nicht bloß der Natur, sondern einer ausserordentlichen Schärfe ihrer

Sinne zu danken, die sich bloß durch eine unaufhörliche Anstrengung und Aufmerksamkeit erlangen läßt.

Ihr Gedächtniß ist ebenfalls sehr glücklich im Behalten. Sie können jeden kleinen Umstand anführen, der im Rathe vorgieng, und wissen genau zu bestimmen, wenn ein solcher Rath gehalten wurd. Ihre Wämpumgürtel dienen dazu, sich an das Wesentlichste der Verträge zu erinnern, die sie mit den benachbarten Stämmen vor vielen Jahren schlössen, und sie beziehn sich darauf mit eben so viel Genauigkeit und Deutlichkeit, als es die Europäer auf ihre schriftlichen Urkunden thun können.

Das Alter wird bey jeder Nation sehr geschätzt. Der junge Indier hört zwar den Rath seines Vaters mit vieler Gleichgültigkeit an; aber den Befehlen seines Großvaters gehorcht er mit der größten Bereitwilligkeit. Die jungen hören auf den Rath der ältern Mitglieder ihrer Versammlung, als wenn es Orakelsprüche wären. Wenn ihnen auf der Jagd ein ungewöhnlich gutes Wildpret aufstößt, so wird es gleich den Alten zum Geschenke dargebracht.

Sie hängen nie ihren Sorgen nach, sondern leben in einer steten Ruhe und Zufriedenheit. Da sie von Natur träge sind, so geben sie sich keine besondre Mühe, sich bessern oder reichlichern Unterhalt bald zu verschaffen, wenn sie ohne Mühe in der Nähe gerade so viel finden können, als sie brauchen. Ihre müßige Zeit bringen sie mit Essen, Trinken, Schlafen oder Herumgehen in ihren Dörfern und Lägern zu. Zwingt sie aber die Noth, gegen einen Feind ins Feld zu ziehn, oder sich Nahrung zu verschaffen, so sind sie thätig und unermüdet. Ich werde künftig bey der Nachricht von ihren Kriegen viele Beyspiele davon anführen können.

Der bethörende Geist der Spielsucht ist nicht auf Europa allein eingeschränkt; auch die Indier verspielen oft ihre Waffen, ihre Kleidung und sogar alle ihre Habseligkeiten. Doch thun sie dies ohne alles Murren und Fluchen, und tragen ihr Unglück mit einer philosophischen Gleichmüthigkeit.

Ihr Hauptlaster ist ihre Grausamkeit gegen ihre Feinde, die bey jeder andern Nation Schauder erregen würde. Aber eben so freundschaftlich, gastfrey und leutselig sind sie im Frieden. Man kann mit Wahrheit von ihnen sagen, daß sie die schlimmsten Feinde, und die besten Freunde von der Welt sind.

Die Indier wissen überhaupt nicht, was Eifersucht ist. Bey einigen Stämmen hat man selbst nicht einmahl den geringsten Begriff davon, da ohnehin ihre jungen Leute selten die Tugend verheyratheter Frauenspersonen auf die Probe stellen,

O 2 oder

oder von diesen gereitzt werden. Demungeachtet sind die indischen Frauenspersonen sehr verliebter Natur, und es schadet ihrer Ehre gar nicht, wenn sie vor ihrer Heyrath ihrer Leidenschaft nachhängen.

Als ich mich bey den Nabowessiern aufhielt, so bemerkte ich, daß sie einer Frau mit sehr viel Ehrerbietung begegneten, und erfuhr nach genauer Untersuchung, daß die Ursache davon ihr in Europa eine ewige Schande würde zugezogen haben.

Sie gab in ihrer Jugend ein sogenanntes Reisfest. Nach einer alten und fast ganz verloschnen Gewohnheit, bat sie vierzig von ihren ersten Kriegern dazu, und bewirthete sie alle, nachdem sie sich mit Reis und Wildfleisch hinreichend gesättigt hatten, mit einer geheimen Nachschüssel hinter einem Schirme, der in der Mitte des Zeltes eigentlich dazu aufgestellt war.

Diese verschwendrische Gefälligkeit zog ihr die Gunst ihrer Gäste, und den Beyfall des ganzen Stamms zu. Die jungen Indier fühlten ihr ausserordentliches Verdienst so sehr, daß sie mit einander um ihre Hand eiferten, und bald darauf ward sie an einen von ihren vornehmsten Anführern verheyrathet, der ihr immer die größten Beweise seiner Liebe und Ehrerbietung gab.

Jedoch findet sich kaum eine Frauensperson in hundert Jahren, die es wagte, ein solches Gastmahl

mahl zu geben, ungeachtet sie sich einen Mann vom ersten Range zur Belohnung versprechen kann; und die ganze Gewohnheit hat blos bey den Mabowessiern statt.

Die Indier kennen überhaupt kein Eigenthumsrecht, als in Dingen, die blos zum häuslichen Gebrauche gehören, und die ein jeder vermehrt, so wie es seine Umstände erlauben. Sie sind sehr freygebig gegen einander, und helfen dem Mangel ihrer Freunde gerne mit ihrem Ueberflusse ab.

In Gefahr helfen sie ihren Mitbürgern willig ohne Belohnung zu erwarten, die ausgenommen, welche bey Indiern immer dem Verdienste folgt. Beherrscht von deutlichen und billigen Gesetzen der Natur, wird jeder blos nach seinem Verdienste geschätzt, und die Gleichheit am Stande, Sitten und Vorzügen, die man bey jeder indischen Völkerschaft antrifft, beseelt sie mit einem reinen und wahren vaterländischen Geiste, der immer auf das allgemeine Beste der Gesellschaft, zu welcher sie gehören, bedacht ist.

Wenn einer von seinen Nachbarn seine Kinder durch Krankheiten oder im Kriege verliehrt, so ersetzen die, welche die meisten Sklaven haben, diesen Abgang; und diese Sklaven werden von dem kinderlosen Vater an Kindesstatt angenommen, und

O 3 würk-

würklich als Kinder dessen, dem sie geschenkt wurden, behandelt.

Die Indier, blos diejenigen ausgenommen, die nahe an den europäischen Besitzungen wohnen, können sich gar keinen Begriff von dem Wehrte des Geldes machen, und sehn es als die Quelle unzähligen Uebel an, wenn sie von dem Gebrauche hören, den andre Völker davon machen.

Sie halten es für widersinnig, daß ein Mensch mehr davon besitzt als ein andrer, und können es nicht begreifen, daß dieser Besitz Ehre und Ansehn verschaffe. Aber daß der Mangel dieses unnützen Metalls Menschen ihrer Freiheit berauben und zwischen die fürchterlichen Mauren eines Gefängnisses einschliessen könne, übersteigt allen Glauben bey ihnen; und wenn man ihnen von diesem Theile des europäischen Regierungssystems erzählt, so beschuldigen sie die Urheber desselben eines gänzlichen Mangels von menschlichem Gefühl, und belegen sie mit dem Nahmen von Wilden und Ungeheuern.

Fast eben so wenig scheinen sie sich um die Produkte der Kunst zu bekümmern. Wenn man ihnen Stücke davon zeigt, so sagen sie zwar, "es ist hübsch, ich mag es gern ansehn"; aber ohne nach der Einrichtung zu fragen, oder sich einen richtigen Begriff von seinem Nutzen machen zu können. Aber

wenn

wenn man ihnen von jemand erzählt, der sehr schnell laufen kann, der sehr geschickt auf der Jagd ist, der richtig das Ziel treffen, oder einen Bogen mit Leichtigkeit spannen kann, der einen Kanoe zu regieren weiß, der den Krieg versteht, der die Lage seines Landes kennt, und ohne Führer durch einen unermeßlichen Wald seinen Weg finden, und dabey von wenig Nahrungsmittel leben kann, so hören sie diese angenehme Erzählung mit großer Aufmerksamkeit an, und können den Gegenstand davon nicht genug erheben.

Viertes Kapittel.
Von der Zeitrechnung der Indier.

Die Indier theilen ihre Zeit, ungeachtet ihrer gänzlichen Unwissenheit in der Sternkunde, auf eine sehr vernünftige Art ein. In den innern Gegenden von Nordamerika, von deren Bewohnern ich vorzüglich rede, rechnen sie ihre Jahre nach Wintern, oder wie sie sich ausdrücken, nach Schneen.

Einige Völkerschaften rechnen ihre Jahre nach Monden, und geben jedem Jahre zwölf synodische oder Mondenmonathe, und zählen nach dem Ver-

laufe

laufe von breyßig Monathen einen neuen dazu, welchen sie den verlohrnen Monath nennen, worauf sie ihre Rechnung wie zuvor wieder anfangen. Sie achten sehr genau auf jeden Neumond, und äussern ihre Freude darüber durch besondre Töne, und dadurch, daß sie ihre Hände gegen ihn empor heben.

Ein jeder Monath hat bey ihnen einen besondern Namen, der die Jahrszeit ausdrückt, in welche er fällt. So nennen sie zum Beyspiel den März, mit dem sich ihr Jahr gewöhnlich bey dem ersten Neumonde nach der Frühlingsnachtgleiche anfängt, den Wurmmonath, weil um diese Zeit die Würmer ihre Schlupfwinkel in der Rinde von Bäumen, im Holze u. s. w. worin sie sich den Winter über aufhielten, verlassen.

Der April heißt der Pflanzenmonath, der May der Blumenmonath, der Junius der heisse Monath, der Julius der Bockmonath. Die Ursache dieser Benennungen ist deutlich genug.

Der August heißt der Störmonath, weil sie in diesem Monathe eine große Menge von dieser Fischart fangen.

Der September heißt der Kornmonath, weil sie in diesem Monath ihr indisches Korn einsammlen.

Der

217

Der October heißt der Reisemonath, weil sie um diese Zeit ihre Dörfer verlassen, und in die Gegenden reisen, wo sie den Winter über zu jagen denken.

Der November wird von ihnen der Biebermonath genannt, weil die Bieber in diesem Monath anfangen, sich in ihren Häusern zu halten, da sie hinreichenden Vorrath auf den Winter eingesammlet haben.

Der December heißt der Jagdmonath, weil sie diesen Monath mit der Jagd zubringen.

Der Jenner der kalte Monath, da es in diesem Monathe gewöhnlich stärker friert, als im ganzen übrigen Winter.

Den Februar nennen sie den Schneemonath, weil darin gemeinlich der meiste Schnee fällt.

Wenn der Mond nicht scheint, so sagen sie der Mond ist todt, und einige nennen die drey letzten Tage desselben die nakten Tage. Die erste Erscheinung des Mondes nennen sie sein Wiederaufleben.

Sie haben keine Eintheilung von Wochen, aber Tage zählen sie nach Schlafen. Halbe Tage bestimmen sie, indem sie des Mittags auf die Sonne zeigen, und viertel Tage durch den Aufgang und Untergang der Sonne; und um dies auszudrücken,

O 5   bedie-

bedienen sich in ihren Ueberlieferungen sehr auffallender Hieroglyphen.

Die Indier sind eben so unwissend in der Erdbeschreibung, als in andern Wissenschaften, und dem ungeachtet zeichnen sie auf Birkenrinde sehr genaue Karten von den Gegenden, die sie kennen. Blos die Breite und Länge fehlt, um sie vollkommen zu machen.

Ihre ganze Kenntniß in der Astronomie besteht darinn, daß sie den Polarstern bestimmen können, nach welchen sie sich auch richten, wenn sie bey Nacht reisen.

Sie rechnen die Entfernung der Oerter nicht nach Meilen, sondern nach Tagereisen, die nach der richtigsten Rechnung, die ich machen konnte, ungefähr zwanzig englische Meilen betragen mögen. Sie theilen sie in halbe und viertel Tagereisen ein, und geben sie auf ihren Karten mit großer Genauigkeit durch die eben angeführten Hieroglyphen an, und können sie in ihren Rathsversammlungen, wenn sie Parthenen zum Kriege oder auf die Jagd ausschicken, sehr richtig bestimmen.

Von der Rechenkunst haben sie gar keinen Begriff. Sie zählen zwar sehr weit, aber sie kennen Zahlzeichen eben so wenig als Buchstaben.

Als

Als ich mich bey den Nabowessiern aufhielt, so bemerkten einige von ihren Anführern eine Zeichnung von einer Mondsfinsterniß in einem astronomischen Buche, welches ich in der Hand hielt, und baten mich, daß ich sie ihnen zeigen möchte. Ich gab ihnen das Buch von ungefähr zusammen gemacht hin; allein sie zählten die Blätter, bis sie an die Stelle kamen, wo das Kupfer war. Nachdem sie es angesehn, und viele Fragen darüber gethan hatten, so sagte ich ihnen, daß sie nicht nöthig gehabt hätten, das Blatt, worauf die Zeichnung war, mit so vieler Mühe aufzusuchen, denn ich könnte ihnen, ohne die Blätter zu zählen, gleich sagen, wo es sich befände, und wie viele Blätter vorhergiengen.

Dies kam ihnen äusserst wunderbar vor, und sie baten mich, ihnen die Möglichkeit davon zu zeigen. Ich bat daher einen von ihnen, der das Buch in der Hand hatte, es aufzuschlagen, wo er wollte, und den Rand sorgfältig zuzuhalten, damit ich nicht im Stande wäre, die Blätter zu zählen. Er that es mit großer Behutsamkeit, und demungeachtet konnte ich ihm leicht die Zahl der Blätter sagen, indem ich oben auf die Pagina sah. Er zählte sie ordentlich über, und fand, daß meine Angabe richtig war. Wie die Indier sahen, daß ich dies zu ver-

verschiednenmalen that, und immer ohne zu irren, so sahen sie eben so erstaunt aus, als wenn ich Todte auferweckt hätte. Sie konnten mein Verfahren bloß dadurch erklären, daß das Buch ein Geist wäre, der mir alles zuraunte, was ich von ihm zu wissen verlangte.

Dieser Umstand, so unbedeutend er auch mehr wissenden Leuten scheinen wird, trug nicht wenig dazu bey, ihnen noch eine günstigere Meynung von mir einzuflößen, als sie schon vorhin hatten.

Fünftes Kapittel.
Von der Regierungsform der Indier.

Jede indische Völkerschaft wird wieder in ihre Stämme abgetheilt, der in dem Volke, zu zu welchem er gehört, wieder einen kleinen Staat ausmacht. Da jede Völkerschaft ein gewisses Sinnbild hat, wodurch sie sich von andern unterscheidet, so hat jeder Stamm wieder sein besonders Zeichen, wonach er benannt wird. Z. E. einen Adler, Panther, Tieger oder Büffel. Ein Stamm der Nadowessier wird durch eine Schlange, ein zweyter durch eine Schildkröte, ein dritter durch ein Einhörnchen, ein vierter durch einen Wolf, und ein
fünf-

fünfter durch einen Büffel vorgestellt. Auf die nämliche Art unterscheiden sich einzelne Indier bey allen Völkerschaften, und der geringste unter ihnen weiß gewiß, von wem er abstammet, und hält sich zu seiner besondern Familie.

Wenn nicht viele andre Umstände es widerlegten, so möchte ich selbst aus dieser Abtheilung in Stämmen, und der besondern Anhänglichkeit, welche die Indier dafür haben, fast schließen, daß sie, wie einige behauptet haben, von den Juden herstammten.

Ausserdem unterscheidet sich auch jede Völkerschaft in der Art, ihre Zelte oder Hütten zu bauen, und alle Indier kennen diesen Unterschied sehr gut, selbst da, wo ein Europäer, wenn er auch noch so aufmerksam ist, nicht das geringste bemerken kann. Sie können es genau, und vielleicht bloß aus der Lage eines Pfahls, der in der Erde stecken geblieben ist, bestimmen, welche Völkerschaft vor vielen Monaten ihr Lager auf dem Platze gehabt hat.

Jeder Stamm hat ein Oberhaupt, welches der große Anführer oder der Hauptkrieger genannt wird. Man sieht bey seiner Wahl auf seine Erfahrung im Kriege und seine bewährte Tapferkeit. Er macht die Einrichtung bey ihren Kriegszügen, und hat die Aufsicht über alles, was zu diesem

Fache

Sache gehört. Allein, dieser Anführer ist nicht als das Oberhaupt des Staates anzusehn. Außer ihm giebt es noch einen zweyten, der seinen Vorzug dem Erbrechte zu danken hat, und der alle bürgerliche Sachen besorgen muß. Dies Oberhaupt könnte eigentlicher der Sachem genannt werden, und seine Einwilligung wird zu allen Ausfertigungen und Verträgen erfordert, denen er auch das Zeichen des Stammes oder der Völkerschaft anhängt.

Diese beyden werden zwar als die Regenten des Stammes angesehn, und der letzte hat gewöhnlich den Titel eines Königs; allein die Indier kennen demungeachtet Unterwürfigkeit so wenig in bürgerlichen, als in Kriegssachen. Da ein jeder eine große Meynung von seiner eignen Wichtigkeit hat, und sehr eifersüchtig auf seine Freyheit ist, so werden alle Aufträge, die das Ansehn von einem ausdrücklichen Befehle haben, gleich mit Verachtung verworfen.

Ihre Anführer sind daher selten so unbescheiden, ihre Befehle auf eine gebietrische Art zu ertheilen. Ein bloßer Wink von einem Anführer, daß er glaubte, eine gewisse Sache müsse geschehen, erregt den Augenblick einen Wetteifer unter den Geringern, und sie wird gewiß mit vieler Munterkeit ausgeführt. Durch diesen Weg wird das Unangenehme

genehme des Befehls vermieden, und dem ungeachtet eine fast uneingeschränkte Gewalt ausgeübt.

Bey den Indiern giebt es keine in die Augen
fallende Regierungsform. Sie kennen den Unterschied zwischen Obrigkeit und Unterthan nicht, und
jeder scheint eine vollkommene Unabhängigkeit zu
genießen. Der Gegenstand ihrer Regierung be-
trift mehr das Aeussere als das Innere ihres gemeinen Wesens, und ihre Aufmerksamkeit scheint
mehr darauf gerichtet zu seyn, eine Einigkeit zwischen den Gliedern des Stammes zu befestigen, die
sie in den Stand setzen kann, die Bewegungen ihrer
Feinde zu beobachten, und sich ihnen mit Nach-
druck zu widersetzen, als die innre Ordnung durch
öffentliche Einrichtungen zu erhalten. Wenn der
Anführer einen Vorschlag thut, der dem gemeinen
Wesen vortheilhaft zu seyn scheint, so hat ein jeder
die Freyheit zu wählen, ob er das Seinige zur Ausführung desselben beytragen will, oder nicht.
Zwanggesetze sind bey ihnen völlig unbekannt.
Wenn Gewaltthätigkeiten oder Mordthaten verübt werden, so wird das Recht, diese Verbrechen
zu rächen, der beleidigten Familie überlassen. Die
Anführer unterstehn sich nicht, zu bestrafen, oder
die Strafe zu mildern.

Einige

Einige Völkerschaften, bey denen die Würde erblich ist, schränken die Nachfolge auf die weibliche Linie ein. Beym Tode eines Oberhauptes folgt ihm oft seiner Schwester Sohn, wenn er gleich eigne Söhne hinterläßt, und wenn er keine Schwester hat, so maaßt sich der nächste Anverwandte von weiblicher Seite der Würde an. Aus dieser Gewohnheit läßt es sich erklären, warum eine Frauensperson die Regierung bey den Winnebagoern hatte, ein Umstand, der mir sehr wunderbar vorkam, ehe ich mit ihren Gesetzen bekannt war.

Jede Familie hat ein Recht, einen von ihren Oberhäuptern zum Gehülfen des vornehmsten Oberhauptes zu ernennen, der für das Beste der Familie sorgen muß, und ohne dessen Einwilligung kein öffentliches Geschäft zu Stande gebracht werden kann. Sie werden größtentheils nach ihren rednerischen Fähigkeiten erwählt, und sie allein sind berechtigt, in ihren Rathsversammlungen und allgemeinen Zusammenkünften Reden zu halten.

Auf diesen Oberhäuptern, an deren Spitze der Erbanführer steht, scheint die höchste Gewalt zu beruhen; da sie alles entscheiden, was ihre Jagden, ihren Krieg und Frieden, und überhaupt alle öffentlichen Angelegenheiten betrifft. Auf sie folgt der Haufen der Krieger, wozu alles gehört, was im

Stande

Stande ist, die Waffen zu tragen. Diese Abthei‑
lung hat zuweilen den Regenten der Nation an
der Spitze, wenn er sich durch irgend eine tapfere
That hervorgethan hat, sonst aber einen andern
Anführer, von dessen Muthe man durch hinrei‑
chende Proben überzeugt ist.

In ihren Rathsversamnlungen, die von den
ebenerwähnten Mitgliedern gehalten werden, wird
jede Sache von Wichtigkeit abgehandelt; und kein
irgend wichtiger Vorschlag kann zur Ausführung
gebracht werden, wenn er nicht von den Ober‑
häuptern allgemeinen Beyfall erhält. Sie ver‑
sammlen sich gemeiniglich in einem besonders dazu
gewidmeten Zelte, oder einer Hütte, und setzen
sich in einem Kreise auf dem Boden herum, worauf
der älteste Anführer aufsteht und eine Rede hält.
Wenn er fertig ist, so steht ein andrer auf, und
so sagen alle nach der Reihe ihre Meynung, wenn
es die Noth erfordert.

Ihre Sprache ist bey solchen Gelegenheiten sehr
stark und nachdrücklich. Ihre Reden sind voller
Bilder, Gleichnisse, starker Methaphern und Alle‑
gorien, die man selbst in keiner orientalischen
Sprache besser ausdrücken könnte. In allen förm‑
lichen Reden herrscht viel Heftigkeit, aber im

Carvers Reisen. P gemei‑

gemeinen Leben sprechen sie eben so, wie wir es gewöhnlich thun.

Es ist den jungen Leuten erlaubt, bey den Rathsversammlungen gegenwärtig zu seyn, doch dürfen sie keine Reden halten, bis sie ordentlich zugelassen worden sind. Sie hören jedoch mit sehr grosser Aufmerksamkeit zu, und um zu zeigen, daß sie die Entschlüsse der versammelten Oberhäupter verstehn, und billigen, so rufen sie oft, "das ist recht, das ist gut."

Die gewöhnliche Art bey allen Ständen, ihren Beyfall auszudrucken, und die sie fast bey jeder Periode wiederhohlen, besteht in einem starken Tone, der fast klingt, wie unsre Buchstaben OAH zusammen ausgesprochen.

Sechstes Kapittel.
Von den Gastmahlen der Indier.

Viele indische Nationen machen keinen Gebrauch von Brodt, Salz oder andern Gewürzen, und einigen sind sie völlig unbekannt. Die Nadoweßier insbesondre haben kein Brodt, und überhaupt nichts, das seine Stelle vertreten könnte. Sie essen wilden Reis, der häufig in verschiednen Gegenden

genden ihres Gebietes wächst, aber er wird gekocht, und allein gegessen. Sie essen das Fleisch von allen Thieren, die sie auf der Jagd fangen, aber ohne irgend eine mehligte Substanz dazu zu nehmen, um die gröbern Theile des Fleisches verdauen zu helfen. Und selbst Zucker, den sie aus dem Ahornbaum ziehn, brauchen sie nicht, um irgend eine andre Speise schmackhafter zu machen, sondern essen ihn gewöhnlich allein.

Den Gebrauch der Milch kennen sie ebenfalls gar nicht, ungeachtet sie von Büffeln und Elendsthieren genug haben könnten. Sie glauben, daß sie zu nichts dienen könne, als junge Thiere in ihrem zartesten Zustande zu ernähren. Mir kam es dennoch eben nicht vor, daß der gänzliche Mangel von Dingen, die bey andern Völkern für sehr nothwendig und nahrhaft gehalten werden, ihnen nachtheilig wäre, denn sie sind, überhaupt betrachtet, gesunde, starke Leute.

Bey den Ottagamiern, den Sakiern und den östlichern Völkerschaften giebt es ein Gericht, das fast die Stelle des Brodtes vertreten könnte. Es wächst bey ihnen viel indisches Korn, das nicht allein von den Indiern, sondern auch von Europäern, die in diese Gegenden kommen, sehr geschätzt wird. Das eben erwähnte Gericht besteht aus un-

P 2 reifen

reifen Korn und unreifen Bohnen, die mit Bären-
fleische gekocht werden, wovon das Fett den Körn
und den Bohnen ihre Trockenheit benimmt, und
sie ungemein wohlschmeckend macht. Sie nennen
dies Gericht Succatosch.

Die Indier essen nichts weniger als rohes Fleisch,
ungeachtet sie oft dafür verschrien werden. Alle
ihre Speisen werden sehr stark gekocht oder gebraten. Ihr Getränk ist gewöhnlich die Brühe,
worin sie gekocht wurden.

Ihre Gerichte bestehn in Bären, Elends, Reh,
Bieber und Coatifleisch, das sie auf die eben erwähnte Art zubereiten. Sie essen gewöhnlich Reh-
fleisch, das von Natur trocken ist, und Bärenfleisch, welches fett und saftig ist, zusammen. So
fett auch das letztere ist, so ißt man es sich doch
nicht leicht zum Eckel.

Im Frühjahre essen die Nadowessier die innere
Rinde von einem Strauche, der irgendwo in ihrem
Lande wächst; allein ich konnte so wenig den Nahmen davon ausfündig machen, als erfahren, wo
sie sie her bekommen. Sie war sehr spröde, und
ließ sich leicht kauen. Sie schmeckte ungemein angenehm, fast wie Rüben, und die Indier behaup-
teten, daß sie sehr nahrhaft wäre.

Die

Die geringern Indier sind sehr unreinlich bey der Zubereitung von ihren Speisen, aber einige von den Vornehmen halten sehr viel auf Nettigkeit und Reinlichkeit, in ihrer Kleidung, ihren Zelten und Speisen.

Sie essen gewöhnlich in großen Haufen mit einander, so daß ihre Mahlzeiten eigentlich als Gastereyen könnten angesehn werden. Sie essen, ohne sich an gewisse Stunden zu binden, grade wie es ihr Hunger und ihre Bequemlichkeit erfordert.

Sie tanzen gewöhnlich vor oder nach jeder Mahlzeit, und bringen durch ihre Fröhlichkeit wahrscheinlich dem großen Geiste, dem sie für alles Gute verpflichtet zu seyn glauben, ein angenehmeres Opfer, als sie es durch ein förmliches Dankgebet würden thun können. Männer und Weiber essen bey öffentlichen Gelegenheiten nicht zusammen, und jedes Geschlecht hat seine besondere Gastmahle. Zu Hause hingegen, wenn keine Fremde da sind, essen Mannspersonen und Frauensleute mit einander.

Wenn die Oberhäupter sich bey irgend einer öffentlichen Angelegenheit versammlen, so wird sie immer mit einem Gastmahle beschlossen, bey welchem ihre Schmauserey und Fröhlichkeit keine Grenzen kennt.

Siebentes Kapittel.
Von den Tänzen der Indier.

Der Tanz ist eine von den liebsten Leibesübungen der Indier. Sie kommen bey keiner öffentlichen Gelegenheit zusammen, ohne ihn zu einer von ihren Belustigungen zu machen, und wenn sie nicht mit Kriegen oder mit der Jagd zu thun haben, so vergnügen sich die jungen Leute von beyden Geschlechtern alle Abend damit.

In den Tänzen bey ihren Gastmahlen und sonst in allen übrigen Tänzen, steht jede Mannsperson nach der Reihe auf, und tanzt mit großer Leichtigkeit und Kühnheit, und besingt dabey die Thaten seiner Vorfahren. Während der Zeit giebt die Gesellschaft, die auf dem Boden in einem Kreise um den Tänzer herum sitzt, mit dem Tänzer den Takt durch einen Ton an, den sie alle zugleich ausstossen, und der fast klingt wie "heh, heh, heh". Diese Töne, wenn man sie so nennen kann, werden sehr rauh, und mit der größten Anstrengung der Lungen herausgestoßen, daß man fast glauben sollte, ihre Stärke müßte bald dadurch erschöpft werden; aber dies geschieht so wenig, daß sie es die ganze Zeit über, die sie tanzen, mit der nähmlichen Heftigkeit wiederholen.

Die

Die Frauensleute, hauptsächlich bey den westlichen Völkerschaften, tanzen mit sehr viel Anmuth. Sie tragen sich sehr grade, und lassen ihre Arme dicht am Leibe herunter hängen. Sie fangen ihren Tanz damit an, daß sie erst etliche Schritte zur rechten und dann wieder zur linken zurück gehn. Diese Bewegung machen sie ohne ordentliche Schritte auf europäische Art zu thun, sondern halten ihre Füße dicht an einander, und bewegen die Zähen und die Hacken eins ums andre. Auf diese Art glitschen sie mit großer Leichtigkeit bis an eine gewisse Stelle, und wieder zurück, und wenn auch noch so viele mit einander tanzen, so halten sie doch so genau Takt, daß der Tanz nie unterbrochen wird. Während des Tanzes vermischen sie ihre hellen Stimmen mit den heisern Stimmen der Männer, die um sie herum sitzen, denn Manns- und Frauenspersonen tanzen nie zusammen, und dies macht nebst ihren Trommeln und Tschitschikues keine üble Harmonie.

Die Indier haben verschiedne Arten Tänze, die besondern Gelegenheiten gewidmet sind, als den Pfeiffen oder Kalumettanz, den Kriegstanz, den Hochzeittanz, und den Opfertanz. Die Bewegungen bey jedem sind verschieden, allein es ist fast nicht möglich den Unterschied genau zu beschreiben.

Ausserdem hat jede Völkerschaft ihre besondre Art zu tanzen. Die Tschipiwäer nehmen mehr verschiedne Stellungen an, als die übrigen Indier. Bald halten sie den Kopf in die Höhe, bald bücken sie sich fast bis auf die Erde, bald neigen sie sich ganz auf die eine Seite, bald aber wieder auf die andre. Die Nabowessier tragen sich grader, treten fester, und machen ihre Bewegungen mit mehr Anstand. Aber alle machen bey ihrem Tanze das unangenehme Geräusch, welches ich eben beschrieben habe.

Der Pfeiffentanz ist der vornehmste, und der angenehmste für den Zuschauer, da er nicht so ausschweifend ist, wie die übrigen, und die schönsten Figuren hat. Man tanzt ihn blos bey gewissen Gelegenheiten, als wenn feindliche Gesandten kommen, um Friedensunterhandlungen zu pflegen, oder wenn vornehme Fremde durch ihr Gebiet reisen.

Der Kriegstanz, den sie immer tanzen, wenn sie auf den Krieg ausgehen, oder aus dem Kriege zurück kommen, setzt Fremde in Schrecken. Er wird, wie die übrigen, in einem Kreise von Kriegern getanzt. Ein Anführer fängt ihn gewöhnlich damit an, daß er von der rechten zur linken geht, und zugleich seine eignen Thaten und die Thaten seiner Vorfahren besingt. Wenn er mit der

Erzählung irgend einer merkwürdigen That fertig ist, so schlägt er heftig mit seiner Kriegskeule gegen einen Pfahl, der mitten im Kreise eigentlich dazu in die Erde gerammt ist.

Ein jeder tanzt, so wie die Reihe an ihn kommt, und besingt ebenfalls die wundervollen Thaten seiner Familie, bis sie endlich alle zusammen tanzen. Jetzt fängt der Tanz würklich an, für jeden Fremden fürchterlich zu werden, da sie fast eine jede fürchterliche und scheusliche Stellung annehmen, die sich nur denken läßt, und babey in voraus zeigen, was sie gegen ihre Feinde im Kriege thun wollen. Während dieses Tanzes halten sie ihre scharfen Messer in der Hand, und drohen damit, wenn sie sich herum werfen, einander zu durchstoßen; und dies würde auch sicher geschehen, wenn sie nicht mit ausserordentlicher Fertigkeit dem Stoße auswichen. Durch diese Bewegungen suchen sie die Art auszudrücken, wie sie ihre Feinde tödten, ihnen die Haut vom Kopfe ziehn, oder sie gefangen nehmen. Um den ganzen Auftritt noch auffallender zu machen, so erheben sie ein eben so fürchterliches Geheul und Kriegsgeschrey, als sie in ihren Schlachten thun; so daß man sie in diesen Augenblicken für einen Haufen von Teufeln ansehn sollte.

Ich tanzte diesen Tanz oft mit ihnen, aber ich fand eben nicht lange Vergnügen daran, da ich meine Furcht, eine gefährliche Wunde zu bekommen, nicht ablegen konnte.

Ich fand, daß bey den Nationen auf der Westseite des Mississippi, und an den obern See, der Pawa oder schwarze Tanz noch üblich ist. Die Einwohner in den Kolonien erzählen tausend lächerliche Geschichten von Erscheinungen des Teufels, die dieser Tanz zuwege gebracht hätte. Allein sie geben zu, daß dies nur vor Zeiten geschehen sey, aber jetzt sich bey denen Indiern, die nah an den europäischen Niederlassungen wohnen, nur selten zutrage. Ich sah zwar bey diesem Tanze in den inländischen Gegenden keine würkliche Erscheinung des Teufels, aber doch solche Dinge, die nur Leute thun konnten, die mit ihm im Bunde standen, oder sonst äusserst geschickte Gauckler waren.

Wie ich mich bey den Nadowessiern aufhielt, so ward eben ein solcher Tanz aufgeführt: Ehe der Tanz anfieng, ward einer von den Indiern in eine Gesellschaft aufgenommen, welche sie Wákon Kitschewah, oder die freundschaftliche Gesellschaft des Geistes nannten. Diese Gesellschaft bestehet aus Personen von beyden Geschlechtern, allein es werden keine darin aufgenommen, die einen ta-

bel

beschaften Karakter haben, und nicht von der ganzen Gesellschaft gebilligt werden. Auf diese Aufnahme folgte der Pawatanz, worin ich aber nichts sah, daß zu den Erzählungen, die ich davon gehört hatte, Anlaß geben konnte, und die ganze Feyerlichkeit ward wie gewöhnlich mit einem großen Gastmahle beschlossen.

Da die Einweihung mit sehr sonderbaren Umständen verknüpft war, die, wie ich schon vorhin gesagt habe, entweder eine Würkung von Zauberey, oder von einer ausserordentlichen Geschicklichkeit seyn mußte, so will ich das ganze Verfahren dabey umständlich beschreiben. Die Ceremonie gieng zur Zeit des Neumondes auf einem Platze vor sich, der in der Mitte des Lagers eigentlich dazu gewidmet war, und ungefähr zweyhundert Personen fassen konnte. Ich ward als ein Fremder, dem sie ohnehin bey jeder andern Gelegenheit schon so viele Höflichkeiten erwiesen hatten, zu dieser Feyerlichkeit eingeladen, und erhielt meine Stelle dicht an den Schranken des Verschlags.

Gegen 12 Uhr fiengen die Indier an, sich zu versammeln. Die Sonne schien sehr hell, welches sie für ein gutes Zeichen ansahen; denn überhaupt halten sie ihre öffentlichen Zusammenkünfte nicht gern, wenn der Himmel nicht heiter ist. Zuerst

erschien

erschien eine große Anzahl von Oberhäuptern, die ihre besten Kleidungsstücke an hatten. Nach ihnen kam der Hauptkrieger, der einen bis auf die Erde herabhängenden Rock von reichen Fellen an hatte, und mit ihm ein Gefolge von funfzehn bis zwanzig Personen, die sehr schön bemahlt und angekleidet waren. Auf sie folgten die Frauen von denen, die schon in die Gesellschaft aufgenommen waren, und hinten nach kam ein vermischter Haufen von geringen Leuten, die alle nach ihrem Vermögen dazu beytrugen, die Versammlung prächtig und glänzend zu machen.

Als die Gesellschaft sich gesetzt hatte, und Stillschweigen geboten war, so stand einer von den vornehmsten Anführern auf, und machte der Gesellschaft in einer kurzen aber meisterhaften Rede die Ursache ihrer Zusammenkunft kund; nähmlich daß einer von ihren jungen Männern wünschte, in ihre Gesellschaft aufgenommen zu werden. Er nahm diesen jungen Mann darauf bey der Hand, und fragte die Gesellschaft, ob sie etwas dagegen einzuwenden hätte, daß er ein Mitglied ihres Ordens würde?

Da niemand etwas dawider hatte, so ward der junge Kandidat in die Mitte gestellt, und vier Oberhäupter stellten sich dicht bey ihm hin, und ermahnten ihn nach der Reihe, nicht unter der Ceremonie,

der

der er sich jetzt unterwerfen müßte, zu erlegen, sondern sich als ein Indier und als ein Mann zu betragen. Zwey von ihnen faßten ihn darauf bey den Armen, und ließen ihn niederknien, der dritte stellte sich hinter ihn, um ihn aufzufangen, wenn er fiele, und der vierte gieng ungefähr zwölf Fuß gerade vor ihm zurück.

Wie nun alles in gehöriger Ordnung war, so redete der Anführer, der vor dem knienden Kandidaten stand, ihn mit einer vernehmlichen Stimme an. Er sagte ihm, daß er schon von dem nähmlichen Geiste besessen wäre, der auch in wenigen Augenblicken über ihn kommen würde. Der Geist würde ihn zwar todt schlagen, aber er würde ihm auch gleich das Leben wiedergeben. So schrecklich diese Gemeinschaft des Geistes auch wäre, so nothwendig wäre sie doch, ihn zu den Vorzügen vorzubereiten, welche die Gesellschaft genöße, in die er jetzt aufgenommen werden sollte.

Wie er dies sagte, schien er selbst sehr heftige Bewegungen zu fühlen, die endlich so stark wurden, daß sich seine Gesichtszüge verzerrten, und sein ganzer Körper in Zuckungen fiel; und jetzt warf er etwas, das an Farbe und Gestalt einer kleinen Bohne ähnlich sah, dem jungen Manne dem Anschein nach in den Mund. Der junge Mann fiel

auf

auf der Stelle ohne alle Bewegung nieder, als wenn er von einer Kugel getroffen wäre. Der Anführer, der hinter ihm stand, fieng ihn in seinen Armen auf, und legte ihn mit Hülfe der beyden andern für todt auf die Erde nieder.

So bald dies geschehn war, fiengen sie an, seine Glieder zu reiben, und ihn so auf den Rücken zu schlagen, daß Lebendige eher davon hätten eingeschläfert, als Todte erweckt werden können. Unterdessen setzte der Redner seine Rede immer fort, und bat die Zuschauer, sich nicht zu wundern, oder an der Wiederherstellung des jungen Mannes zu zweifeln, da sein jetziger lebloser Zustand bloß von der gewaltsamen Würkung des Geistes auf Organe herrührte, die bisher solcher Begeisterungen noch nicht gewohnt waren.

Der Kandidat lag verschiedne Minuten ohne Gefühl oder Bewegung; doch machten endlich die vielen heftigen Schläge, daß er wieder einige Spuren von Leben zeigte, die aber mit heftigen Zuckungen und einer Art von Ersticken verbunden waren. Allein diese hörten bald auf; und wie er die Bohne, oder was es sonst auch war, das der Indier auf ihn zuwarf, wieder von sich gegeben hatte, so schien er in kurzer Zeit ziemlich wieder hergestellt zu seyn.

Als

Als dieser Theil der Ceremonie glücklich vorbey war, so nahmen ihm die vier Oberhäupter seine gewöhnliche Kleidung ab, und zogen ihm dafür eine ganz neue wieder an. Hierauf nahm ihn der Redner wieder bey der Hand, und stellte ihn der Gesellschaft als ein ordentliches und völlig eingeweihtes Mitglied vor, und ermahnte sie, ihm allen Beystand zu leisten, dessen er als ein junges Mitglied bedürftig seyn könnte. Dem jungen Bruder gebot er, den Rath seiner ältern Brüder mit Bescheidenheit anzuhören, und pünktlich zu befolgen.

Jetzt machten alle, die in den Schranken waren, einen Kreis um ihren neuen Bruder. Die Musik fieng an, und der große Krieger sang ein Lied, worinn wie gewöhnlich die kriegerischen Thaten ihrer Nation erhoben wurden.

Ihre ganze Musik besteht in einer Trommel von einem künstlich gearbeiteten Stücke eines hohlen Baumes, über welches an einem Ende eine Haut gespannt ist, auf welche man mit einem einzeln Stocke schlägt. Der Ton dieses Instruments ist sehr übellautend, und man braucht es bloß, um das Zeitmaaß damit anzugeben. Zuweilen brauchen sie auch das Tschitschifu, und in ihren Kriegstänzen eine Art Pfeiffen von Rohr, die einen durchdringenden widrigen Ton haben.

Nach

Nach dieser eben beschriebenen Feyerlichkeit fieng der Tanz an, so wie die Gesellschaft sich zusammen gestellt hatte. Verschiedne Sänger verstärkten die Musik mit ihren Stimmen, und die Frauensleute fielen zuweilen in den Chor mit ein, wodurch eine wilde, aber dennoch nicht unangenehme Harmonie entstand. Dies war überhaupt eins von den angenehmsten Festen, denen ich beywohnte, als ich mich unter den Indiern aufhielt.

Ein lächerliches Stück bey diesem Tanze, das einer Art von Zauberey ähnlich sah, war mir vorzüglich auffallend. Die meisten Tänzer hatten ein aufgeblasenes Marder- oder Otternfell in der Hand, das, wenn man darauf drückte, ein pfeifendes Geräusch durch eine hölzerne Röhre machte. So wie dies Instrument jemand vor das Gesicht gehalten ward, und seinen Laut von sich gab, so fiel er auf der Stelle, allem Anschein nach, todt nieder. Zuweilen lagen drey oder mehrere Mannspersonen und Frauensleute zugleich auf der Erde; allein sie erhohlten sich gleich wieder, und traten von neuem in den Tanz ein. Dies schien selbst den Vornehmern viel Vergnügen zu machen. Ich hörte nachher, daß diese Schläuche ihre Dii penates, oder Hausgötter wären.

Als

241

Als man einige Stunden auf diese Art zugebracht hatte, so fieng das Gastmahl an. Ich sah, daß alle die Gerichte, die nahe bey mir hingesetzt wurden, aus Hundefleisch bestanden, und erfuhr, daß sie bey allen ihren öffentlichen Gastereyen kein ander Fleisch brauchten, und der junge Kandidat sucht daher, zu dem eben erwähnten Feste, es, wenn es auch noch so viel kosten sollte, herbey zu schaffen.

Eben diese Gewohnheit, Hundefleisch bey gewissen Gelegenheiten zu essen, ist bey verschiednen Völkerschaften in den Ländern eingeführt, die an den nordöstlichen Grenzen von Asien liegen. Der Verfasser der Beschreibung von Kamschatka, die auf Befehl der Rußischen Kayserinn herausgegeben ward, erzählt, daß die Einwohner von Koreka, einem Lande gegen Norden von Kamschatka, die wie die Tatarn hordenweise herumziehn, ein Rennthier oder einen Hund schlachten, wenn sie den bösen Geistern opfern, und daß sie davon das Fleisch essen, den Kopf aber mit der Zunge auf einen Pfahl stecken, so daß die Stirn nach Osten gekehrt ist. Auch wenn sie ansteckende Krankheiten befürchten, so schlachten sie einen Hund, winden seine Gedärme um zwey Pfähle und gehn dazwischen durch. Diese Gebräuche, worin ihnen die Indier fast völlig gleich kommen, scheinen meine Meinung, daß Amerika

Carvers Reisen.   Q   von

von diesen Gegenden aus sey bevölkert worden, noch mehr zu bekräftigen.

Ich weiß nicht, zu was für einer Art von Tänzen ich den rechnen soll, welchen die Indier aufführten, die auf mein Zelt zukamen, als ich nahe beym See Pepin, an den Ufern des Mississippi, ans Land gestiegen war. Als ich aus meinem Zelte heraus kam, so sah ich ungefähr zwanzig nackte junge Indier, wovon die meisten so schön gewachsen waren, als ich sie je gesehn habe, nach der Musik ihrer Trommeln auf mich zutanzen. Alle zehn oder zwölf Schritte blieben sie stehn, und machten ein fürchterliches Geheul.

Als sie mein Zelt erreicht hatten, so bat ich sie, herein zu kommen, welches sie auch thaten, ohne mich einer Antwort zu würdigen. Ich bemerkte, daß sie sich roth und schwarz bemahlt hatten, welches sie gewöhnlich thun, wenn sie gegen einen Feind ausziehn, und daß sie etliche Stücke aus dem Kriegstanze unter ihre Figuren mit untermischten; beydes Dinge, die mich nicht länger zweifeln ließen, daß der feindselige Anführer, der meinen Gruß nicht erwiederte, sie abgeschickt hätte. Ich entschloß mich daher, mein Leben so theuer zu verkaufen, als möglich, und setzte mich mit meiner Flinte und meinen Pistolen an der Seite auf meinen Koffer nieder, und befahl meinen Leuten, gut auf ihrer Hut zu seyn.

Im Zelte setzten die Indier ihren Tanz abwechselnd fort, und besangen dabey ihre Heldenthaten, und die Vorzüge ihres Stammes vor allen andern. Um ihren Ausdrücken, die ohnehin schon so stark und kräftig waren, daß der beherzteste Mensch sich dadurch würde in Furcht haben setzen lassen, noch mehr Gewicht zu geben, schlugen sie beym Ende eines jeden Absatzes gegen die Pfähle meines Zeltes mit einer solchen Heftigkeit, daß ich jeden Augenblick vermuthete, es würde über uns zusammen fallen. Sie hielten, so wie ein jeder in der Runde bey mir vorbeytanzte, ihre rechte Hand über ihre Augen, und sahen mir starr ins Gesicht, welches ich eben für kein Freundschaftszeichen halten konnte. Meine Leute hielten sich für verlohren, und ich muß gestehn, daß ich nie eine lebhaftere Furcht gefühlt habe.

Als ihr Tanz fast zu Ende war, so bot ich ihnen die Friedenspfeiffe an, allein sie wollten sie nicht annehmen. Ich nahm daher meine letzte Zuflucht zu Geschenken, und suchte aus meiner Kiste etliche Bänder und andre Kleinigkeiten hervor, und bot sie ihnen an. Dies schien sie in ihrem Entschlusse wankend zu machen, und ihren Zorn etwas zu besänfsänftigen; denn sie setzten sich nach einer kurzen Berathschlagung auf die Erde nieder, welches ich für ein gutes Zeichen ansah.

Und dies war es auch in der That, denn bald nachher nahmen sie die Friedenspfeiffe, zündeten sie an, und gaben sie mir zuerst, und rauchten nachher selbst daraus. Sie nahmen darauf die Geschenke auf, die sie bis dahin kaum angesehn hatten, aber ihnen jetzt sehr willkommen zu seyn schienen, und verliessen mich als gute Freunde. Ich muß gestehn, daß ich nie froher war, als jetzt, da ich diese fürchterlichen Gäste vom Halse hatte. So sehr ich es auch wünschte, so konnte ich doch nie die eigentliche Absicht ihres Besuchs erfahren. Es war immer äusserst wahrscheinlich, daß sie feindliche Absichten hatten, und daß ihr Besuch bey später Nacht blos durch den großen Springer war veranlaßt worden. Doch konnte es vielleicht, wie ich nachher erfuhr, auch geschehn seyn, um mir eine große Ehre zu erzeigen, die gewöhnlich allen Anführern fremder Völkerschaften wiederfährt, wenn sie zu ihnen kommen; und daß die Punkte ihres Betragens, die mir verdächtig vorkamen, blos Wirkungen ihrer Eitelkeit waren, und darauf abzielen sollten, den Fremden eine hohe Meynung von ihrer Größe und Tapferkeit einzuflößen. Den Morgen darauf,

ehe

ehe ich meine Reise fortsetzte, brachten mir einige Frauenspersonen ein Geschenk von Zucker, welches ich mit einigen neuen Bändern erwiederte.

Der Opfertanz hat seinen Nahmen von keinem würklichen Opfer, das irgend einem guten oder bösen Geiste dargebracht wird, sondern es ist ein Tanz, den die Nadowessier so nennen, weil er blos bey öffentlichen Freudensfesten aufgeführt wird. Als ich mich bey ihnen aufhielt, so verlief sich ein schönes Reh in ihr Lager, wo es bald gefangen und geschlachtet ward. Da dies sich grade beym Neumonde zutrug, so sahen sie es als eine gute Vorbedeutung an. Es ward ganz gebraten, ein jeder im Lager erhielt seinen Theil davon, und das ganze Fest ward mit einem solchen Opfertanze beschlossen.

Achtes Kapittel.
Von den Jagden der Indier.

Die Jagd macht die vornehmste Beschäftigung der Indier aus; sie werden dazu von ihrer frühesten Jugend angehalten, und sie wird bey ihnen für eben so ruhmwürdig gehalten, als sie zu ihrem Unterhalte nothwendig ist. Ein geschickter und entschlossener Jäger wird fast eben so sehr geschätzt,

schätzt, als ein tapfrer Krieger. Es wird daher auch nicht leicht irgend ein Kunststück, das der menschliche Witz erfunden hat, Thiere, die ihres Fleisches oder ihres Felles wegen schätzbar sind, zu fangen, bey ihnen unbekannt seyn.

So lange, als sie diesem Geschäfte nachgehn, verläßt sie die ihnen angebohrne Trägheit gänzlich, und sie bezeigen sich dabey thätig, geduldig und unermüdet. Sie wissen die Mittel, ihren Raub ausfündig zu machen, eben so gut, als ihn zu fangen. Sie können die Spur vom Wilde unterscheiden, ungeachtet jedes andre Auge nichts davon gewahr wird, und es mit der größten Gewißheit durch unwegsame Wälder verfolgen.

Die Thiere, welche die Indier ihres Fleisches oder ihrer Felle wegen jagen, woraus sie entweder ihre Kleidung machen, oder wofür sie von den Europäern andre Bedürfnisse eintauschen, sind Büffel, Elendsthiere, Rehe, Musethiere, Bären, Rennthiere, Bieber, Ottern, Marder u. s. w. Ich will die Beschreibung dieser Thiere noch verspaten, und jetzt die Art, wie sie gejagt werden, erzählen.

Die Jagdrute, und die Partheyen, welche auf die verschiednen Züge ausgehn müssen, werden in ihren allgemeinen Versamlungen, die im Sommer gehalten werden, so wie alle übrigen Wintergeschäfte

fest-

festgesetzt. Der Hauptkrieger, dessen Amt es mit sich bringt, dazu die nöthigen Einrichtungen zu machen, läßt alle, die bereit sind, ihm zu folgen, feierlich einladen; denn die Indier erkennen, wie ich schon vorhin bemerkt habe, keine Oberherrschaft, und können sich vom Zwange gar keinen Begriff machen. Ein jeder, der die Einladung annimmt, bereitet sich dazu dadurch vor, daß er etliche Tage fastet.

Das Fasten der Indier besteht aber nicht, wie bey etlichen andern Völkerschaften, darin, daß man nur die schmackhaftesten und kostbarsten Speisen ißt, sondern sie enthalten sich würklich alles möglichen Essens und Trinkens, und ihre Geduld und Standhaftigkeit geht so weit, daß der heftigste Durst sie nicht bewegen würde, auch nur einen Tropfen Wasser zu kosten. Bey aller dieser strengen Enthaltsamkeit behalten sie dennoch einen Anschein von Zufriedenheit und Heiterkeit.

Sie fasten, wie sie behaupten, vorzüglich um desto freyer träumen zu können, und in diesen Träumen zu erfahren, wo das meiste Wild anzutreffen sey, und zugleich den Zorn der bösen Geister abzuwenden, und sich ihre Gunst zu erwerben. Ausserdem mahlen sie alle unbedeckten Theile ihres Körpers schwarz.

Wenn

Wenn die Fastenzeit vergangen, und der Ort der Jagd bekannt gemacht worden ist, so giebt der Anführer, der die Aufsicht dabey hat, den verschiednen Partheyen ein großes Gastmahl, woran aber keiner Theil nehmen darf, bis er sich gebadet hat. An diesen Gastmahlen essen sie ungeachtet ihres langen Fastens sehr mäßig, und der Anführer erzählt ihnen dabey die Thaten derer, die bey dem Geschäft, daß sie jetzt vorhaben, am meisten geleistet hatten. Bald darauf treten sie ihren Zug, überall schwarz bestrichen, unter dem Zujauchzen des ganzen Volkes nach dem bestimmten Orte an.

Ihre Behendigkeit und ihre Geduld bey der Verfolgung des Wildes sind unbeschreiblich. Keine Gebüsche, Gräben, Flüsse oder Moräste können sie aufhalten. Sie gehen immer in der gradesten Linie weiter, und es giebt wenig Thiere in den Gehölzen, die sie nicht einhohlen könnten.

Wenn sie auf die Bärenjagd ausgehn, so bemühen sie sich, ihr Lager zu entdecken; denn den Winter über verbergen sich diese Thiere in hohlen Stämmen von Bäumen, oder machen sich Löcher in die Erde, wo sie ohne Nahrung zubringen, so lange, als die strenge Witterung dauret.

Wenn die Indier glauben, daß sie an eine Stelle gekommen sind, welche diese Thiere gewöhnlich besuchen,

suchen, so machen sie in Verhältniß ihrer Zahl einen Kreis, und suchen, indem sie sich dem Mittelpunkt nähern, ihren eigentlichen Aufenthalt ausfündig zu machen. Auf diese Art sind sie gewiß, alle die sich in der Kreisfläche aufhalten, aufzujagen, und mit Flinten oder Bogen zu fällen. Der Bär flieht, sobald er nur einen Menschen oder Hund ansichtig wird, und wehrt sich nicht anders, als wenn er verwundet oder sehr hungrig ist.

Zur Büffeljagd machen die Indier einen Kreis oder ein Viereck, fast auf die nähmliche Art, als wenn sie Bären aufsuchen. Sobald jeder seinen Posten eingenommen hat, so stecken sie das Gras, das um diese Zeit aus gewöhnlich welk und trocken ist, in Brand, und treiben darauf die Büffel, die sich sehr vor dem Feuer fürchten, in einen engen Raum zusammen, wo ihnen nicht leicht einer entwischt.

Elendsthiere, Rehe und Rennthiere jagen sie auf verschiedne Art. Zuweilen suchen sie sie in den Wäldern auf, in welche sie während der rauhen Witterung ihre Zuflucht nehmen, und wo sie leicht hinter den Bäumen geschossen werden können. In den nordlichen Gegenden machen sie sich der Witterung auf eine andre Art zu Nutze, um Elendsthiere zu fangen. Wenn die Sonne eben stark genug wird, um den Schnee zu schmelzen, auf dem sich aber durch den Nachtfrost eine Art Rinde setzt, so bricht dies schwere Thier mit seinem gespaltenen Hufe leicht durch, und kann sich nicht ohne viele Mühe wieder losmachen, und daher wird es von den Indiern leicht eingeholt und erlegt.

Einige Völkerschaften jagen diese Thiere auf eine viel leichtere und weniger gefährliche Art. Die jagende Parthey theilt sich in zwey Truppen, und wählt sich eine Stelle nahe beym Ufer irgend eines Flusses; ein Trupp setzt sich in Kanoe, indem der andre einen halben Kreis auf dem Lande macht, dessen Arme sich bis ans Wasser erstrecken. Hierauf lassen sie ihre Hunde los, die alles Wild, das sich innerhalb des Kreises befindet, aufjagen, und in den Fluß treiben, wo der größte Theil davon leicht von denen in den Kanoen befindlichen Indiern geschossen wird.

Sowohl Elendsthiere als Büffel werden ungemein wüthend, so bald sie verwundet werden, und wenden sich kühn gegen ihre Verfolger, und treten sie unter die Füße, wenn der Jäger sie nicht vorher tödten, oder sich auf einem Baume in Sicherheit setzen kann. Auf diese Art können sie ihnen leicht ausweichen, und sie so verwunden, daß sie von selbst aufhören, sie zu verfolgen.

Die

Die einträglichste unter allen Jagden, vorzüglich in den nordlichern Gegenden, ist unstreitig die Bieberjagd, auf welche sie sich daher auch besonders legen. Die Jahrszeit dazu währt den ganzen Winter, vom November bis zum April, weil eben alsdann ihr Fell seine größte Vollkommenheit erreicht. Die Beschreibung von diesen ausserordentlichen Thieren, die Bauart ihrer Hütten, und die ganze Verfassung ihrer Gesellschaft werde ich weiter unten liefern.

Die Jäger bedienen sich verschiedner Mittel, sie zu fangen, doch gewöhnlich fangen sie sie in Schlingen, hauen das Eis auf, oder graben ihre Dämme durch.

Da die Bieber ein ungemein scharfes Gesicht und ein sehr feines Gehör haben, so muß man sich ihrem Aufenthalte mit großer Vorsicht nähern. Sie gehn selten weit vom Wasser weg, und bauen ihre Häuser immer dicht an einen großen Fluß oder See, und können daher leicht sich ins tiefste Wasser begeben, wo sie gleich bis auf den Grund untertauchen. Sie schlagen dabey mit ihrem Schwanze stark auf das Wasser, und geben dadurch ihrer ganzen Gemeinde ein Warnungszeichen.

Mit Fallen werden sie auf folgende Art gefangen. Es ist zwar bekannt, daß die Bieber gewöhnlich

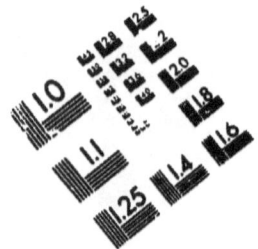 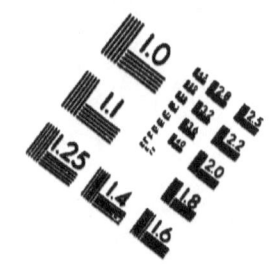

**IMAGE EVALUATION
TEST TARGET (MT-3)**

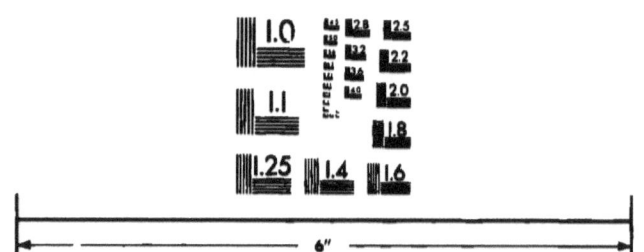

6"

Photographic
Sciences
Corporation

23 WEST MAIN STREET
WEBSTER, N.Y. 14580
(716) 872-4503

lich einen hinreichenden Vorrath für den Winter
zusammen tragen, aber demungeachtet streifen sie
von Zeit zu Zeit in die benachbarten Länder, um
frische Lebensmittel zu hohlen. Wenn nun die Jäger ihren Aufenthalt entdeckt haben, so stellen sie
ihnen eine Falle in den Weg, unter welche sie kleine
Stücke Rinde oder junge Sprößlinge legen, und
sobald der Bieber diese berührt, so fällt ein schwerer Klotz auf ihn herunter und zerbricht ihm den
Rücken, wodurch er seinen Verfolgern leicht zur
Beute wird.

Sonst hauen sie auch, wenn das Eis auf Flüssen
und Seen sehr dick ist, eine Oefnung darinn, daß
sich die Bieber, wenn man sie in ihren Häusern
stört, gern nähern, um frische Luft zu schöpfen. Ihr
Athem macht eine ziemliche Bewegung im Waßer,
und die Jäger können ihre Annäherung daher leicht
bemerken, und sich fertig machen, sie auf den Kopf
zu schlagen, sobald sie sich nur über dem Waßer
sehn laßen.

Wenn die Bieber ihre Häuser an Bächen haben,
so sind sie noch leichter zu fangen. Die Jäger
hauen nämlich ein Loch ins Eis, ziehn ein Netz
darunter her, und zerstören die Häuser der Bieber,
die immer das tiefste Waßer suchen, und sich daher
häufig in diese Netze verwickeln. Allein man muß
sie

sie nicht lange ruhig darinn lassen, weil sie sich sonst leicht mit ihren scharfen und starken Zähnen daraus würden los machen können.

Die Indier verhindern ihre Hunde sorgfältig, die Knochen von Biebern zu benagen, weil sie theils so hart sind, daß die Hunde leicht ihre Zähne daran verderben könnten, und weil sie befürchten, die Geister der Bieber durch diese Nachsicht so aufzubringen, daß sie ihnen die künftige Jagdzeit völlig verderben würden.

Für die Felle dieser Thiere tauschen die Jäger von den Europäern ihre nothwendigen Waaren ein, weil sie von diesen höher geschätzt werden, als alles übrige Rauchwerk, und daher wird der Bieberfang auch von den Indiern mit dem größten Eifer betrieben.

Wenn die Indier Büffel, Elendthiere, Rehe u. dgl. m. fangen, so wird das Fleisch davon größtentheils unter den Stamm, wozu sie gehören, ausgetheilt. Aber zum Bieberfange vereinigen sich gewöhnlich nur etliche Familien, und theilen die Beute unter sich. Ueberhaupt sehn sie im ersten Falle bey der Theilung auch immer etwas auf ihre Familie; doch hört man nie, daß irgend Neid oder Zänkereyen darüber entstünden.

Bey den Nadowessiern ist es ein Gewohnheitsgesetz, daß wenn jemand ein Stück Wild anschießt, welches aber noch eine Strecke fortlaufen kann, ehe es hinfällt, er es einem andern, selbst von einem andern Stamme, überlassen muß, wenn dieser nahe genug ist, ein Messer darinn zu stoßen, ehe jener herbey kommt. So widerrechtlich und gewaltsam auch dies Gesetz zu seyn scheint, so lassen sie es sich doch willig gefallen. Die Indier, welche an den hintern Kolonien wohnen, haben dagegen die Gewohnheit, daß der, welcher ein Stück Wild zuerst anschießt, auch den besten Theil davon erhält.

Neuntes Kapittel.
Von der Art der Indier, Krieg zu führen.

Die Indier fangen an Waffen zu tragen, wenn sie funfzehn Jahre alt sind, und sind dazu bis zu ihrem sechzigsten Jahre verpflichtet. Bey einigen südlichern Völkerschaften hören sie schon mit dem funfzigsten Jahre auf, in den Krieg zu ziehn.

Bey jeder Völkerschaft und bey jedem Stamme giebt es einen Haufen auserlesener Leute, die vorzugsweise Krieger genannt werden, und die schwer,

so

so wie es die Umstände erfordern, zum Angriffe oder zur Vertheidigung bereit seyn müssen. Sie sind alle gut auf die Art bewafnet, welche die Lage ihres Landes mit sich bringt. Die Indier, welche mit den Europäern umgehn, haben Messer, Aexte und Flinten; diejenigen hingegen, welche westwärts vom Mississippi wohnen, und sich diese Waffen nicht anschaffen können, führen Bogen und Pfeile und Streitkolben, oder Casse têtes.

Die Indier, die noch weiter westwärts in einer Gegend wohnen, welche sich bis an die Südsee erstreckt, bedienen sich einer sehr seltsamen Art Waffen. Da sie Pferde im Ueberflusse haben, so greifen sie ihre Feinde auch immer zu Pferde an, und beladen sich mit keinem andern Gewehre, als einem mittelmäßig großem Steine, den sie an eine ungefähr fünf Fuß lange Schnur binden, welche an ihrem rechten Arme etwas über den Ellbogen befestigt ist. Diese Steine halten sie ganz bequem in der Hand, bis sie ihrem Feinde nahe kommen, und wissen sie im vollen Rennen so geschickt zu werfen, daß sie ihn selten verfehlen. Das Land, welches diesen Stämmen gehört, besteht aus weitläuftigen Ebenen, und daher kommen ihre Feinde selten daraus zurück, weil sie diese mit ihren schnelllaufenden Pferden leicht einhohlen können.

Die

Die Nadoweſſier, die mit dieſem Volke Krieg geführt hatten, erzählten mir, daß ſie ſich bloß durch Moräſte und Gebüſche hätten ſichern können. Sie griffen ſie daher auch immer an Plätzen an, die für Kavallerie unwegſam waren, weil ſie alsdann über ihre Feinde, denen ihre Waffen völlig unnütz wurden, großen Vortheil erlangten.

Einige Völkerſchaften bedienen ſich eines Wurfſpießes, an deſſen Ende ein ſpitziger Knochen befeſtigt iſt; doch beſtehn die Waffen der meiſten Indier in Bogen und Pfeilen, und der kurzen Streitkolbe, die aus einem ſehr harten Holze gemacht wird. Der Kopf daran hat die Geſtalt einer Kugel von ungefähr viertehalb Zoll im Durchmeſſer, und an dieſer Kugel iſt eine Schneide wie bey der Streitaxt befeſtigt, welche aus Stahl oder Kieſelſtein gemacht iſt.

Die Nadoweſſier führen einen Dolch, der von einer ſehr alten Erfindung zu ſeyn ſcheint; doch konnten ſie nicht angeben, wie lange er ſchon bey ihnen gebräuchlich geweſen wäre. Er ward ſonſt aus Knochen oder Kieſelſteinen gemacht; allein ſeitdem ſie mit europäiſchen Kaufleuten handeln, ſo verfertigen ſie ihn aus Stahl. Er iſt ungefähr zehn Zoll lang, und nahe bey dem Griffe ungefähr drey Zoll breit. Seine Ecken ſind ſehr ſcharf, und

gehn

gehn allmählig in eine Spitze über. Sie tragen ihn in einer Scheide von Rehfellen, die mit Stacheln vom Stachelschweine verziert ist, und haben ihn gewöhnlich an einer auf die nähmliche Art gezierten Schnur hangen, die nur bis auf die Brust herunter geht. Doch wird dieser sonderbare Dolch blos von einigen von den vornehmsten Anführern, und eben so sehr zum Unterscheidungszeichen als zum würklichen Gebrauche getragen.

Ich sah bey den Nadowessiern einige Schilde oder Tartschen von rohen Büffelhäuten, welche die nähmliche Form hatten, als die Schilde der Alten. Allein da es ihrer nur wenige gab, und sie mir auch nicht sagen konnten, wer sie zuerst bey ihnen eingeführt hatte, so schließe ich, daß sie viele Geschlechter hindurch vom Vater auf den Sohn waren vererb: worden.

Die Ursachen, welche die Indier bewegen mit ihren Nachbarn Krieg zu führen, sind von der nähmlichen Beschaffenheit, als die, welche europäische Völker anzuführen pflegen, doch sind jener ihre größtentheils vernünftiger und gerechter.

Eroberungssucht verleitet sie selten, das Gebiet ihrer Nachbarn anzugreifen und zu verheeren. Ihre häufigen und blutigen Fehden rühren gewöhnlich davon her, daß ein jeder seine Jagdgerechtigkeit inner-

Carvers Reisen. R halb

halb gewisser Grenzen behaupten, oder das Land, das er einmal durch den langen Besitz als sein Eigenthum ansieht, gegen alle Eingriffe sichern will. Sie haben zwar kein besondres Eigenthum, aber dem ungeachtet kennt selbst der unwissendste unter ihnen die Rechte seines Volkes auf die Grundstücke, welche es besitzt, und ist immer bereit, sich allen Verletzungen dieser Rechte zu widersetzen.

Man glaubt zwar durchgehends, daß sich die Grenzen ihrer Länder, eben weil sie so weitläuftig sind, nicht gut bestimmen lassen, aber ich bin dennoch überzeugt, daß jede Völkerschaft in den innern Gegenden von Nordamerika sie auf ihren rauhen Karten genau bezeichnet hat. Ich habe schon oben angeführt, daß ich meine Karten nach den ihrigen einrichtete, und daß ich durch die genauesten Untersuchungen und Beobachtungen nur wenig Fälle ausfündig machen konnte, in welchen sie fehlerhaft waren.

Doch ist ihr Vortheil nicht der wichtigste Bewegungsgrund zum Kriege gegen einander. Die Begierde zur Rache, die Hauptleidenschaft dieser Völker, ist die gewöhnlichste Ursache. Sie fühlen jede Beleidigung aufs empfindlichste, und suchen auf alle mögliche Art sie zu rächen. Hierzu kömmt noch der Trieb, sich durch tapfere Thaten hervor

zu

zu thun, von welchem jeder Indier, wenn er sich dem männlichen Alter nahet, beseelt wird. Sie lernen von ihrer frühen Jugend an, daß der Krieg ihre vornehmste Beschäftigung seyn wird, daß man nach nichts mehr trachten müsse, als den Ruhm eines großen Kriegers zu erlangen, und daß es kein größeres Verdienst gebe, als eine Menge Feinde zu erschlagen, oder gefangen zu nehmen. Es ist deswegen gar kein Wunder, daß die jungen Indier beständig rastlos und misvergnügt sind, wenn ihr Feuer unterdrückt wird, und sie gezwungen werden, unthätig zu bleiben. Dieser ihnen eingeflößte Haß und ihre Rachbegierde sind daher immer hinreichend, sie zu Feindseligkeiten gegen ihre Nachbarn zu bewegen.

Wenn ihre Anführer einen Krieg für nöthig halten, so brauchen sie nur diese beyden Federn anzuspannen, um ihre Krieger zu den Waffen zu reizen. Sie bedienen sich dazu ausserdem noch ihrer kriegerischen Beredtsamkeit, die nie ihrer Würkung verfehlt. "Die Knochen eurer gebliebenen Landsleute "liegen unbedeckt; sie fordern uns auf, ihr Unrecht "zu rächen, und es ist unsre Pflicht, ihnen zu ge= "horchen. Ihre Geister schreyen gegen uns, und "wir müssen sie besänftigen. Höhere Geister, die "Wächter unsrer Ehre, flößen uns den Entschluß

"ein, die Mörder unsrer Brüder aufzusuchen. Laßt
"uns gehn und sie verschlingen, durch welche sie
"fielen. Sitzt daher nicht länger unthätig, folgt
"dem Triebe eurer angebohrnen Tapferkeit, salbt
"euer Haar, bemahlt euer Antlitz, füllt eure Kö-
"cher, laßt die Wälder von eurem Gesange wieder-
"hallen, tröstet die Geister der Getödteten, und
"gelobt ihnen Rache."

Begeistert von solchen Aufforderungen ergreifen sie wüthend ihre Waffen, stimmen ihr Kriegslied an, und brennen vor Ungedult, ihre Hände in dem Blute ihrer Feinde zu waschen.

Zuweilen versammeln einzelne Anführer kleine Hau... und unternehmen Streiferenen gegen ihre offenbaren Feinde, oder andre, die sie beleidigt haben. Ein Krieger allein ist sogar im Stande, wenn ihn Rache, oder die Begierde, seine Tapferkeit zu zeigen, antreibt, etliche hundert Meilen weit zu gehn, um zerstreute Feinde zu überfallen und zu ermorden.

Doch werden diese unregelmäßigen Streiferenen nicht immer von den ältern Anführern gebilligt, ungeachtet sie gezwungen sind, dabey durch die Finger zu sehn, wie das in der oben erwähnten Fehde zwischen den Nadowessiern und Tschipiwäern der Fall war.

So

So bald ein Krieg das ganze Volk betrifft, und mit allgemeiner Einwilligung beschlossen wird, so sind ihre Berathschlagungen darüber sehr umständlich und langsam. Die Aeltesten versammlen sich im Rathe, wobey alle Hauptkrieger und jungen Leute zugelassen werden. Hier erklären sie ihre Meynung in förmlichen Reden, und überlegen die Beschaffenheit des Unternehmens, worauf sie ausgehn wollen, reiflich, und stellen mit vieler Klugheit alle Vortheile und Nachtheile, die daraus erwachsen können, gegen einander.

Ihre Priester, und sogar die klügsten Frauenspersonen werden dabey um Rath gefragt. Wenn sie sich zum Kriege entschließen, so machen sie die Zubereitungen dazu mit vielen Feyerlichkeiten.

Der Hauptkrieger eines Volkes führt nicht immer die Partheyen selbst an, sondern überträgt das Kommando oft an einen Krieger, von dessen Tapferkeit und Vorsicht er eine gute Meynung hat. Dieser Anführer nun wird ganz schwarz bestrichen, und muß etliche Tage fasten, wobey er den großen Geist um seinen Beystand anfleht, oder den Zorn der bösen Geister abzuwenden sucht. So lange, als das Fasten dauret, darf er mit keinem von seinem Stamme sprechen.

Zugleich giebt er sehr genau auf seine Träume Acht, weil davon der günstige Erfolg größentheils abhängen soll. Diese Träume sind natürlicherweise immer vortheilhaft, weil ein jeder Indier sich bloß mit dem stolzen Gedanken beschäftigt, daß der Sieg auf allen Schritten vor ihm hergehn werde.

Sobald das Fasten, das seine bestimmte Zeit hat, vorüber ist, so versammlet der Anführer seine Krieger, und redet sie mit einem Gürtel von Wampum in der Hand auf folgende Art an:

"Brüder, ich spreche jetzt auf Eingebung des "großen Geistes mit euch; durch ihn werde ich "mein Vorhaben, das ich euch jetzt entdecken will, "ausführen können. Das Blut unsrer gefallenen "Brüder ist noch nicht völlig vertrocknet; ihre Kör"per liegen noch unbedeckt, und mir liegt es jetzt "ob, ihnen diese Pflicht zu erzeigen."

Hierauf macht er ihnen die Bewegungsgründe bekannt, die sie nöthigen, die Waffen gegen ein gewisses Volk zu ergreifen, und beschließt seine Rede: "Ich bin daher entschlossen, über den Kriegesweg "zu gehn, und sie zu überfallen. Wir wollen ihr "Fleisch essen, und ihr Blut trinken; wir wollen "Häute von Erschlagenen, und Gefangne mit "bringen, und sollten wir bey diesem glücklichen "Unternehmen umkommen, so werden wir nicht

"immer

"immer im Staube verborgen liegen, sondern dieser "Gürtel soll die Belohnung dessen seyn, der die "Todten begraben wird." Er legt alsdann den Gürtel auf die Erde, und der Krieger, der ihn aufnimmt, erklärt sich zu seinem Gehülfen, und wird als der zweyte Anführer angesehn. Doch darf ihn bloß ein angesehener Krieger aufnehmen, der sich durch die Menge erlegter Feinde ein Recht zu dieser Stelle erworben hat.

Die Indier sagen zwar, sie wollen das Fleisch ihrer Feinde essen, und ihr Blut trinken; allein diese Drohung ist weiter nichts, als ein figürlicher Ausdruck. Doch fressen sie zuweilen das Herz ihres erlegten Feindes, und trinken sein Blut, aber bloß um groß zu thun, oder ihre Rache auf eine auffallendere Art zu befriedigen.

Wenn diese Feyerlichkeit vorbey ist, so wird dem Anführer seine schwarze Farbe abgewaschen, und man besalbt ihn mit Bärenfett und bemahlt ihn roth mit solchen Figuren, als nach ihrer Meynung den Feinden das meiste Schrecken einflößen müssen. So bald dies geschehn ist, so besingt er in einem Kriegsliede seine Heldenthaten, und betet darauf nebst allen seinen Kriegern zum großen Geiste mit auf die Sonne gerichteten Augen.

Auf diese Feyerlichkeit folgen die oben beschriebenen Tänze, und den Beschluß macht ein Gastmahl, das gewöhnlich aus Hundefleisch besteht.

Dies Gastmahl wird in dem Zelte des Hauptkriegers gegeben, von dem sich alle, die ihn auf dem Zuge begleiten wollen, ihre Schüsseln füllen lassen. Ungeachtet seines Fastens bleibt er so lange, als das Fest währt, ruhig mit der Pfeiffe im Munde sitzen, und erzählt die tapfern Thaten seiner Familie.

Da die Hofnung, ihre Wunden, die sie empfangen könnten, gehörig behandelt zu sehn, immer etwas zur Vermehrung ihres Muthes beytragen muß, so verfertigen die Priester, die zugleich ihre Aerzte sind, allerhand heilende Arzeneyen. Sie sammlen dazu mit vielen Ceremonien eine Menge Wurzeln und Kräuter, und behaupten, daß sie solche würksam machen können.

So viel ist bey allen ihren abergläubischen Gebräuchen gewiß, daß sie die medicinischen Eigenschaften von vielen Kräutern kennen, und sich ihrer sehr geschickt zu bedienen wissen.

Die ganze Zeit, von der Kriegserklärung an, bis zum Abmarsche der Krieger, werden die Nächte mit Lustbarkeiten, und die Tage mit nothwendigen Zurüstungen zugebracht.

Wenn

Wenn das kriegführende Volk es für nöthig hält, einen benachbarten Stamm um Hülfe anzusuchen, so wählt es einen von seinen Anführern, der die Sprache des andern Volks gut verstehe, und der überhaupt auch sonst ein guter Redner ist, und schickt durch ihn einen Gürtel Wampum, worauf die Absicht der Gesandschaft durch Figuren ausgedruckt ist, die ein jedes Volk sehr gut versteht: Ausser diesem Gürtel führt er noch eine roth bemahlte Axt bey sich.

So bald er das Lager oder Dorf, wohin er geschickt wird, erreicht, so giebt er dem Anführer des Stammes Nachricht von dem Zweck seiner Gesandtschaft, und dieser beruft gleich einen Rath zusammen, vor welchem der Gesandte erscheinen muß. Hier legt er die Axt auf den Boden, und erklärt mit dem Gürtel in der Hand umständlicher die Veranlassung seiner Gesandschaft. Er bittet sie in seiner Rede, die Axt aufzunehmen, und so bald er aufhört, so überliefert er den Gürtel.

Wenn die Versammlung geneigt ist, der andern Nation beyzustehn, so tritt einer von den Anführern hervor, und nimmt die Axt auf, und alsdann nehmen sie sich ihrer Bundsgenossen mit vielem Eifer an. Wird aber weder Axt noch Gürtel angenommen, so schließt der Abgesandte, daß das Volk,

deſſen Beyſtand er verlangte, ſich ſchon mit den
Feinden ſeiner Nation in ein Bündniß eingelaſſen
habe, und fahrt eiligſt zurück, um ſeinen Landsleuten von ſeinem üblen Erfolge Nachricht zu geben.

Die Kriegserklärung der Indier beſteht darinn,
daß ſie dem Volke, welches ſie bekriegen wollen,
eine am Stiel roth bemahlte Axt durch einen Sklaven überſchicken. So gefährlich dieſer Auftrag
wegen der erſten Wuth der beleidigten Nation auch
für den Boten iſt, ſo richtet er ihn doch immer ge-
treulich aus.

Oft erregt dies Herausforderungszeichen eine
ſolche Wuth bey dem Volke, daß ſich ſo gleich ein
kleiner Trupp auf dem Weg macht, ohne die Erlaubniß der ältern Oberhäupter abzuwarten, um
den erſten von der angreifenden Nation, der ihnen
aufſtößt, umzubringen. Treffen ſie einen an, ſo
hauen ſie ihm den Leib auf, und ſtecken eben ſo eine
Axt, als ihnen überſchickt ward, ins Herz ihres er-
ſchlagenen Feindes. Bey den entferntern Stämmen geſchieht dies mit einem Spieße oder Pfeile,
deſſen Ende roth gemahlt iſt. Um ihre Feinde noch
mehr zu erbittern, ſo verſtümmeln ſie den Körper,
und zeigen dadurch, daß ſie ſie nicht Männern,
ſondern alten Weibern gleich ſchätzen.

Die

Die Indier ziehn selten in großen Haufen zu Felde, da sie mehr Mühe auf ihren Unterhalt auf ihren langen Märschen, durch fürchterliche Wälder oder über Moräste und Seen wurden wenden müssen, als sie sich gern geben.

Ihr Heer führt nie Gepäck oder Kriegsvorrath mit sich. Ein jeder Krieger hat ausser seinen Waffen blos eine Matte, und lebt ausserhalb den Grenzen seiner Feinde, von dem Wilde, das er erlegt, oder von den Fischen, die er fängt.

Wenn sie durch eine Gegend kommen, wo sie nicht befürchten dürfen, Feinde anzutreffen, so sind sie nicht sehr auf ihrer Hut. Zuweilen bleiben kaum zwölf Krieger zusammen, die übrigen gehn auf die Jagd. Aber wenn sie auch noch so weit vom Kriegswege abgehn, so sind sie doch sicher, sich zur bestimmten Zeit wieder auf dem Sammelplatze einzufinden.

Sie schlagen ihre Zelte immer lange vor Sonnenuntergange auf, und da sie überhaupt eine sehr hohe Meinung von sich haben, so geben sie sich wenig Mühe, sich gegen einen Ueberfall in Sicherheit zu stellen. Sie verlassen sich sehr auf ihre Manitus oder Hausgötter, die sie immer mit sich führen, und da sie überzeugt zu seyn glauben, daß sie Schild-

wachen-

wachenstelle vertreten, so schlafen sie ruhig unter ihrem Schuhe ein.

Diese Manitus, wie sie bey einigen Völkern heissen, welche die Nabowessier oder Wakon, das heißt Geister nennen, sind nichts weiter, als die schon beschriebenen Otter- und Marderfelle, für die sie eine sehr große Hochachtung haben.

So bald sie sich in des Feindes Lande befinden, sind sie äusserst vorsichtig und behutsam. Sie zünden weiter kein Feuer an, man hört kein Geschrey von ihnen, und sie gehn nicht mehr auf die Jagd. Sie dürfen so gar nicht einmal mit einander sprechen, sondern müssen sich ihre Gedanken durch Zeichen und Gebärden mittheilen.

Sie verlassen sich ganz auf Kriegslisten und heimliche Nachstellungen. So bald sie ihre Feinde entdecken, so schicken sie etliche Kundschafter aus, um ihren Zustand zu erfahren, und so wie diese zurück kommen, so wird ein Rath über die mitgebrachten Nachrichten gehalten, wobey sie aber äusserst leise mit einander sprechen.

Ihre Angriffe thun sie gewöhnlich grade vor Tagesanbruch, weil sie alsdann ihre Feinde im tiefsten Schlafe zu finden glauben. Die ganze vorhergehende Nacht liegen sie platt auf der Erde, ohne sich zu rühren, und nähern sich kriechend auf Hüften

ben

ben und Füssen, bis sie auf einen Bogenschuß an ihre Feinde gekommen. Und jetzt springen alle auf ein vom Hauptkrieger gegebenes Zeichen auf, schiessen ihre Bogen ab, und stürzen, ohne ihren Gegnern Zeit zu lassen, sich von ihrer Verwirrung zu erhohlen, mit ihren Aexten und Streitkolben über sie her.

Die Indier glauben, daß sie wenig Ehre davon haben, ihre Feinde offenbar anzugreifen. Sie suchen ihren Ruhm blos im Ueberfallen und Morden. Selten greifen sie an, ohne offenbaren Vortheil zu haben. Wenn sie ihren Feind auf der Hut, zu gut bedeckt, oder zu zahlreich finden, so ziehn sie sich zurück, wenn es ihnen möglich ist. Die vorzüglichste Eigenschaft eines Hauptkriegers besteht darin, daß er versteht einen Angriff zu ordnen, und viele Feinde mit geringem Verluste zu eriegen.

Zuweilen ziehn sie sich hinter Bäume, Hügel oder Felsen, und ziehn sich nach etlichen Schüssen unentdeckt zurück. Europäer, die diese Art zu fechten nicht kannten, fühlten zu oft die schrecklichen Würkungen davon.

General Braddock gehörte zu der Zahl dieser Unglücklichen. Er rückte im Jahr 1755 zum Angriffe von Fort du Quesne vor, und ward von einer Parthey verbundener Indier, die für die Franzosen
foch-

fochten, angegriffen, und verlohr den größten Theil seines Heeres, welches aus dreytausend tapfern Leuten bestand. Die Indier hatten eine so verdeckte Stellung genommen, daß die Engländer kaum wußten, woher und von wem sie so viel litten. So lange das Gefecht daurete, ließ sich kein Indier erblicken, und die Engländer waren genöthigt sich zurück zu ziehn, ohne sich auch nur im geringsten für ihre Niederlage rächen zu können. Der General selbst bezahlte seine Verwegenheit mit seinem Leben, und mit ihm fiel eine Menge braver Leute, da seine unsichtbaren Feinde hingegen blos etliche Verwundete hatten.

Wenn die Indier ihren Ueberfall glücklich ausführen, so läßt sich die fürchterliche Scene ihrer Wuth nicht beschreiben. Die Grausamkeit der Sieger, die Verzweiflung der Besiegten, die sehr gut wissen, was ihnen für ein Schicksal bevorsteht, wenn sie gefangen werden, macht, daß beyde ihre äussersten Kräfte anstrengen. Der Anblick der Streitenden, die alle roth und schwarz bemahlt und mit dem Blute der Erschlagenen bedeckt sind, das fürchterliche Geheul, und ihre grenzenlose Wuth übersteigen alle Begriffe eines Europäers.

Ich bin oft ein Zuschauer davon gewesen, und nahm einmahl auf eine sehr nachdrückliche Art Theil
daran,

daran, und was den Auftritt noch schrecklicher
machte, war mein völliges Unvermögen, Widerstand zu leisten. Mir schwebt noch jeder Umstand
davon im Gedächtnisse, und setzt mich in den Stand,
die viehische Wuth der Indier in ein desto helleres
Licht zu setzen.

General Webb, der 1757 die englische Armee
in Nordamerika befehligte, hatte eben bey Fort
Edward sein Lager, als er die Nachricht erhielt,
daß die französischen Truppen unter General Montcalm gegen Fort William Henry anrückten.
Er schickte daher gleich ein Chor von funfzehn hundert Mann, die theils aus Engländern, theils aus
Provinzialen bestanden, zur Verstärkung der Besatzung ab. Ich befand mich mit bey diesen Truppen als Freywilliger unter den Provinzialen.

Die Vorsorge des englischen Befehlshaber war
nicht vergeblich; denn den Tag nach unsrer Ankunft sahn wir den Georgensee, (ehemals der Sa-
kramentsee genannt) an welchem das Fort liegt,
mit einer unzähligen Menge Boote bedeckt, und
wenige Stunden nachher wurden unsre Linien von
den Feinden angegriffen, die aus eilftausend Franzosen und Kanadiern, und zweytausend Indiern
bestanden. Der tapfre Oberst Monro war Befehlshaber des Forts, und seine Besatzung bestand,

unser

unser Chor mit einbegriffen, aus zweytausend dreyhundert Mann.

Er vertheidigte sich ungemein hartnäckig, und
würde vielleicht das Fort erhalten haben, wenn er
wäre gehörig unterstützt worden, oder nur sein äus-
serstes hätte thun dürfen. Auf jede Aufforderung
des französischen Generals, der ihm die besten Bedingungen anbot, war seine Antwort, er sähe sich
noch im Stande, allen Angriffen der Belagerer zu
widerstehn, und wenn er sich auch dazu zu
schwach fühlte, so könnte er jeden Augenblick von
der Armee Verstärkuug erhalten.

Allein General Webb, dem der Oberste seinen
Zustand hatte wissen, und ihn um Hülfe ersuchen
lassen, schickte einen Boten mit einem Briefe,
worinn er ihm schrieb, er könnte ihm nicht zu Hülfe
kommen, und er mögte daher das Fort auf die besten Bedingungen, die er erhalten könnte, übergeben. Dieser Brief gerieth dem französischen General in die Hände, der den Kommendanten gleich
um Erlaubniß ersuchen ließ, mit ihm sprechen zu
dürfen. Sie kamen unter Bedeckung einer kleinen
Wache mitten zwischen den Linien zusammen, und
General Montcalm erklärte, er wäre in Person gekommen, um die Uebergabe des Forts zu verlangen, da es dem Könige, seinem Herrn, gehörte.

Der

Der Oberste antwortete, er wüßte nicht, wie das seyn könnte, und er wäre daher entschlossen, es aufs äusserste zu vertheidigen.

Der französische General gab ihm darauf den Brief und sagte, "hier ist meine Vollmacht, das Fort im Besitz zu nehmen". Der Oberste sah jezt nur zu gut, daß der Befehl von seinem Obern kam, und ließ sich, zwar sehr wider seinen Willen, in eine Unterhandlung ein.

Der Besatzung ward, ihrer bewiesenen Tapferkeit wegen, erlaubt, mit allen Ehrenzeichen abzuziehn, es wurden ihr bedeckte Wagen zur Abführung ihres Gepäckes nach Fort Edward, und eine Wache versprochen, um sie gegen die Wuth der Wilden in Sicherheit zu setzen.

Den Morgen nach der Kapitulation ward die ganze Besatzung, die jetzt aus ungefähr zwey tausend Mann, ohne Weiber und Kinder, bestand, innerhalb der Linien formirt, und war eben im Begriff abzumarschiren, als sich eine große Menge Indier um sie her versammlete, und zu plündern anfieng. Wir hoften anfänglich, daß sie sich hiemit würden begnügen lassen, und thaten ihnen daher gar keinen Widerstand, wozu wir auch ohnehin nicht im Stande waren. Wir hatten zwar die Erlaubniß, unsre Waffen mitzunehmen, aber man ließ uns keine einzige Patrone. Doch es blieb nicht beym plündern, denn gleich daraufffielen einige die Kranken und Verwundeten an, und alle, die nicht mehr vermögend waren, in die Glieder zu kriechen, wurden alles ihres Schreiens und Jammerns ungeachtet, bald hingerichtet.

Nun glaubten wir doch wenigstens, daß alle Gefahr vorüber seyn würde, und unsre kleine Armee fieng an, vorzurücken, allein wir sahen bald, daß der Vortrab zurück getrieben ward, und daß wir ganz von den Wilden umringt waren. Noch erwarteten wir jeden Augenblick, daß die Wache, welche die Franzosen uns bey der Uebergabe versprochen hatten, ankommen würde, aber sie erschien nicht, und jetzt fiengen die Indier an, uns allen die Waffen und Kleider abzureissen, und liessen den, der sich irgend widersetzte, die Schwere ihrer Aexte fühlen.

Ich befand mich im Nachtrabe, aber dennoch nahm ich bald an dem Schicksale meiner Gefährten Theil. Etliche Wilde packten mich, und rissen mir meine Kleidungsstücke, meine Schnällen und mein Geld weg. Dies geschah nahe bey dem Wege von den Linien auf die Ebene, auf welchem eine französische Schildwache stand, zu welcher ich lief, um Schutz zu suchen; allein ich hieß ein englischer

sischer Hund, und ward mit Gewalt wieder mitten unter die Indier gestoßen.

Ich suchte jetzt einen Haufen unsrer Truppen, der in einiger Entfernung sich versammlet hatte, zu erreichen, aber es geschahen von allen Seiten so viel Schläge nach mir, daß ich nicht mit dem Leben würde davon gekommen seyn, wenn die Wilden nicht so dicht bey einander gestanden hätten, daß sie befürchten mußten, sich einander selbst zu treffen. Doch stieß mir einer mit einem Spieße an der Seite her, und von einem andern erhielt ich auch eine Spießwunde am Knöchel. Endlich erreichte ich den Fleck, wo meine Landsleute standen, und drängte mich mitten unter sie. Doch ehe ich mich aus den Händen der Indier losmachte, war mein Hemb so zerrissen, daß nichts als der Kragen und vorn die Aermel davon übrig waren, und überall hatte ich Spuren von den wilden Griffen der Indier.

Jezt erhoben die Indier ihr Kriegsgeschrey, und fengen an, alle die ihnen nahe waren, ohne Unterschied zu ermorden. Es ist mir unmöglich, diesen fürchterlichen Auftritt nur einigermaßen zu beschreiben. Männer, Weiber und Kinder wurden auf die schändlichste Art hingerichtet, und gleich geschunden. Viele von den Wilden tranken das

S 2 Blut

Blut ihrer Schlachtopfer, so wie es noch ganz warm aus den Wunden hervorquoll.

Wir sahn nun leider zu spät, daß wir von den Franzosen keine Hülfe erwarten durften, und daß sie gegen ihr Versprechen uns der Wuth der Indier bloß stellten; denn ich konnte die französischen Offiziere deutlich in einiger Entfernung herumspazieren, und ganz gleichgültig mit einander reden sehn. Ich hoffe zwar zur Ehre der menschlichen Natur, daß diese schändliche Verletzung der heiligsten Gesetze mehr durch die Grausamkeit der Indier, die wirklich zuweilen sich nicht bändigen läßt, als von dem französischen Befehlshaber veranlaßt wurde; allein man sollte doch fast glauben, daß zehntausend christliche Truppen dem Morden von zweytausend Indiern hätten Einhalt thun können.

Der Kreis, in dem ich mich befand, hatte schon sehr abgenommen, und das Blutvergießen erstreckte sich immer weiter; es schlugen daher einige von den entschlossensten vor, alle unsre Kräfte anzustrengen, um durch die Wilden durchzubrechen, da dies das einzige wahrscheinliche Mittel war, unser Leben zu retten. So verzweifelt es auch war, so wagten wir es doch, und es stürzten sich auf einmahl zwanzig von uns unter die Indier. Wir wurden in einem Augenblicke von einander getrennt,

und

und ich erfuhr erst einige Monathe nachher, daß sieben sich davor gerettet hatten. Ich suchte mir auf die beste Art den Weg durch die Indier zu bahnen, und ich habe oft nachher nicht begreifen können, mit wie vieler Vorsicht ich jeden Schritt zu meiner Erhaltung that. Einige stieß ich nieder, da ich noch alle meine Jugendkräfte beysammen hatte, und andern entgieng ich durch meine Geschwindigkeit, bis mich endlich zwey starke Anführer, die, wie ich an ihrer Kleidung sehn konnte, zu den wildesten Stämmen gehörten, bey beyden Armen faßten, und mich durch den Haufen hindurch schleppten.

Ich hielt mich schon für verlohren, da sie mich auf einen Morast zuführten; allein wir waren kaum etliche Schritte weit gegangen, als ein Engländer, vielleicht vom Stande, wie ich aus seinen rothen sammtnen Hosen schließen mußte, die einzige Bedeckung, die er noch hatte, dicht bey uns vorbey stürzte. Einer von den Indiern ließ mich fahren, und suchte seine neue Beute zu haschen. Allein der Engländer, der zu stark für ihn war, warf ihn nieder, und würde vermuthlich entkommen seyn, wenn nicht der andre Indier, der mich hielt, seinem Gefährten zu Hülfe geeilet wäre. Ich nahm diese Gelegenheit wahr, und lief auf einen noch ungetrenntrennten Haufen Engländer zu, den ich in einiger Entfernung vor mir sah. Ich warf noch einen Blick auf den Engländer zurück, dem ich meine Rettung zu danken hatte, und sah, daß der zweyte Indier ihn von hinten mit der Axt nieder hieb, welches mein Schrecken und meine Verzweiflung noch vermehrte.

Kaum kam ich einige Schritte weiter, so kam ein kleiner niedlicher Knabe auf mich zu, und bat mich, ihn anzufassen, damit er den Händen der Wilden desto leichter entgehn möchte; aber er ward bald von mir gerissen, und nach seinem Schreyen zu urtheilen, ermordet. So vielen Schmerz mir auch das Schicksal dieses armen Kindes machte, so war es mir doch nicht möglich, ihm zu helfen.

Ich befand mich jetzt wieder unter Freunden; allein wir waren nicht im Stande, einander beyzustehn. Dies war grade der Trupp, der am weitesten vom Forte vorgerückt war, und daher schöpfte ich einige Hofnung, mich durch die äussern Glieder durchzubrängen, und in einen nahe vor uns liegenden Wald zu entkommen. Ich erreichte auch diesen Wald glücklich; allein ich war so ausser Athem, daß ich mich halb todt unter einen Busch hinwarf. Kaum hatte ich mich wieder etwas erhohlt, so ward

meine

meine Furcht durch etlichen Wilden erneuert, die nicht weit von mir vorbey giengen, wahrscheinlich um mich aufzusuchen. Ich wußte jetzt nicht, ob es sicherer wäre, mich hier zu verbergen, bis die Nacht einbräche, oder tiefer ins Holz zu kriechen; doch erwählte ich das letzte, aus Furcht, die Indier möchten zurück kommen, und eilte in eine andre Gegend des Holzes so schnell, als die Dornsträuche und der Verlust eines meiner Schuhe mir erlauben wollten. Nach etlichen Stunden erreichte ich einen Berg, von dem ich den schrecklichen Schauplatz übersehn, und ganz deutlich wahrnehmen konnte, daß das Blutvergießen noch immer fortwährte.

Doch um meine Leser nicht zu ermüden, will ich bloß hinzusetzen, daß ich, nachdem ich drey Tage gehungert hatte, und drey Nächte dem kalten Thau ausgesetzt gewesen war, endlich Fort Edwards erreichte, wo ich durch gehörige Vorsorge meine vorige Stärke und Munterkeit bald wieder erhielt.

Man rechnete, daß die Wilden an diesem traurigen Tage funfzehnhundert Personen umbrachten, oder gefangen wegschleppten, von welchen letztern viele nie zurück kamen. Nur einige wenige fanden nachher wieder den Weg nach ihrem Vaterlande,

nachdem sie eine lange und traurige Gefangenschaft ausgestanden hatten.

Der brave Oberste Monro war, so wie die Verwirrung angieng, nach dem französischen Lager
geeilt, um die versprochene Wache zu hohlen; allein
da seine Bemühungen vergeblich waren, so blieb
er da zurück, bis General Webb ein Kommando
abschickte, um ihn nach Fort Edward abzuhohlen.
Allein diese unglückliche Begebenheit, die wahrscheinlicherweise sich nicht würde zugetragen haben,
wenn er nach seinem eignen Plane hätte handeln
dürfen, machte ihm so viel Kummer, daß er sie
nicht lange überlebte, und man kann gewiß behaupten, daß sein Vaterland einen tapfern und
würdigen Mann an ihm verlohr.

Ich will zwar nicht behaupten, daß es eine unmittelbare Strafe des Himmels war, daß so wenige von den Wilden, die an dem Blutvergießen
Theil nahmen, nach ihrem Vaterlande zurück
kamen; aber es ist doch merkwürdig, daß die
Blattern, die durch die Europäer unter sie kamen,
die meisten von ihnen wegrafften. Sie trugen durch
ihre Heilmethode sehr viel zur Tödtlichkeit dieser
Krankheit bey, denn selbst während des Entzün-
dungsfiebers badeten sie sich im kalten Wasser, und
brachten sich dadurch bey Hunderten ums Leben.

Auch

Auch General Montcalm blieb bald darauf in dem Treffen vor Quebec.

Ich ward nachher durch viele Beweise überzeugt, daß die meisten Franzosen die Grausamkeit ihres Generals sehr mißbilligten. Ein kanadischer Kaufmann stellte untern andern, als er die Nachricht erhielt, daß Fort William Henry erobert wäre, große Freudensbezeugungen und ein prächtiges Gastmahl an; sobald er aber von dem Blutvergießen hörte, so stellte er sie gleich ein, und bezeigte sich gegen dem General ungemein aufgebracht, weil er durch diese Grausamkeit den Zorn des Himmels über diese Gegenden gebracht hätte, die jetzt gewiß den Engländern zum Raube werden würden. Eine Prophezeyhung, die nur zu richtig eintraf.

Doch es ist Zeit, zur Sache zurück zu kehren. So nachläßig die Indier auch sind, sich gegen einen Ueberfall zu sichern; so geschickt und thätig sind sie, ihre Feinde zu überfallen. Zu ihrer großen Vorsicht und Behutsamkeit kömmt noch das ihnen angebohrne Talent, die Spur derer, die sie verfolgen, ausfündig zu machen. Auf dem weichsten Grase, auf dem härtesten Sande und selbst auf Steinen können sie aus der Bildung der Fußtapfen und der Weite der Schritte bestimmen, ob sie von einer Frau oder einem Manne sind, und selbst zu welcher

282

Völkerschaft diese gehören. So unglaublich dies auch scheinen mag, so habe ich doch selbst so viele Proben davon gesehn, daß ich gar nicht weiter daran zweifeln kann.

So bald sie ihres Sieges gewiß sind, so schaffen sie erst alle aus dem Wege, die sie nicht ohne Mühe fortzubringen glauben, und suchen nachher so viele Gefangne zu machen, als ihnen möglich ist. Allen Todten oder schwer Verwundeten ziehn sie die Haut vom Kopfe, welches sie mit vieler Geschicklichkeit thun. Sie wickeln das Haar ihres Feindes um die linke Hand, setzen ihm einen Fuß auf den Hals, und schneiden die auf diese Art ausgespannte Haut mit ihren Schindemessern, die sie immer dazu gut geschärft halten, in etlichen Schnitten herunter. Ihre Geschicklichkeit ist so groß, daß sie kaum eine Minute zu der ganzen Operation brauchen. Die Häute heben sie, als Beweise ihrer Tapferkeit und Rache gegen ihre Feinde auf.

Wenn zwey Indier zugleich einen Gefangnen anpacken, so entscheiden sie den Streit, der darüber entstehn könnte, bald dadurch, daß sie die Ursache desselben mit ihrer Art oder Streitkolbe aus dem Wege räumen.

So bald sie ihren Zweck erreicht, und so vielen Schaden gestiftet haben, als ihnen möglich war,
so

so ziehn sie sich, aus Furcht, verfolgt zu werden, aufs eilfertigste nach ihrem Lande zurück.

Wird ihnen würklich nachgesetzt, so suchen sie ihren Verfolgern durch allerhand Kunststücke zu entgehn. Sie streuen Sand oder Blätter über ihre Fußtapfen, oder treten einer in des andern, oder heben ihre Füße so hoch, und treten so leise zu, daß man gar keinen Eindruck davon auf der Erde bemerken kann. Sollten aber alle ihre Bemühungen vergeblich seyn, und sie werden würklich eingehohlt, so bringen sie ihre Gefangnen um, ziehn ihnen die Kopfhaut ab, und zerstreuen sich, um desto leichter ihr Land wieder zu erreichen.

Sind die Sieger hingegen so glücklich, sich zurück zu ziehn, ohne verfolgt zu werden, so suchen sie aufs eiligste eine Gegend zu erreichen, wo sie sich völlig sicher halten können, und damit ihre Verwundeten sie nicht aufhalten, so tragen sie sie auf Bahren, oder ziehn sie auf Schlitten, wenn es grade Winter ist.

Ihre Bahren sind nur ganz grob aus Zweigen zusammen gesetzt. Ihre Schlitten bestehn aus zwey dünnen Brettern, die zusammen ungefähr zwey Fuß breit, und sechs Fuß lang sind. Sie stehn vorn in die Höhe, und sind auf den Seiten mit kleinen Leisten beschlagen. Die Indier ziehn

darauf

darauf große Lasten ohne viel Mühe mit einem Riemen, der ihnen um die Brust geht. Dieser Ziehriemen heißt Metump, und ist in ganz Nordamerika, sowohl in den Kolonien, als in den tiefen landeinwärts liegenden Gegenden gebräuchlich. In den letztern werden sie aus Leder gemacht, und sehr künstlich gearbeitet.

Die Gefangnen werden auf dem Marsche mit der größten Sorgfalt bewacht. Bey Tage halten sie immer einige von ihren Ueberwindern fest, wenn die Reise zu Lande geht. Zu Wasser werden sie im Kanoe festgebunden. Bey Nacht werden sie ganz nackt auf die Erde gelegt, und mit den Armen, den Beinen und dem Halse an Haken gebunden, die in der Erde befestigt sind. Ausserdem binden sie ihnen Seile um die Arme oder Füße, die ein Indier hält, und daher gleich aufwachen muß, wenn sie sich bewegen. Ungeachtet aller solcher Maaßregeln fand doch eine Frau aus Neuengland fast ganz allein Mittel, aus den Händen eines Haufens von Kriegern zu entkommen, und ihr Vaterland zu rächen. Es unternahm nähmlich ein kleiner Trupp von zehn Kriegern nebst zwey Weibern eine Streiferey nach den hintern Pflanzungen von Neuengland. Sie hielten sich einige Zeit in der Nachbarschaft eines Grenzortes verborgen, und hatten

endlich

endlich das Glück, nachdem sie etliche Leute getödtet, und ihnen die Kopfhaut abgezogen hatten, eine Frau mit ihrem zwölfjährigen Sohne gefangen zu bekommen. Sie waren jezt mit dem, was sie gethan hatten, zufrieden, und zogen sich nach ihrem Lande zurück, welches dreyhundert Meilen davon lag.

Die zweyte Nacht auf dem Rückzuge faßte die Frau, die, wenn ich nicht irre, Rowe hieß, einen Entschluß, welcher der größten Heldin würdig war. Sie suchte, als ihre Sieger sich im tiefsten Schlafe befanden, sich ihre Bande von den Händen los zu machen, und bat leise ihren Sohn, den sie ungebunden herumgehn ließen, sich ja ruhig zu halten. Sie legte darauf alle Vertheidigungswaffen der Indier bey Seite, und gab ihrem Sohne eine Axt, und befahl ihm, ihrem Beyspiele zu folgen. Sie selbst tödtete mit einer zweyten Axt etliche Indier auf der Stelle; allein ihr Unternehmen wäre bald durch die Schwäche und Unentschlossenheit ihres Sohnes verunglückt, der einem Indier einen so leichten Schlag gab, daß er bloß davon aufwachte. Doch hatte sie noch Zeit genug, ihn niederzuschlagen, ehe er seine Waffen finden konnte. Auf diese Art brachte sie sie alle um, bis auf eine Frau, die früh genug aufwachte, um ihr entkommen zu können.

Die

Die Heldin zog darauf ihren erschlagenen Feinden die Kopfhaut ab, und brachte sie nebst den Kopfhäuten von ihren Landsleuten im Triumpf nach ihrem Wohnplatze zurück.

Auf dem Marsche zwingen die Indier ihre Gefangnen den Todtengesang zu singen, der gewöhnlich folgendes Inhalts ist: "Ich gehe zum Tode, ich werde viel leiden müssen, aber ich will die größten Qualen, die mir meine Feinde anthun können, mit gehöriger Standhaftigkeit ertragen. Ich will wie ein tapfrer Mann sterben, und zu den Helden gehn, die auf eine ähnliche Art starben." Diese Gesänge werden von Zeit zu Zeit wiederhohlt, bis sie das bestimmte Dorf oder Lager erreichen.

Wenn die Krieger so nahe gekommen sind, daß man sie hören kann, so schreien sie zu verschiedenen malen, um ihren Freunden den Erfolg ihres Zuges überhaupt kund zu thun. Ihr wiederhohltes Todtengeschrey zeigt an, wie viele von ihren Landsleuten sie verlohren haben, und ihr Kriegsgeschrey bezeichnet die Menge ihrer Gefangenen.

Es ist schwer beyde Arten von Geschrey zu beschreiben, doch klingt das Todtengeschrey wie hu, hu, hup, und wird in einem kreischenden Tone ausgehalten, bis sie nicht weiter den Athem anhalten können, und dann auf einmahl mit einer plötzlichen

Erhe-

Erhebung der Stimme abgebrochen. Das Kriegsgeschrey ist diesem ähnlich, aber lauter, und wird, dadurch, daß sie die Hand vor den Mund halten, etwas verändert. Beyde kann man in einer beträchtlichen Entfernung hören.

So lange dies Geschrey währt, bleiben alle, an die es gerichtet, voller Aufmerksamkeit stehn. So bald aber diese Ceremonie vorbey ist, so läuft alles aus dem Dorfe, um einzelne Umstände von der Begebenheit zu erfahren, und je nachdem die Nachricht freudig oder traurig ist, wird daraufdurch ein häufiges Freuden- oder Trauergeschrey geantwortet.

So wie nun der Zug ans Dorf kommt, so suchen Weiber und Kinder Stöcke und Knüppel zusammen, und stellen sich in zwey Glieder, durch welche die Gefangnen durch müssen. Sie schlagen darauf auf diese Elenden so unbarmherzig los, daß sie kaum einige Spuren vom Leben übrig behalten. Doch nehmen sich ihre Henker in Acht, ihnen keine völlig tödtliche Schläge zu geben, weil sie sonst das Vergnügen verliehren würden, sie noch grausamer zu quälen.

Nach diesem liebreichen Empfange, werden den Gefangenen Hände und Füße gebunden, und die Anführer halten einen Rath, worin ihr Schicksal entschieden wird. Diejenigen, die durch die

gewöhn-

288

wöhnlichen Qualen sterben sollen, werden dem Hauptkrieger übergeben, die hingegen, welchen man das Leben schenken will, werden dem Oberhaupte der Völkerschaft anvertraut, so daß die Gefangnen bald ihr Schicksal erfahren, da der Urtheilsspruch immer unwiderruflich ist. Das erste nennen sie dem Hause des Todes, und das zweyte dem Hause der Gnaden bestimmt werden.

Alle Gefangnen, die ziemlich bey Jahren sind, und sich durch ihre kriegerischen Thaten berühmt gemacht haben, büssen für das Blut, das sie vergossen haben, immer durch Feuer. Ihr Kriegsglück sieht man bald an den blauen Zeichen, die sie an den Armen und auf der Brust haben, und die einem Indier eben so verständlich sind, als dem Europäer seine Buchstaben.

Sie ritzen, wenn sie diese Hieroglyphen machen wollen, die Haut mit Fischzähnen, oder scharfen Kieselsteinen, die in eine Art Dinte von Fichtenruß getunkt werden. Man hält sie, so wie bey den alten Pikten, für Zierathe und zugleich für unauslöschliche Ehrenzeichen.

Die zum Tode verurtheilten Gefangnen werden bald auf den Hinrichtungsplatz geführt, der gewöhnlich in der Mitte des Dorfes oder Lagers liegt. Hier werden sie ausgezogen, und über dem ganzen

Kör-

Körper schwarz bemahlt. Ausserdem steckt man ih- nen eine Krähen- oder Rabenfeder auf den Kopf, und bindet sie an einen Pfahl, um den Holzbündel herumliegen, und nöthigt sie zum letztenmahle ihren Todtengesang anzustimmen.

Die Krieger, denn blos sie leiden gewöhnlich diese Strafe, thun dies jetzt auf eine umständliche Art und mit vieler Feyerlichkeit. Sie erzählen mit ver- nehmlicher Stimme alle ihre tapfern Thaten, und thun auf die Menge ihrer erlegten Feinde recht stolz. Bey dieser Erzählung suchen sie ihre Peiniger auf alle mögliche Art aufzubringen und zu beleidigen. Zuweilen thut dies eine solche Wirkung, daß man sie geschwinder aus dem Wege räumt, als es sonst geschehn seyn würde.

Es giebt noch sonst viele Todesarten für die Ge- fangenen der Indier, doch ist das Verbrennen die gewöhnlichste.

Als ich mich in der Hauptortschaft der Ottaga- mier aufhielt, ward ein gefangener Illinese einge- bracht, bey welchem ich alle Grausamkeiten, die die Indier gegen ihre Gefangnen äussern, ausüben sehn konnte. Nach den zu seiner Verurtheilung nothwendigen Ceremonien, ward er am frühen Mor- gen in einige Entfernung von dem Orte geführt und an einen Baum gebunden. Hierauf erhielten alle

Carvers Reisen. T Jun-

Jungen aus dem Orte, deren es eine große Menge gab, Erlaubniß, mit Pfeilen nach ihm zu schießen. Da keiner von ihnen über zwölf Jahr alt war, und sie ausserdem sehr weit von ihm stunden, so konnten ihre Pfeile nicht tief in den Körper eindringen, so daß dies unglückliche Schlachtopfer seine Qualen zwey völlige Tage erdulbete.

Unterdessen besang er seine Kriegsthaten, und erzählte alle Kunststücke, die er angewandt hätte, um seine Feinde zu überfallen. Er rechnete die Menge Kopfhäute und Gefangene her, die er fortgeschlept hätte. Er beschrieb alle grausamen Qualen, die er diesen angethan hätte, und schien bey dieser Erzählung das lebhafteste Vergnügen zu empfinden.

Vorzüglich aber hielt er sich bey den Grausamkeiten auf, die er gegen Anverwandte seiner jetzigen Peiniger verübt hätte; und suchte sie durch alle mögliche Beleidigungen zur Vermehrung seiner Qualen anzureitzen, damit er desto größere Proben seiner Standhaftigkeit ablegen möchte. Selbst wie er schon mit dem Tode rang, und nicht weiter sprechen konnte, so zeigte er noch Züge von Hohn und Stolz auf seinem Gesichte.

Die Indier glauben bey diesen Grausamkeiten, ausser der Befriedigung ihrer abscheulichen Rachbegierde,

gierde, auch noch den Vortheil zu haben, daß die jungen Krieger früh den Hang zur Grausamkeit und zum Blutvergießen lernen, der zu den indischen Kriegen so nothwendig erfodert wird.

Man erzählte mir, daß ein Indier, eben wie er gequält ward, sich berühmte, er habe seine Gefangne an einen Pfahl gebunden, ihre Körper voller kleinen Splitter vom Lerchenbaume gesteckt, und diese angebrannt. Seine Peiniger wären dagegen nur alte Weiber, die es gar nicht verstünden, wie man einen tapfern Krieger hinrichten sollte.

Diese Prahlerey hatte selbst für ein indisches Ohr zu viel beleidigendes, und brachte die Sieger so auf, daß einer von ihren Oberhäuptern ihm das Herz aus dem Leibe riß, und damit den Mund verstopfte, aus welchem sie solche fürchterliche Dinge gehört hatten.

Es giebt unzählige ähnliche Geschichten von dem Muthe und der Entschlossenheit der Indier. Viele übersteigen allen Glauben, aber es ist dennoch ausgemacht, daß die Wilden viele Heldeneigenschaften besitzen, und alles Unglück mit einer Standhaftigkeit ertragen, die keine alten Helden Roms oder Griechenlandes übertreffen konnten.

So grausam aber auch die Indier gegen Gefangne ihres eignen Geschlechts sind, so haben sich doch etliche Stämme wegen ihrer Mäßigung gegen gefangne englische Frauenspersonen berühmt gemacht. Sie führten oft die größten Schönheiten fort, und hatten sie auf einem Marsche von drey bis vierhundert Meilen durch entlegene Wälder mitten zwischen sich liegen, ohne ihre Keuschheit im geringsten zu beleidigen. Selbst schwangere Frauenspersonen erhielten von den Wilden, wenn sie mitten in einsamen Gehölzen ihre Geburtsschmerzen fühlten, allen Beystand, den ihre Lage erlaubte.

Diese Bescheidenheit rührt aber doch nicht ganz von ihrer natürlichen Denkungsart her, da man sie blos bey Indiern antrifft, die mit französischen Missionarien Umgang hatten. Denn, ohne vielleicht die Absicht zu haben, zum Vortheile ihrer Feinde, der Engländer, mit zu arbeiten, gaben sich die Geistlichen alle ersinnliche Mühe, den Indiern ein Gefühl von Menschlichkeit einzuflößen, und man bemerkt die Wirkung davon augenscheinlich bey sehr vielen.

Die Gefangnen, die dem Hause der Gnade bestimmt werden, und die gewöhnlich aus jungen Leuten, Weibern und Kindern bestehn, müssen auf die Entscheidung der Oberhäupter warten, die, wenn die andern hingerichtet sind, einen zweyten Rath über sie halten.

Es wird zu dem Ende ein Herold herumgeschickt, der allen ankündigt, die irgend jemand von den ihrigen auf dem letzten Zuge verlohren haben, daß eine Vertheilung der Gefangnen vor sich gehn soll. Zuerst werden die Frauen, die Kinder oder Männer verlohren haben, befriedigt; und auf sie folgen alle, die weitläuftiger Anverwandten beraubt wurden, oder die Lust haben, von den jungen Leuten welche an Kindesstatt anzunehmen.

Wenn die Austheilung geschehn ist, die immer ohne allen Streit vor sich geht, so führt ein jeder seinen Antheil nach Hause. Der Gefangne wird losgebunden, seine Wunden, wenn er welche hat, werden ausgewaschen und verbunden, er wird gekleidet, und bekömmt von dem besten Essen, das im Hause zu haben ist.

Während daß ihre neuen Hausgenossen bey der Mahlzeit sind, suchen die Herrn sie zu trösten. Sie ermuntern sie fröhlich und gutes Muthes zu seyn, da sie dem Tode entgangen wären, und wenn sie ihnen getreu dienen würden, so wollten sie alles thun, was in ihrem Vermögen stünde, um ihnen den Verlust ihrer Freunde und ihres Vaterlandes zu ersetzen.

Wenn erwachsenen Mannspersonen das Leben geschenkt wird, so fallen sie gewöhnlich Witwen zu

Theil, die ihre Männer im Kriege verlohren haben und die sie gleich heyrathen, wenn sie ihnen gefallen. Sollte aber die Wittwe ihre Neigung schon auf einen andern geworfen haben, so ist es für ihren Gefangnen sehr gefährlich, hauptsächlich, wenn sie glaubt, ihr Mann brauche im Lande der Geister einen Bedienten.

Ist dies der Fall, so führen einige junge Leute den Gefangenen an einen abgelegenen Ort, und schlagen ihn ohne viele Umstände todt, denn da der Rath ihm das Leben geschenkt hat, so glauben sie, er sey es nicht wehrt, lange gequält zu werden.

Die Frauenspersonen fallen gemeiniglich Männern zu Theil, bey welchen sie größtentheils sehr gut aufgenommen werden. Die Jungen und Mädchen werden in Häusern aufgenommen, wo man sie nöthig hat, und sie als Sklaven hält. Zuweilen werden sie auch an die europäischen Kaufleute verkauft.

Auswechselung der Gefangnen hat bey den Indiern gar nicht statt. Alle Gefangnen werden entweder umgebracht, in Familien aufgenommen oder zu Sklaven gemacht. Diese beyden letztern werden von ihrem eignen Volke zurück gestoßen, wenn sie entfliehn sollten, nachdem man sie begnadigt hat.

Die Aufgenommenen werden völlig als Mitglieder des Volkes angesehn, zu welchem sie jezt gehören,

hören. Sie treten in alle Rechte derer, an welcher Stelle sie gekommen sind, und tragen oft kein Bedenken, gegen ihre alten Landsleute zu Felde zu ziehn. Sollte aber irgend einer von ihnen entwischen, und wieder gefangen werden, so wird seine Undankbarkeit aufs grausamste bestraft.

Die Gefangnen, die als Sklaven angesehn werden, fallen größtentheils an die Oberhäupter, die sie oft an die Kommendanten in englischen Grenzplätzen, oder an die Kommissarien der indischen Angelegenheiten verschenken. Die Jesuiten und französischen Missionarien sollen zuerst die Indier bewogen haben, sie zu verkaufen, und ihre Absicht war würklich lobenswürdig. Sie glaubten nähmlich dadurch Grausamkeiten und Blutvergiessen zu verhindern, und mehr Gelegenheit zu erhalten, die christliche Religion auszubreiten. Allein die guten Väter sahen ihre guten Absichten bald vereitelt. Denn anstatt Blutvergiessen vorzubeugen, machten sie nur die Kriege zwischen den Indiern weit häufiger und heftiger. Sie fochten jetzt nicht mehr blos aus Rachsucht oder Ruhmbegierde, sondern auch aus Gewinnsucht, denn sie vertauschten ihre Gefangenen für hitzige Getränke, die sie ungemein liebten, und daher immer auf Unkosten ihrer Feinde zu erhalten suchten.

Man könnte zwar dagegen einwenden, daß jetzt weit weniger Gefangne gequält und umgebracht würden, da sie jetzt für sie von einem hohen Werthe sind, allein gegen die Krieger sind sie noch immer eben so grausam, und opfern sie gewiß ihrer Rachsucht auf. Sie suchen jetzt nur mehr junge Gefangene zu machen, und bringen die, welche sie zu beschützen suchen, eben so gut um, als es sonst geschah.

Als die Miſſionärien sahen, daß dieser Sklavenhandel blos dazu diente, den Absatz hitziger Getränke zu vermehren, so wandten sie sich an den Statthalter von Kanada, im Jahre 1693, und baten ihn, diesen schädlichen Handel zu verbieten. Allein er konnte ihn nicht ganz verhindern, denn die französischen Holzkäufer (couriers d=bois) führten ihn immer heimlich fort, ungeachtet eine schwere Geld- und Gefängnißstrafe darauf stand.

Einige von ihnen, die man darauf ertappte, begaben sich zu den Indiern, verheyratheten sich mit indischen Mädchen, und wählten eine freywillige Verbannung aus ihrem Vaterlande. Allein da sie gewöhnlich schlechte und ausschweifende Kerle waren, so trugen sie wenig dazu bey, die Sitten der Indier zu verbessern, oder die christliche Religion unter ihnen auszubreiten. Ihre Nation hatte jedoch

vielen

vielen Vortheil von diesen Flüchtlingen, denn sie unterhielten die verschiedenen indischen Völkerschaften beständig von der Macht und der Größe der Franzosen, für deren Monarchen sie, ungeachtet ihrer Verbannung, ihre angebohrne Anhänglichkeit noch immer beybehalten hatten, und flößten dadurch den Indiern eine Neigung für ihre Landsleute ein, die sich noch jetzt bey jeder Gelegenheit äuffert.

Selbst die Verachtung, worin sie durch den Verlust von Kanada bey den Indiern gerathen seyn müssen, hat diese Neigung noch nicht ganz auslöschen können. Sonst sehn die Indier jedes überwundne Volk als Sklaven seiner Sieger an. Wenn ein Volk sich ein andres völlig unterworfen hat, so müssen die Oberhäupter von diesem, wenn sie mit ihren Ueberwindern im Rathe sitzen, Weiberröcke tragen, um dadurch ihre Unterwürfigkeit anzuzeigen.

Zehntes Kapittel.
Von der Art der Indier, Frieden zu schließen.

Die Kriege der Indier sind gewöhnlich erblich, und dauren von Geschlecht zu Geschlecht fast ununterbrochen fort. Wenn der Friede nothwen-

T 5   dig

dig wird, so suchen beyde Theile sorgfältig den Anschein zu vermeiden, als wenn sie den ersten An-
trag gethan hätten.

"Wenn sie mit ihren Feinden wegen eines Waffen-
stillstandes Unterhandlungen pflegen, so erscheinet der
Anführer, der den Auftrag dazu erhalten hat, es
sey denn, daß ein neutraler Stamm die Vermittelung auf sich nimmt, mit seinem gewöhnlichen
Stolze, und giebt nicht im geringsten nach, selbst
wenn es mit seinem Vaterlande auch noch so schlecht
stehe, sondern sucht vielmehr seine Feinde zu überreden, daß ihr Vortheil es erfordre, Frieden zu
machen.

Oft verursachen Zufälle einen Frieden zwischen
Völkerschaften, die sonst nichts vereinigen konnte.
Ich will ein Beyspiel davon erzählen, welches ich
zu verschiedenenmalen gehört habe.

Vor ungefähr achtzig Jahren führten die Irokesen und Tschipiwäer Krieg mit den Ottogamiern
und Sakiern, die ihnen lange nicht gewachsen
waren. In einem Winter unternahmen einmal
tausend Irokesen eine Streiferey vom See Ontario
aus über Toronto in das Gebiet ihrer Feinde. Sie
giengen längst den östlichen und nordlichen Ufern
des Huronensees fort, bis sie an die Insel St. Joseph kamen, die in der Meerenge von St. Maria
liegt.

liegt. Hier giengen sie über das Eis in dieser Meerenge ungefähr funfzehn Meilen unterhalb des Wasserfalles, und setzten ihren Weg immer gegen Westen fort. Da der Boden mit Schnee bedeckt war, so giengen sie, um ihre Anzahl zu verstecken, alle hinter einander, und traten sorgfältig einer in des andern Fußtapfen.

Allein ungeachtet aller ihrer Vorsicht wurden sie von vier Tschipiwäern entdeckt, die aus der Richtung ihres Marsches und ihrer Behutsamkeit leicht ihre Absichten errathen konnten. Die Tschipiwäer führten zwar selbst damahls Krieg mit den Ottagamiern, und standen mit den Illinesen im Bündnisse, aber sie entschlossen sich nichts destoweniger, jenen von der ihnen bevorstehenden Gefahr Nachricht zu geben. Sie nahmen daher mit ihrer gewöhnlichen Geschwindigkeit einen Umweg, und kamen auf der Wildbahn der Ottagamier an, ehe ein so großer Haufen, der noch dazu so behutsam anrückte, sie erreichen konnte. Sie fanden hier ungefähr vierhundert Krieger, worunter einige Sakier waren, und gaben ihnen von der Annäherung ihrer Feinde Nachricht.

Die Anführer zogen gleich ihre ganze Macht zusammen, und hielten einen Rath über die Maaßregeln zu ihrer Vertheidigung. Da sie ihre Familien

lien bey sich hatten, so war es unmöglich, aufs Fliehen zu denken; sie entschlossen sich daher, die vortheilhafteste Stellung in der Gegend zu nehmen, und die Irokesen aufs wärmste zu empfangen.

Nicht weit davon waren zwey kleine Seen, die durch eine sechszig bis hundert Fuß breite, und ungefähr eine Meile lange Erdenge getrennt wurden. Da sie vermutheten, daß die Irokesen darüber anrücken würden, so theilten sie ihr kleines Heer in zwey Haufen, wovon jeder zweyhundert Mann stark war. Einer davon nahm seinen Posten an dem Ende des Passes, der auf die Wildbahn stieß, und zog darüber ein Verhack; der andre Haufen zog sich unterdessen um die Seen herum, um den Feinden, wenn sie sich innerhalb des Passes befänden, den Rückweg abzuschneiden.

Ihr Plan glückte vollkommen, und so bald alle Irokesen auf der Erdenge waren, so machte der zweyte Haufe in ihrem Rücken eine ähnliche Linie, wozu sie das Holz schon bereit hatten, und schloß dadurch die Feinde völlig ein.

Die Irokesen sahn bald die Lage, worinn sie sich befanden, und berathschlagten sich über die Maaßregeln, die sie zu ihrer Befreyung ergreifen müßten. Zu ihrem Unglück hatte es eben angefangen zu thauen, und es war schon so wenig Eis in den

Seen,

Seen, daß man nicht weiter darüber gehn konnte, aber dennoch zu viel, um mit Flößen durchzukommen, oder durchzuschwimmen. Sie beschlossen daher, eine von den Verschanzungen zu bestürmen, womit es ihnen aber nicht glückte.

Ungeachtet der mißlichen Lage, worinn sie sich jetzt befanden, brachten sie mit der den Indiern eignen Gleichgültigkeit etliche Tage mit Fischen zu. Unterdessen war das Eis völlig geschmolzen, und sie entschlossen sich daher, auf Flößen, wozu sie grade etliche Bäume auf der Erdenge fanden, über einen von den Seen zu gehn. Allein die Ottagamier erfuhren ihre Absicht, und schickten von jedem Haufen hundert und funfzig Mann ab, um ihnen die Landung zu verwehren, die dadurch ohnehin verzögert ward, daß sie mit ihren Ruderstangen oft im Schlamme stecken blieben.

So wie die Jrokesen sich dem Ufer näherten, empfiengen die Ottagamier sie mit einem Regen von Pfeilen und Kugeln, und ungeachtet jene aus Verzweiflung ins Wasser sprangen, und sich durchschlugen, so büßten sie doch mehr als die Hälfte ihrer Leute dabey ein. Sie verlohren dabey alles Pelzwerk, das sie den Winter über gefangen hatten, wovon die Sieger den Tschipiwäern, welchen sie ihre Rettung zu danken hatten, einen Theil zur

Be-

Belohnung gaben. Sie nöthigten sie, ungeachtet aller Weigerungen, die besten davon auszusuchen, und schickten sie unter einer hinreichenden Bedeckung nach ihrem Lande zurück.

Dieser tapfere und kluge Widerstand der Ottagamier und Sakier brachte nebst der Vermittelung der Tschipiwäer, die ihre alte Feindschaft bey Seite setzten, und das Betragen ihrer vier Landsleute vollkommen billigten, einen Frieden zwischen diesen Völkerschaften zu Stande, auf den nachher eine völlige Freundschaft folgte.

Ueberhaupt glaube ich, daß jetzt alle Indier in dem weitläuftigen Striche Landes, der sich von Quebec bis an den Missisippi nordwärts vom Uisskonsin erstreckt, und in den Gegenden, welche der Hudsonsgesellschaft gehören, in vollkommenen Frieden mit einander leben. Ihre Streifereyen erstrecken sich größtentheils nur südwärts gegen die Tscherokisen, Tschöcktaer, Tschickasaer und Illinesen.

Zuweilen werden die Indier eines Kriegs müde, den sie Jahre lang gegen ein benachbartes Volk ohne sonderliches Glück geführt haben, und suchen daher einen Frieden durch andrer Völker Vermittelung zu Stande zu bringen. Die Art, Unterhandlungen zu pflegen, ist folgende:

Eine

Eine Anzahl Anführer von ihren Landsleuten und dem Volke, das die Vermittelung über sich genommen hat, reisen nach dem Lande ihrer Feinde ab. Gewöhnlich werden dazu die geschicktesten und redlichsten Anführer erwählt. Sie tragen die Friedenspfeiffe vor sich her, welche eben das bedeutet, was in Europa die weisse Fahne ist, und selbst bey den wildesten Völkerschaften in grosser Achtung steht. Mir ist wenigstens kein Beyspiel bekannt, daß irgend jemand, der die Friedenspfeiffe trug, eine Beleidigung wiederfahren wäre, und ohnehin glauben die Indier, daß der grosse Geist ein solches Vergehn nie ungestraft lassen würde.

Die Friedenspfeiffe, welche die Franzosen Calumet nennen, ist ungefähr vier Fuß lang. Der Kopf besteht aus rothem Marmor, und die Röhre aus einem leichten Holze, das mit vielfarbichten Hieroglyphen schön bemahlt, und mit Federn von den schönsten Vögeln gezieret ist.

Jedes Volk hat dabey eine besondre Art Zierath, und die Indier können bey dem ersten Anblick bestimmen, welchem Stamme sie zugehöret. Sie dient bey allen Unterhandlungen zur Vorbereitung, und wird mit vielen Feyerlichkeiten gebraucht.

Wenn sich die Oberhäupter versammlet und gesetzt haben, so füllt sie der Adjutant des grossen Krie-

gers

gevs mit Toback an, welcher mit den oben erwähnten Kräutern vermischt ist, und hütet sich dabey sorgfältig, die Erde damit zu berühren. Wenn sie gestopft ist, so nimmt er eine völlig brennende Kohle vom Feuer, das gewöhnlich mitten in der Versammlung angezündet ist, und legt sie auf den Toback. Wenn sie gehörig brennt, so wirft er die Kohle weg, und hält darauf die Röhre gegen den Himmel, und nachher gegen die Erde. Hierauf dreht er sich in einem Kreise herum, wobey er sie immer wagrecht in die Hand hält. Durch die erste Bewegung bietet er sie dem großen Geiste an, um seinen Beystand zu erhalten, durch die zweyte glauben sie den Tücken der bösen Geister vorzubeugen, und durch die dritte den Schutz der Geister zu erlangen, welche die Luft, die Erde und das Wasser bewohnen. Wenn sie sich auf diese Art der Gunst der unsichtbaren Wesen versichert haben, welche ihrer Meinung nach die Unterhandlung befördern oder stören können, so wird die Friedenspfeiffe dem Erbregenten des Volks hingereicht, der etliche Züge daraus thut, und den Rauch gegen den Himmel und darauf rund um sich herum auf die Erde bläst.

Nachher geht sie auf die nähmliche Art bey den Abgesandten und Fremden herum, die ebenfalls diese Ceremonien beobachten. Von diesen kömmt

sie

sie an den Hauptkrieger und an die übrigen Oberhäupter in ihrer Ordnung. Der Anführer, der dies Ehrenamt verrichtet, hält dabey die Pfeiffe immer so leicht in der Hand, als wenn er befürchtete, dies geheiligte Werkzeug zu hart zu drücken, und alle übrigen berühren sie gleichfalls nur eben mit den Lippen.

Wenn die Anführer, denen der Auftrag gegeben ist, den Frieden zu schließen, sich dem bestimmten Orte oder Lager nähern, so fangen sie die solchen Gelegenheiten besonders gewidmeten Gesänge und Tänze an. Unterdessen erfährt die Gegenparthey ihre Ankunft, und läßt sie in die Wohnung des Hauptanführers nöthigen, wo ihnen alle mögliche Bequemlichkeit verschafft wird, so lange als die Unterhandlung währt.

Hierauf wird ein Rath gehalten, und nach geendigten Reden und Debatten, wenn die Unterhandlung durch keine Hindernisse unterbrochen wird, die bemahlte Axt eingegraben, zum Zeichen, daß alle Feindseligkeit zwischen beyden Völkern aufgehört habe. Bey den rohern Indiern, die keine Handlung mit Europäern haben, wird anstatt der Axt eine Streitkolbe eingegraben.

Sonst wird bey solchen Gelegenheiten auch noch ein Gürtel Wampum übergeben, der zur Bestätigung des Friedens dient, und der zugleich den Inhalt der Friedensbedingungen durch die Hieroglyphen, in welche die Knöpfe gebracht sind, auf die späteste Nachkommenschaft erhält.

Diese Gürtel bestehn aus Muscheln von den Küsten von Neuengland und Virginien, aus welchen ovale und ungefähr einen Viertelzoll lange Knöpfe gemacht werden. Diese Knöpfe ziehn sie auf lederne Schnüre, und verschiedne davon machen, wenn sie mit einem feinen sehnigten Faden zusammen genäht sind, einen sogenannten Gürtel Wampum aus.

Die Muscheln sind gewöhnlich von zweyerley Farben, weiß und violet; doch werden diese weit höher geschätzt. Ueberhaupt achten sie die Indier eben so sehr, als die Europäer Gold, Silber oder Edelsteine nur immer achten können.

Die Gürtel bestehn oft aus zehn bis zwölf oder gar noch mehreren Schnüren, wobey es aber immer auf die Wichtigkeit der Sache, oder das Ansehn der Person ankömmt, welcher er überliefert wird. Bey gewöhnlichen Vorfällen beschenken sich die Oberhäupter mit einzelnen Schnüren, die sie als einen großen Schmuck am Halse tragen.

Eilftes

Eilftes Kapittel.
Von den Spielen der Indier.

Die Indier sind dem Spiele sehr ergeben, und wagen und verliehren ihre schätzbarsten Reichthümer mit der größten Gelassenheit. Sie haben viele Arten von Spielen, worunter aber das Ballspiel das vornehmste ist. Ihre Bälle sind etwas größer, als unsre gewöhnlichen Federbälle, und werden aus Rehfellen gemacht. Man nimmt ein Stück davon, feuchtet es mit Wasser an, um es weicher zu machen, und stopft es stark mit Rehhaaren aus, und näht es mit Sehnen zu. Die Ballhölzer sind ungefähr drey Fuß lang, und haben am Ende eine Art von Rakete, die wie eine flache Hand aussieht, und aus Riemen besteht, welche aus einer Rehhaut geschnitten werden. Mit dieser Rakete fangen sie den Ball auf, und schlagen ihn weit weg, wenn sie nicht von der Gegenparthey, die ihn aufzufangen sucht, daran verhindert werden.

Dies Spiel wird gewöhnlich von einen großen Haufen gespielt, der oft über dreyhundert stark ist, und gemeiniglich spielen verschiedne Partheyen gegen einander.

Zuerst werden zwey Pfähle ungefähr achtzehnhundert Fuß von einander in die Erde geschlagen, und eine jede Parthey hat ihr eignes Quartier dahinter. Der Ball wird grabe mitten zwischen diesen Quartieren stark in die Höhe geworfen, und jede Parthey sucht ihn zuerst in das ihrige zu schlagen.

Sie sind hierinn so geschickt, daß der Ball fast immer in verschiednen Richtungen im Fluge bleibt, ohne während des ganzen Spiels die Erde zu berühren. Sie dürfen ihn bloß mit den Raketen, und nicht mit den Händen auffangen. Sie laufen einander mit unglaublicher Geschwindigkeit nach, und wenn eben einer im Begriff ist, den Ball weit weg zu schlagen, so kommt ihm oft plötzlich ein Gegner zuvor, und schlägt ihn nieder.

Sie spielen mit so vielem Eifer, daß sie sich oft verwunden, oder gar Arm und Bein zerbrechen; aber nichts desto weniger sieht man nie, daß dies aus Bosheit geschehe, und man hört nie von Zänkereyen zwischen den beyden Partheyen.

Es giebt bey den Indiern noch ein zweytes merkwürdiges Spiel, das Schaalen- oder Tellerspiel, welches blos von zweyen gespielt wird. Ein jeder hat dazu sechs bis acht kleine Knochen, die einem Pfirsichsteine an Größe und Gestalt gleich kommen, nur mit dem Unterschiede, daß sie viereckigt sind. Zwey Seiten davon sind schwarz und zwey weiß. Diese Knochen werfen sie in die Höhe, und lassen

sie

sie in eine Schaale oder auf einen Teller fallen, auf welchen sie sich herumdrehen müssen.

Sie zählen ihr Spiel nach dem die oberste Seite weiß oder schwarz ist. Wer die größte Anzahl von einerley Farbe hat, rechnet dafür fünf; und vierzig machen das ganze Spiel.

Der gewinnende Theil behält seine Stelle, und der verliehrende muß sie einem andern abtreten, den die Schiedsrichter dazu bestimmen. Denn zuweilen spielen ganze Dörfer, oder so gar ganze Stämme gegen einander.

Während des Spieles sind die Indier in großer Bewegung, und erheben bey jedem entscheidenden Wurfe ein fürchterliches Geschrey. Sie machen hundert verzerrte Gesichter, und fluchen den Knochen und den bösen Geister, die ihren Gegnern Glück bringen. In diesem Spiele verliehren sie oft ihre Kleidungen, ihren ganzen Hausrath, und so gar ihre Freyheit, die doch sonst kein Volk höher schätzen kann, als die Indier.

Zwölftes Kapittel.
Von den Heyraths-Ceremonien der Indier.

Die Vielweiberey ist bey den Indiern erlaubt, und bey allen Ständen eingeführt. Die Oberhäuphäupter haben gewöhnlich sechs bis vierzehn in ihrem Seray. Die geringeren nehmen so viele Frauen, als sie nebst ihren künftigen Kindern ernähren zu können glauben. Es ist gar nichts ungewöhnliches, daß ein Indier zwey Schwestern heyrathet, zuweilen nimmt er die ganze Familie, wenn es ihrer noch mehrere giebt, und alle leben in der größten Eintracht mit einander, so unnatürlich diese Verbindung auch gesitteten Völkern vorkommen möchte.

Die jüngern Frauen begegnen den ältern mit Ehrerbietung, und die, welche keine Kinder haben, verrichten alle geringen Dienste für die Fruchtbaren, so daß ihr Zustand wenig vom Stande der Dienstbarkeit entfernt ist. Allein sie verrichten nichts desto weniger jeden Auftrag mit der größten Bereitwilligkeit, weil sie hoffen, sich dadurch die Zuneigung ihres Mannes zu erwerben, und ebenfalls das Glück zu haben, Mutter zu werden.

Man findet oft, daß ein Indier sich vieler seiner Frauen verschiedne Jahre lang völlig enthält. Einige Weiber, die nicht so glücklich sind, durch ihren Gehorsam und durch ihr kluges Betragen sich die Gunst ihres Mannes zu erwerben, bleiben so gar ihr ganzes Leben hindurch Jungfern, wenn er sie nicht irgend einem angesehnen Fremden anbietet,

der

der nur kurze Zeit sich bey der Nation aufhält, um sich in dauerhaftere Verbindungen einlassen zu können. Sie gehorchen in einem solchen Falle ihrem Manne ohne Widerspruch, und lassen sich diese kurze Verbindung gern gefallen. Aber wenn sie ohne seinen Befehl sich diese Freyheit herausnehmen sollten, so werden sie eben so bestraft, als wenn sie sonst die Ehe gebrochen hätten.

Diese Art Gastfreyheit ist bey den Völkerschaften, die tief im Lande wohnen, gebräuchlicher, als bey Indiern auf den Grenzen der Kolonien, die schon ihre Sitten mehr nach den europäischen gebildet haben.

Die Heyrathsceremonien sind so wie die Ehescheidungen fast bey allen indischen Völkerschaften die nähmlichen. Bey den Völkerschaften auf den Grenzen von Kanada sind folgende gebräuchlich.

Wenn ein junger Indier seine Neigung auf ein Mädchen geworfen hat, so sucht er ihre Neigung zu gewinnen, und wenn er hierin glücklich ist, so hat er weiter keine Hinderniß von der Eltern Seite zu befürchten. Wenn man über alle Punkte einig geworden, so wird ein Tag angesetzt, an welchem sich die Freunde und Bekannten von beyden Seiten in dem Zelte oder Hause des ältesten Anverwanten vom Bräutigam versammlen, wo sie ein E mahl zubereitet finden.

U 4

Oft ist die Gesellschaft bey diesem Feste sehr zahlreich. Man tanzt, man singt, und macht sich auf jede andre Art lustig, die bey ihren öffentlichen Festen gewöhnlich ist. Wenn dies vorbey ist, so gehn alle weg, die nur aus Ceremonie da waren, und blos der Bräutigam und die Braut bleiben nebst etlichen ihrer ältesten Anverwandten zurück. Von des Bräutigams Seite werden Männer und von der Braut Frauen dazu gewählt.

Die Braut geht darauf weg und erscheint wieder in Begleitung dieser Anverwandten an einer von den Thüren des Hauses, und wird dem Bräutigam zugeführt, der bereit steht, sie zu empfangen. Sie stellen sich darauf mitten in dem Zimmer auf eine Matte, und halten einen ungefähr vier Fuß langen Stock an den Enden zwischen sich, da unterdessen die alten Männer eine kurze der Sache angemessene Rede halten.

Das Ehepaar erklärt darauf öffentlich die Liebe und Achtung, die beyde für einander hegen, und tanzen und singen zusammen, wobey sie aber noch immer den Stock zwischen sich halten. Wenn nun auch diese Ceremonie vorbey ist, so wird der Stock in so viele Theile zerbrochen, als Zeugen gegenwärtig sind, wovon ein jeder einen zu sich nimmt und aufs sorgfältigste aufhebt.

Die

Die Braut wird hierauf wieder aus der Thür herausgeführt, durch welche sie herein kam, und wird von ihren jungen Gefährten, die sie erwarteten, nach ihres Vaters Hause begleitet. Hier muß sie der Bräutigam aufsuchen, und die Heyrath völlig zu Stande bringen. Oft bleibt die Frau in ihres Vaters Hause, bis sie niederkömmt, und alsdann packt sie ihre Kleidung zusammen, worin gewöhnlich ihre ganze Mitgabe besteht, und folgt ihrem Manne nach seiner Wohnung.

Wenn durch irgend ein Misvergnügen (denn Zank hat selten zwischen Eheleuten statt) eine Ehescheidung veranlaßt wird, so thun sie gewöhnlich ihr Vorhaben ihren Freunden etliche Tage vorher kund, und oft zugleich die Gründe, welche sie dazu bewegen. Die Zeugen, welche bey der Heyrath zugegen waren, kommen an dem bestimmten Tage in dem Hause der Eheleute zusammen, und bringen die Stücke des Stockes mit, die sie am Hochzeitstage erhielten, und werfen sie in Gegenwart der ganzen Gesellschaft ins Feuer.

Dies ist die ganze Ceremonie, die zur Ehescheidung erfordert wird, die ohne allen Zank oder Haß zwischen dem Paare und seinen Verwandten vor sich geht, und nach einigen Monathen haben beyde Theile die Erlaubniß wieder zu heyrathen.

Die Kinder, die aus einer solchen Ehe herstammen, werden unter beyde Theile gleich vertheilt, und da man bey den Indiern Kinder für einen Schatz hält, so fallen der Frau bey einer ungleichen Zahl die meisten zu. Es könnte scheinen, als wenn diese Gewohnheit Eheleute leicht wankelmüthiger machen könnte, allein es giebt dem ungeachtet viele Indier, die blos eine Frau haben, und mit ihr alles Glück der Ehe geniessen, dessen man bey mehr verfeinerten Völkern irgend fähig ist. Es giebt sonst auch noch viele Beyspiele von Frauen, die ihren Männern mit der größten Treue zugethan waren, blos den oben erwähnten Vorfall ausgenommen, der aber gar nicht als eine Verletzung ihrer Keuschheit angesehn wird.

Ich sagte zwar vorhin, daß die Heyrathsgebräuche der Indier einander fast völlig gleich wären, aber es giebt doch auch hier etliche Ausnahmen, hauptsächlich bey den Nadowessiern. Wenn bey diesen ein junger Mensch sich in ein Mädchen verliebt, so macht er seine Neigung ihren Eltern kund, die ihn einladen, mit ihnen in ihrem Zelte zu wohnen.

Er nimmt dies Anerbieten an, und macht sich dadurch anheischig, ein ganzes Jahr, als einer von ihren geringern Bedienten bey ihnen zu bleiben. Wäh-

Während dieser Zeit geht er auf die Jagd, und bringt alles Wild, das er erlegt, der Familie, woraus der Vater erkennen kann, ob er im Stande ist, seine Tochter und ihre zukünftigen Kinder gehörig zu unterhalten. Doch thun dies nur junge Leute, wenn sie ihre erste Frau nehmen, ohne es, wie Jacob seine Dienstbarkeit, zu wiederhohlen.

Wenn diese Zeit verflossen ist, so wird die Heyrath nach Landesgebrauch auf folgende Art vollzogen. Etliche von den ältesten männlichen Anverwandten des Bräutigams und der Braut begleiten das junge Paar aus ihren Zelten auf einen offenen Platz in der Mitte des Lagers, wo die Oberhäupter und Krieger zu ihrem Empfange versammlet sind. Von den letztern stellt sich ein Haufen in zwey Reihen auf beyden Seiten des Bräutigams und der Braut, so bald sie ankommen. Der vornehmste von den Oberhäuptern macht darauf der Versammlung die Ursachen ihrer Zusammenkunft bekannt, und erklärt, das Paar vor ihnen, welches er bey Nahmen nennt, sey gekommen, um öffentlich ihre Absicht kund zu thun, als Mann und Frau mit einander zu leben. Er fragt darauf beyde junge Leute insbesondre, ob sie verlangen trügen, ihre Vereinigung zu Stande gebracht zu sehn. Diese geben mit vernähmlicher Stimme ihre Einwilligung,

gung, worauf die Krieger ihre Pfeile über die Köpfe der Eheleute abschiessen, und der Anführer sie für Mann und Frau erklärt.

Hierauf dreht sich der Bräutigam herum, bückt sich nieder, und nimmt seine Frau auf den Rücken, und trägt sie unter dem Zurufe aller Zuschauer nach seinem Zelte. Auf diese Cerimonie folgt ein so prächtiges Gastmahl, als der neue Mann es irgend geben kann, und Gesänge und Tänze beschließen nach ihrer gewöhnlichen Weise das ganze Fest.

Ehescheidungen fallen bey den Nadowessiern so selten vor, daß ich nicht erfahren konnte, auf welche Art sie dabey verfahren.

Der Ehebruch wird bey ihnen für ein großes Verbrechen gehalten, und mit der größten Strenge bestraft. Der Mann beißt bey einem solchen Vorfalle seiner Frau die Nase ab, und scheidet sich gleich von ihr. Ich sah, als ich mich bey ihnen aufhielt, ein Beyspiel von dieser Strafe. Die Kinder werden bey dieser Gelegenheit unter beyde Eltern, wie bey andern Ehescheidungen getheilt.

Es giebt bey den Indiern eben sowohl als bey den Europäern Leute, die sich ganz dem Vergnügen der Liebe widmen, so viel auch neuere Schriftsteller die Kälte der Indier erheben. Die jungen Krieger, die

die dazu geneigt sind, finden immer Gelegenheit genug, ihrer Leidenschaft ein Genüge zu thun.

Wenn einer von diesen Helden glaubt, aus dem Betragen seiner Geliebten schließen zu können, daß sie ihm eben keine große Hindernisse in den Weg legen werde, so nimmt er die erste Gelegenheit wahr, die sich ihm zur Ausführung seiner Absichten darbietet.

Da die Indier keine Räuber oder heimliche Feinde zu befürchten haben, so lassen sie ihre Thüren beständig unverschlossen. Etliche Stunden nach Sonnenuntergang schütten die alten Leute oder Sklaven Asche auf das Feuer, das gemeiniglich in der Mitte des Zimmers brennt, und begeben sich zur Ruhe.

Bey dieser Dunkelheit und Stille geht nun der Liebhaber, gut in seine Decke eingehüllt, um sich unkenntlich zu machen, ins Haus seiner Geliebten. Hier zündet er bey dem halb erloschenen Feuer einen Splitter an, der ihm statt eines Schwefelfadens dient, und sucht damit die Stelle, wo seine Geliebte schläft, welcher er die Bettdecke so lange wegzieht, bis sie aufwacht. Steht sie auf und bläst das Licht aus, so ist er willkommen; zieht sie sich aber, wenn sie ihn gesehn hat, die Decke über den Kopf, so kann er versichert seyn, daß alle seine Bemühungen vergeblich sind.   Da

Da die Wohnungen der Indier sehr geräumig sind, so wird nicht leicht jemand durch den schwachen Schimmer des Lichts aufgeweckt. Die jungen Mädchen sollen bey solcher Gelegenheit durch gewisse Kräuter, deren Kräfte sie kennen, sorgfältig den Wirkungen ihrer unerlaubten Liebe vorzubeugen suchen, die ihnen auf immer das Heirathen verbieten würden, wenn man etwas davon erführe.

Die Kinder der Indier werden immer nach ihrer Mutter benannt, selbst wenn eine Frau mehrere Männer hat, und von jedem Kinder bekommt. Ihr Bewegungsgrund dazu ist der Satz, daß ein Kind seine Seele vom Vater, den Körper aber von der Mutter erhalten, und daß es ausserdem immer sicherer sey, sie nach der Mutter zu benennen, weil dieser das Kind gewiß sein Daseyn zu verdanken habe, da hingegen vom angeblichen Vater dies nicht immer bewiesen werden könne.

Die Indier geben ihren Kindern ihren Nahmen mit vielen Feyerlichkeiten, und sehn es überhaupt für eine sehr wichtige Sache an. Worinn diese Feyerlichkeiten eigentlich bestehn, konnte ich nicht erfahren, weil man sehr geheim damit thut. Nur so viel weiß ich, daß man ihnen erst nach den Jahren der Kindheit gewöhnlich ihren Nahmen giebt.

Nichts

Nichts kann die Zärtlichkeit der Indier gegen ihre Kinder übertreffen, und man kann sich ihre Gunst durch nichts leichter erwerben, als wenn man ihrer kleinen Familie schmeichelt. Ich kann gewiß die gastfreye Aufnahme, die mir bey den Nabowessiern wiederfuhr, großentheils den Geschenken zuschreiben, die ich den Kindern der Vornehmern machte.

Es ist schwer zu bestimmen, wodurch die Indier sich eigentlich von einander unterscheiden. Ausser dem Nahmen des Thieres, wornach jede Nation und jeder Stamm benannt wird, giebt es noch persönliche Nahmen, welche die Kinder von ihrer Mutter erhalten.

Die Oberhäupter unterscheiden sich auch durch einen Nahmen, der eine Beziehung auf ihre Fähigkeiten, oder die Hieroglyphen ihrer Familie hat; und diese bekommen sie, wenn sie das männliche Alter erreichen. Diejenigen, welche sich im Kriege oder auf der Jagd hervor thun, oder sonst eine vorzügliche Eigenschaft besitzen, erhalten einen Ehrennahmen, um ihre Thaten dadurch zu verewigen.

So hieß zum Beyspiele der große Krieger der Nabowessier Ottatongûmlifchka, der große Vater der Schlange. Otta bedeutet Vater; tongûm groß,

groß, und lischka eine Schlange. Ein andrer Anführer ward Honapadschatin, ein schneller Läufer über die Geburge, genannt. Als sie mich zu einem von ihren Anführern erwählten, so erhielt ich den Nahmen Schibägo, welches einen Schreiber, oder einen Menschen bedeutet, welcher geschickt Hieroglyphen machen kann, weil sie mich oft schreiben sahn.

Dreyzehntes Kapittel.
Von der Religion der Indier.

Es ist sehr schwer, sich eine genaue Kenntniß von den Religionsgrundsätzen der Indier zu erwerben. Die Europäer haben ihre Lehrsätze und Cerimonien so oft lächerlich gemacht, daß sie jetzt suchen sie zu verhehlen; und wenn sie auch jemand ihr Religionssystem aus Freundschaft entdecken, so mischen sie doch, um es weniger lächerlich zu machen, so viele Sätze, die sie von den französischen Missionarien gelernt haben, darunter, daß man sich gar nicht weiter darauf verlassen kann.

Ich will meinen Lesern bloß eine Beschreibung von der Religion der Nadowessier mittheilen, so weit, als ich sie kennen gelernt habe, denn auch diese

waren

waren damit sehr zurückhaltend. Sonst kann man sich daraus einen sehr richtigen Begriff von den ursprünglichen Lehrsätzen und dem Gottesdienste der alten Indier machen, da sie von allen fremden Lehren, die sich jezt bey den Indiern in der Nachbarschaft der Kolonien eingeschlichen haben, vollkommen frey ist.

Sie erkennen einen Schöpfer oder höchstes Wesen, das alle Dinge regiert. Die Tschipiwäer nennen dies Wesen Manitu oder Kitschi Manitu, und die Nadowessier Wäkon oder Tongo Wäkon, den großen Geist, und sehn es als die Quelle des Guten an, aus welcher nichts Böses herkömmt. Ausserdem glauben sie auch noch einen bösen Geist, dem sie eine große Gewalt beymessen, und von welchem alles Böse, welches den Menschen wiederfährt, herrühren soll. An diesem wenden sie sich im Unglück, und bitten ihn, es abzuwenden, oder doch wenigstens zu mildern, wenn es nicht ganz vermeidlich ist.

Sie behaupten, der große Geist wolle und könne den Menschen nichts Böses zufügen, sondern er überschütte sie mit allem Segen, den sie irgend verdienen; der böse Geist hingegen sinne beständig bloß darauf, wie er dem menschlichen Geschlecht schaden könne.

Ausserdem nehmen sie auch gute Geister von niedrigerm Range an, denen ihre verschiedne Verrichtungen angewiesen sind, wodurch sie beständig das Glück der Menschen befördern. Sie haben jeder ihre gewissen Stücke der Natur unter ihrer Aufsicht, als große Seen, Flüsse und Berge, Thiere, Vögel, Fische und sogar Pflanzen und Steine, die einen besondern Werth besitzen. Allen diesen Geistern erzeigen sie eine Art von Verehrung. Wenn sie zum Beyspiel an den Obernsee, an den Mississippi, oder irgend ein andres großes Gewässer kommen, so bringen sie dem Geiste, der sich dort aufhält, ein Opfer dar, wie ich schon vom Prinzen der Winnebager beym Wasserfall von St. Anton erzählt habe.

Sonst aber glaube ich, daß der Begriff, den sie mit dem Worte Geist verbinden, sehr von dem unsrigen verschieden ist. Sie scheinen sich eine körperliche Vorstellung von ihren Göttern zu machen, und ihnen eine Menschengestalt, aber eine weit schönere, als die indische, beyzulegen.

Eben so denken sie von der Zukunft. Sie zweifeln keinesweges an einem künftigen Leben, aber sie glauben, daß sie ähnliche Beschäftigungen, doch mit weit weniger Mühe und Arbeit, haben, und in eine reizende Gegend kommen werden, wo ein stets

stets heitrer unumwölkter Himmel, und ein immerwährender Frühling herrscht; wo die Wälder mit Wild, die Seen mit Fischen angefüllt sind, die sich ohne alle Mühe fangen lassen, und daß sie überhaupt in dem größten Ueberflusse und Vergnügen leben werden.

Freuden der Seele kennen sie nicht, und diese gehören daher nicht zu ihrem Plane von Glückseligkeit. Sinnliche Freuden hingegen werden dort eben so wie hier nach Verdienst ausgetheilt. Der geschickte Jäger, der tapfre Krieger erhält einen größern Antheil davon, als der Träge und Feige.

Die Priester der Indier sind zugleich ihre Aerzte und Zauberer. Sie heilen ihre Krankheiten und Wunden; sie erklären ihre Träume; sie schützen sie durch ihre Zauberkraft, und verkündigen ihnen zukünftige Dinge, welche die Indier zu wissen äusserst begierig sind.

Von dem letzten Stücke ihrer Kunst habe ich schon das glückliche Beyspiel des Priesters der Killistiner am Obernsee angeführt. In ihrer Arzneykunst sind sie zuweilen eben so glücklich; doch wage ich es nicht zu entscheiden, ob die Zerimonien, die sie dabey machen, etwas zur Würkung der Kräuter beytragen könne.

Wenn jemand krank ist, so bleibt der Arzt Tag und Nacht bey ihm, und macht mit einer Klapper, worin trockne Bohnen sind, und die sie Tschitschikue nennen, ein unangenehmes Geräusch, das sich nicht gut beschreiben läßt.

Diese rohe Harmonie würde nach unsrer Art zu urtheilen den Kranken beunruhigen, und die gute Würkung der Arzney hindern; aber bey den Indiern glaubt man dadurch die Tücke des bösen Geistes, der die Krankheit erregt, zu vereiteln.

Sonst habe ich nicht erfahren können, ob noch andre gottesdienstliche Gebräuche bey ihnen üblich sind, als die, welche ich schon beschrieben habe. Beym Anfange des Neumonds singen und tanzen sie zwar, allein es ist nicht ausgemacht, daß sie den Mond göttlich verehren; sie scheinen blos sich über die Wiederkunft eines Lichtes zu freuen, das die Nächte angenehm macht, und ihnen bey ihren Reisen den Weg zeigt, wenn die Sonne die Welt nicht mehr erleuchtet.

Herr Adair behauptet, daß die Völkerschaften, bey welchen er sich aufhielt, fast alle Gebräuche beobachteten, welche im mosaischen Gesetze verordnet wurden, allein ich konnte bey den Indiern, die nur einige Grade weiter gegen Westen wohnen, keine Spuren vom Judenthum entdecken, wenn man

man eine gewisse Gewohnheit der Weiber, und ihre Eintheilung in Stämme ausnimmt.

Einige französische Missionarien und Jesuiten glauben sogar, daß die Indier, wie sie zuerst Amerika bereisten, würklich einige dunkle und verwirrte Begriffe von der christlichen Lehre gehabt hätten; sie wurden nähmlich durch den Anblick des Kreuzes sehr gerührt, und bewiesen dadurch, daß ihnen die heiligen Geheimnisse des Christenthums nicht unbekannt waren. Diese Ungereimheiten sind zu auffallend, als daß sie irgend Glauben verdienten, und wurden blos von den guten Vätern erfunden, um ihrer Mission ein desto größeres Ansehn zu geben.

Die Indier sind in ihren Religionsgrundsätzen völlig roh und ungelehrt. Sie haben nur wenige und einfache Lehrsätze, die man überhaupt, auch in den unwissendsten Zeitaltern der menschlichen Seele eingedrückt findet. Allein dem ungeachtet verfielen sie nicht, wie viele andre rohe und gesittete Völker, auf Abgötterey. Sie verehren zwar die merkwürdigsten Dinge der Schöpfung und bringen ihnen Opfer; doch thun sie dies vermuthlich blos, weil sie dieselben als den vorzüglichen Aufenthalt, oder als Lieblingsgüter der unsichtbaren Geister ansehn, welche sie anbeten.

Die menschliche Seele pflegt insgemein in ihrem ungebildeten Zustande alle ausserordentliche Naturbegebenheiten, als Erdbeben, Donner und Stürme dem Einflusse unsichtbarer Wesen zuzuschreiben. Die Beschwerden und Mühseligkeiten, die mit der Lebensart eines Wilden verknüpft sind, und die der Mensch in seinem verbesserten Zustande zu vermeiden gelernt hat, werden von ihnen bösen Geistern beygemessen, welche der Indier daher beständig fürchtet, und durch Zaubereyen, durch Beschwörungen und die mächtige Hülfe seiner Manitus abzuwenden sucht. Die Furcht hat daher mehr Einfluß auf seinen Gottesdienst, als Dankbarkeit, und er giebt sich mehr Mühe, dem Zorne der bösen Geister auszuweichen, als sich die Gunst der guten zu erwerben.

Doch haben alle Nationen, die nicht von der Religion erleuchtet werden, welche allein die Wolken des Aberglaubens und der Unwissenheit zerstreuen kann, diese Thorheiten mit den Indiern gemein, und diese sind so frey von Irrthümern, als alle übrigen, die nicht durch ihre lehrreichen Wahrheiten beglückt wurden.

Vier=

Vierzehntes Kapittel.
Von den Krankheiten der Indier.

Die Indier sind überhaupt gesund, und kennen viele von den Krankheiten nicht, welche gesitteten Völkern quälen, und blos eine Folge ihrer Ueppigkeit sind. Jedoch schwächen die Beschwerden der Jagd und des Krieges, die unfreundliche Witterung, und vorzüglich der anhaltende Hunger und die darauf folgende Gefräßigkeit, denen sie auf ihren langen Streifereyen ausgesetzt sind, ihren Körper sehr, und werden die Ursache gefährlicher Krankheiten.

Schmerzen und Schwächen des Magens und der Brust entstehn oft aus ihrem langen Fasten, und Schwindsuchten aus den Beschwerden und Arbeiten, welchen sie sich oft in ihrer Jugend aussetzen, ehe sie die gehörigen Kräfte dazu haben. Ihre gewöhnlichste Krankheit ist jedoch das Seitenstechen, gegen welches sie ihr allgemeines Hülfsmittel, das Schwitzen, vorzüglich gebrauchen.

Sie richten dazu ihre Schwitzstuben auf folgende Art ein. Es werden etliche kleine Stangen in die Erde gesteckt, die sie oben zusammen flechten, und dadurch eine Art von Kuppel machen. Hierüber legen

legen sie Felle oder Decken so geschickt, daß keine Ritze bleibt, wo die Luft hinburch bringen könnte. Es bleibt blos eine kleine Oefnung über, wodurch ein Mensch hinein kriechen kann, die aber auch gleich nachher verschlossen wird. In der Mitte dieses engen Gerüstes legen sie glühende Steine, auf welche Wasser gegossen wird, das durch seinen Dampf eine große Hitze erregt.

Diese Hitze verursacht in wenig Augenblicken eine starke Ausdünstung, welche sie nach Gutbefinden vermehren. Wenn sie sich eine Zeitlang darinn aufgehalten haben, so laufen sie an das nächste Wasser, und tauchen darinn unter; doch bleiben sie nicht über eine halbe Minute darinn, und ziehn darauf ihre Kleidung wieder an, und rauchen ihre Pfeiffe in der festen Ueberzeugung, daß das Mittel helfen wird. Sie schwitzen oft auf diese Art, um sich zu erfrischen, oder sich zu einem Geschäfte vorzubereiten, das viele Ueberlegung und List erfordert.

Sonst giebt es auch noch Lähmungen und Wassersuchten bey den Indiern, die man aber doch nicht häufig antrift. Sie helfen sich dagegen mit Bähungen und Dekokten von Kräutern, die ihre Aerzte sehr gut zuzubereiten und anzuwenden wissen. Doch verlassen sie sich nie auf Arzneyen allein, sondern nehmen immer etliche abergläubische Zerimonien

mit

mit zu Hülfe, ohne welche die Kranken den Mitteln wenig Würkung zutrauen würden.

Eben so gut wissen sie Kräuter zur Heilung von Wunden, von Quetschungen oder Knochenbrüchen anzuwenden. Durch sie können sie Splitter, Stücke Eisen, oder andre Dinge, wodurch die Wunde verursacht ward, ohne Erweiterung derselben ausziehn. Sie sind in diesen Kurarten sehr erfahren, und bringen sie geschwinder zu Stande, als man bey ihrer rohen Art zu verfahren schließen sollte.

Sie ziehn ebenfalls Splitter aus Wunden vermittelst der Haut, welche die Schlangen alle Jahr abwerfen. Es ist unbegreiflich, was sie für Wirkung haben, ungeachtet man nicht die geringste Feuchtigkeit mehr darinn entdecken kann.

Man hat sich lange darüber gestritten, in welchem Welttheile die Lustseuche entstanden sey. Viele glauben, daß sie aus Amerika herrühre. Ich kann nur so viel sagen, daß ich während meines langen Aufenthalts bey den Nadowessiern nicht die geringsten Spuren davon angetroffen habe, und ich erfuhr, daß sie eben so wenig bey den weiter gegen Westen belegenen Völkern bekannt sey, und daher glaube ich nicht, daß sie in Nordamerika entstanden sey. Die südlichern Stämme, die mit Europäern Umgang haben, leiden sehr daran, aber sie kennen so gute und schnelle Mittel, daß das Uebel selten mit großer Gefahr verknüpft ist.

Bald nachdem ich meine Reise angetreten hatte, beklagte sich einer von den Kaufleuten, zu denen ich mich gesellt hatte, über einen heftigen Saamenfluß, der so zunahm, daß er nicht weiter reisen konnte, als wir die Ortschaft der Winnebager erreicht hatten. Er klagte seine Noth einem von den Oberhäuptern, der ihm versprach, ihn so weit zu bringen, daß er in etlichen Tagen seine Reise fortsetzen, und bald darauf sich völlig gesund sehn sollte.

Er kochte zu dem Ende die Rinde von den Wurzeln der stachlichten Esche, einem Baume, der kaum in England bekannt ist, aber häufig in ganz Nordamerika wächst. Der Gebrauch davon stellte ihn größtentheils wieder her, und vierzehn Tage nach seiner Abreise war er aus dem Grunde geheilt.

Wenn sie durch heftige Arbeiten oder übergroße Hitze und Kälte an Gliederschmerzen leiden, so schröpfen sie den den schmerzenden Theil. Die Nationen, die keinen Handel mit Europäern haben, bedienen sich dazu eines scharfen Kieselsteines, dem sie mit sehr viel Geschicklichkeit eine feine Spitze zu geben wissen; eine Lanzette kann kaum schärfer seyn,

als

als die Instrumente, die sie aus diesem harten Stoffe machen.

Sie können sich nicht überzeugen, daß jemand krank sey, so lange er noch essen mag; aber wenn ihm schlechterdings alle Eßlust fehlt, so sehen sie die Krankheit als gefährlich an, und wenden viele Sorgfalt darauf. Während der Krankheit darf der Kranke alles mögliche essen, was ihm gefällt.

Das gemeine Volk glaubt, daß seine Priester durch die Tschitschikue von den Geistern die Ursache der Krankheit erfahren, und sie folglich besser heilen können. Sie finden in allen Krankheiten etwas übernatürliches, und die Arzneyen müssen daher auch durch ausserordentliche Zerimonien unterstützt werden.

Zuweilen glaubt der Kranke, daß er bezaubert sey, aber auch dann wissen ihm seine Priester zu helfen, die, ungeachtet aller ihrer abergläubischen Handlungen, durch ihre Erfahrung, welche sie durch unermüdete Aufmerksamkeit erlangen, und durch ihre Kenntniß von Kräutern, ihre Kunst nach ziemlich guten Grundsätzen ausüben können.

Zum Beweise, daß sie mit vieler Einsicht über Krankheiten zu urtheilen und sie zu heben wissen, will ich folgende Geschichte erzählen, für deren Glaubwürdigkeit ich einstehn kann.

Zu

Zu Penobscot, einem Orte in der Provinz Main, auf der Nordostseite von Neuengland, fühlte eine Soldatenfrau Geburtsschmerzen, allein man konnte ihre Niederkunft, alles angewandten Beystandes ungeachtet, nicht bewerkstelligen. In diesem Zustande hielt sie etliche Tage aus, und die Umstehenden glaubten, daß jede neue Wehe ihrem Leben ein Ende machen würde.

Eine indische Frau hörte zufälligerweise davon, und sagte, daß sie, wenn sie die Kranke sehn dürfte, ihr wahrscheinlicherweise würde helfen können.

Der Wundarzt und die Hebamme, die alle Hofnung aufgegeben hatten, erlaubten der indischen Frau, jedes Mittel anzuwenden, das sie für gut hielte. Sie nahm daher ein Schnupftuch, band es grade über die Nase und den Mund der Kranken, wodurch diese fast auf der Stelle erstickt wäre, da unterdessen die dadurch verursachte Anstrengung in etlichen Secunden ihre Niederkunft bewürkten. So bald dies geschah, so riß sie den Schnupftuch weg, um allen gefährlichen Folgen vorzubeugen. Die arme Kranke ward bald darauf zu jedermanns Erstaunen völlig wieder hergestellt.

Den Grund, den die Indierin für diese kühne Methode anführte, war, daß verzweifelte Krankheiten

heiten verzweifelte Mittel erforderten, und daß sie es für nothwendig gehalten hätte, die Kräfte der Natur durch dies heftige Mittel anzuſtrengen, da ſie ſonſt zu ihren Abſichten nicht hinreichend geweſen ſeyn würden.

Funfzehntes Kapittel.
Von der Art der Indier, ihre Todten zu behandeln.

Ein Indier erwartet den Tod in ſeiner Hütte mit eben der Gleichgültigkeit, mit welcher er ihm oft im Felde entgegen gieng. So bald der Arzt ihm ſein Schickſal kund thut, ſo redet er die Umſtehenden mit einer Faſſung an, die bey einem ſo wichtigen Falle, der faſt jedem andern Menſchen ſo viele Furcht verurſacht, die größte Bewunderung verdient. Iſt er einer von den Oberhäuptern und hat er Familie, ſo hält er eine Art von Sterberede, worin er ſeinen Kindern allerhand nöthige Regeln giebt. Hierauf nimmt er Abſchied von ſeinen Freunden, und befiehlt ein Gaſtmahl für die anzurichten, welche ihm eine Leichenrede halten wollen.

So bald er den Geiſt aufgiebt, ſo wird der Körper eben ſo gekleidet, als er es gewöhnlich bey Lebzeiten

zeiten war, das Gesicht wird bemahlt, und man setzt ihn auf einer Matte oder auf einem Felle mitten in der Hütte in eine aufrechte Stellung und legt seine Waffen neben ihn. Hierauf setzen sich seine Anverwandten um ihn herum, und ein jeder hält nach der Reihe eine Rede an den Verstorbenen. War er ein berühmter Krieger, so erzählt er seine Heldenthaten ungefähr auf folgende Art, die in der Sprache der Indier sehr dichterisch und gefällig ist.

"Du sitzest noch unter uns, Bruder, dein Körper hat noch seine gewöhnliche Gestalt, und ist dem unsrigen noch ähnlich, ohne sichtbare Abnahme, nur daß ihm das Vermögen zu handeln fehlt. Aber wohin ist der Athem geflohen, der noch vor etlichen Stunden Rauch zum großen Geiste empor blies? Warum schweigen jetzt diese Lippen, von denen wir erst kurzens so nachdrückliche und gefällige Reden hörten? Warum sind diese Füße ohne Bewegung, die noch vor einigen Tagen schneller waren, als das Reh auf jenen Gebürgen? Warum hängen diese Arme ohnmächtig, die die höchsten Bäume hinaufklettern, und den härtesten Bogen spannen konnten? Ach, jeder Theil des Gebäudes, welches wir mit Bewunderung und Erstaunen ansahen, ist jetzt wieder eben so unbeseelt, als es vor dreyhundert Wintern war. Wir wollen jedoch dich

nicht

nicht betrauren, als wenn du für uns auf immer ver⸗
lohren wärest, oder als wenn dein Name nie wie⸗
der gehört werden sollte; deine Seele lebt noch in
dem großen Lande der Geister, bey den Seelen dei⸗
ner Landsleute, die vor dir dahin gegangen sind.
Wir sind zwar zurück geblieben, um deinen Ruhm
zu erhalten, aber auch wir werden dir eines Tages
folgen. Beseelt von der Achtung, die wir bey deinen
Lebzeiten für dich hatten, kommen wir jezt, um dir den
letzten Liebesdienst zu erzeigen. Damit dein Kör⸗
per nicht auf der Ebene liegen bleibe, und den Thie⸗
ren auf dem Felde oder den Vögeln in der Luft zur
Beute werde, wollen wir ihn sorgfältig zu den Kör⸗
pern deiner Vorgänger legen, in der Hofnung,
daß dein Geist mit ihren Geistern speisen, und be⸗
reit seyn werde, den unsrigen zu empfangen, wenn
auch wir in dem großen Lande der Seelen an⸗
kommen".

In ähnlichen kurzen Reden erhebt jeder Anfüh⸗
rer das Lob seines abgeschiedenen Freundes. Wenn
dies vorbey ist, und sie befinden sich grade in einer
großen Entfernung von dem Begräbnißplatze ihres
Stammes, oder wenn der Todesfall sich im Win⸗
ter eräugnet, so wickeln sie den Körper in Häute,
und legen ihn auf ein hohes dazu errichtetes Gerüste,
oder auf die Zweige eines großen Baumes, und

lassen

laſſen ihn bis zum Frühlinge liegen. Alsdann tragen ſie ihn, nebſt allen übrigen Leichen ihres Stammes, auf den allgemeinen Begräbnißplatz, wo er mit noch etlichen andern Feyerlichkeiten begraben wird, die ich aber nie erfahren konnte.

Als die Nadoweſſier ihre Todten zur Beerdigung nach der großen Höhle brachten, ſo ſuchte ich die übrigen Zerimonien mit anzuſehn, allein, vielleicht verhinderte ſie der üble Geruch von den vielen Leichen, da es noch dazu ſehr heiß war, oder ſie wollten ſie auch vor mir geheim halten, denn überhaupt bemerkte ich, daß ſie mich nicht gerne dabey ſahen, und daher hielt ich es für gut, mich zu entfernen.

Nach der Beerdigung ſetzten die Landsleute des Verſtorbenen Hieroglyphen an die Stelle, damit man in künftigen Zeiten noch ſeine Verdienſte und Vorzüge wiſſe. Wenn Indier im Sommer ſo weit vom Begräbnißplatze ſterben, daß die Leiche in Fäulniß übergeht, ehe ſie dahin gebracht werden kann, ſo wird das Fleiſch von den Knochen gebrannt, welche aufbewahrt, und nachher auf die gewöhnliche Art begraben werden.

Da die Indier glauben, daß die Seelen der Verſtorbenen ſich in dem Lande der Geiſter noch auf die gewöhnliche Art beſchäftigen, daß ſie ſich ihren Unterhalt auf der Jagd erwerben müſſen, und daß ſie

auch

auch dort mit Feinden zu kämpfen haben, so begraben sie sie mit ihren Bogen, Pfeilen und allen übrigen Waffen, die zur Jagd oder zum Kriege dienen. Ausserdem geben sie ihnen auch noch Häute und Zeuge zu Kleidungen, und allerhand Hausrath und so gar Farbe sich zu bemahlen mit ins Grab.

Die nächsten Anverwandten des Verstorbenen betrauren seinen Verlust mit vielen anscheinendem Kummer und Schmerz. Sie schreyen und heulen, und verdrehen ihre Glieder, wenn sie in die Hütte oder dem Zelte um die Leiche herumsitzen, so bald als die Pausen zwischen den Lobreden der Oberhäupter es erlauben.

Eine Trauer-Ceremonie der Nadowessier ist sehr von allen unterschieden, die ich bey andern Völkern bemerkte; die Männer zerstechen sich zum Beweis ihres Schmerzens das Fleisch an den Armen über den Ellbogen mit Pfeilen, wovon ich bey Vornehmen und Geringen häufige Narben fand. Die Frauenspersonen hingegen zersetzen sich die Beine mit einem scharfen Kieselsteine, bis das Blut häufig herausquillt.

Als ich mich bey den Nadowessiern aufhielt, so verlohren die Bewohner eines benachbarten Zeltes ihren vierjährigen Sohn. Sie wurden über diesen

Verlust so gerührt, daß der Vater durch seinen Kummer und den Verlust von Blut sich den Tod zuzog. So bald die Frau, die vorhin schon untröstbar war, ihren Mann sterben sah, so hörte sie auf einmahl auf zu weinen, und ward völlig heiter und gelassen.

Mir kam diese schleunige Veränderung so sonderbar vor, daß ich nicht umhin konnte, sie darum zu befragen. Sie sagte mir, der Gedanke, daß ihr Kind seiner großen Jugend wegen im Lande der Geister sich seinen Unterhalt nicht würde verschaffen können, hätte ihren Mann und sie sehr beunruhigt, aber da ihr Mann eben dahin gegangen wäre, der sein Kind zärtlich liebte, und die Jagd sehr gut verstünde, so hätte sie aufgehört zu trauren, denn jetzt wäre sie überzeugt, ihr Kind sey glücklich, und sie wünsche jetzt nichts mehr, als bey ihnen zu seyn.

Sie gieng nachher jeden Abend an den Baum, auf welchem ihr Mann und Sohn lagen, und schnitt eine Locke von ihrem Haare ab, welches sie auf die Erde streute, und betraurte in einem schwermüthigen Liede ihr Schicksal. Ihre Lieblingsmaterie war, die Thaten herzurechnen, die ihr Sohn verrichtet haben würde, wenn er länger gelebt hätte, und so lange sie sich mit diesen Gedan-

ken

ken beschäftigte, schien ihr ganzer Schmerz aufzuhören.

"Wärest du bey uns geblieben, mein lieber Sohn, wie sehr würde der Bogen deine Hand gezieret haben, und wie tödlich würden deine Pfeile den Feinden unsers Stammes geworden seyn. Du würdest oft ihr Blut getrunken und ihr Fleisch gegessen haben, und zahlreiche Sklaven wären die Belohnung deiner Arbeit geworden. Mit starkem Arme würdest du den verwundeten Büffel niedergerissen, oder den wüthenden Bär bekämpft haben. Du hättest das fliegende Elendsthier eingehohlt, und auf dem Gipfel der Gebürge dem schnellsten Rehe Trotz geboten. Was für Thaten würdest du nicht verrichtet haben, wenn du das Alter der Kraft erreicht hättest, und von deinem Vater in allen indischen Vollkommenheiten wärest unterrichtet worden".

In ähnlichen Ausdrücken beklagte diese ungebildete Indierin den Verlust ihres Sohnes, und oft brachte sie den größten Theil der Nacht bey diesem rührenden Geschäfte zu.

Die Indier beobachten überhaupt die Trauer für ihre Todten sehr strenge. Bey einigen Völkerschaften schneiden sie sich das Haar ab, bemahlen sich das Gesicht schwarz, und sitzen in einer aufrechten Stellung mit dicht zugebundnen Kopf, und entsagen allen Vergnügungen. Diese Strenge beobachten sie etliche Monathe, und einen geringern Schein von Trauer wenigstens etliche Jahre. Man sagte mir, daß die Nadowessier, wenn sie von ungefähr an ihre verstorbene Anverwandten erinnert würden, oft noch nach neun Jahren laut anfiengen zu heulen. Zuweilen währte dieser Beweis ihrer Achtung und Liebe etliche Stunden, und wenn es ihnen grade gegen Abend einfiele, so stimmten ihre Nachbarn gemeiniglich mit ein.

Sechszehntes Kapittel.
Eine kurze Beschreibung des Karakters der Indier überhaupt.

Der Karakter der Indier besteht wie bey jedem rohen Volke aus einer Mischung von Wildheit und Sanftmuth. Sie lassen sich oft von Leidenschaften und Begierden hinreissen, welche sie mit den wildesten Thieren ihrer Wälder gemein haben, und zeigen dagegen eben so oft Tugenden, welche der menschlichen Natur Ehre machen.

Ich werde mich bey der folgenden Beschreibung sorgfältig hüten, die Vorurtheile der Europäer,

die

die indisch und roh und grausam für einerley halten, und eben so sehr alle Partheylichkeit für die Indier zu vermeiden, zu der mich sonst ihre gütige Aufnahme sehr geneigt machen müßte.

Ausserdem werde ich meine Bemerkungen bloß auf die Völkerschaften der westlichen Gegenden, die Nadowessier, Ottagamier, Tschipiwäer, Winnebager und Sakier einschränken; denn es giebt unstreitig in den verschiednen Himmelsstrichen von Nordamerika auch Völker von verschiedner Denkungsart, und es würde daher für meinen Plan viel zu weitläuftig werden, von allen diesen insbesondre zu handeln. Eben so wenig würde es thunlich seyn, alle mit einem Blick zu übersehn.

Ich gestehe es, daß die Indier von Natur grausam, rachsüchtig und unerbittlich sind, daß sie unwegsame unbegränzte Wälder durchstreifen, und dabey bloß von den kümmerlichen Nahrungsmitteln leben, die sie darinn antreffen, um sich an einem Feinde zu rächen; daß sie das kläglichste Geschrey ihrer Gefangnen nicht rührt, und daß sie an ihren Qualen Freude finden; auf der andern Seite hingegen sind sie mäßig im Essen und Trinken; (ich rede hier von den Stämmen, die wenig Umgang mit Europäern haben,) sie können Hunger, Kälte und Hitze mit der äussersten Gedult ertragen;

und

und sehn die Befriedigung ihrer Begierden bloß als einen Nebenzweck an.

Gegen ihre Freunde, und selbst gegen ihre aufgenommenen Feinde sind sie gesellig und leutselig; sie theilen ihr letztes Brodt mit ihnen, und wagen ihr Leben gern zu ihrer Vertheidigung.

Die Indier kennen ihre Pflicht als Männer und Väter sehr gut. So gleichgültig ein Indier auch zu seyn scheint, wenn er seine Frau und Kinder nach einer langen Abwesenheit wieder antrifft, so rührt dies doch mehr von einer einmahl eingeführten Gewohnheit, als vom Mangel an Gefühl her. Ich glaube, die Erzählung von dem Betragen der Nadowessischen Frau bey dem Verlust ihres Kindes und Gattens beweist dies besser, als die ausgesuchtesten Gründe.

Sie gewöhnen sich von Jugend auf, die größten Mühseligkeiten zu ertragen, und lernen dadurch bald Gefahr und Tod verachten; und ihre Standhaftigkeit, die ihnen die Natur schon geb, und die Beyspiele, Ermahnungen und Zufälle noch vermehrten, verläßt sie keinen Augenblick ihres Lebens.

Sie sind träge und unthätig, so lange ihr Vorrath dauret, und ihre Feinde weit von ihnen sind, aber eben so unermüdet und standhaft sind sie auf der Jagd, oder wenn sie gegen ihre Feinde ziehn.

Sie

Sie sind listig und nehmen jeden Vortheil wahr; sie sind kalt und bedächtlich in ihren Rathsversammlungen, und sehr behutsam, ihre Gedanken oder Geheimnisse zu entdecken. Ausserdem besitzen sie noch viele vorzügliche thierische Eigenschaften, den feinen Geruch eines Hundes, das scharfe Gesicht eines Luchs, die List eines Fuchses, die Schnelligkeit eines Rehes, und die unbezwingbare Wildheit eines Tigers.

In ihrem bürgerlichen Karakter zeigen sie eine solche Anhänglichkeit für den Stamm, zu welchem sie gehören, als man bey andern Völkern fast nie antrifft. Gegen die Feinde ihres Volkes handeln sie, als wenn nur eine Seele sie belebte, und verbannen jeden Gedanken, der sie hieran verhindern könnte.

In ihren Rathsversammlungen kennt man keinen unnöthigen Widerspruch, keinen Neid oder Ehrgeiz, wodurch ihre Maasregeln gegen ihre Feinde vereitelt würden. Eigennutz hat keinen Einfluß auf ihre Rathschläge. Nie können Bestechungen oder Drohungen ihre Liebe zum Vaterlande verringern.

Die Ehre und Wohlfahrt ihrer Völkerschaft liegen ihrem Herzen am nächsten. Aus diesem Triebe entstehn fast alle ihre Tugenden und Laster. Durch

sie bieten sie jeder Gefahr Trotz, erdulden die
größten Schmerzen, und sterben voll Stolz über
ihre eigne Standhaftigkeit, nicht als eine persönliche Eigenschaft, sondern als das Kennzeichen
ihres Volkes.

Aus eben dieser Quelle entspringen ihre unersätt-
liche Rachsucht und Grausamkeit gegen ihre Feinde.
Ihre ungebildete Seele erlaubt ihnen nicht, zu
beurtheilen, ob eine Handlung gut oder übel sey,
wenn ihre Leidenschaften sie dazu antreiben; sie verstehn es nicht, ihrer Wuth Einhalt zu thun, und
dadurch wird ihr rühmlicher Muth zu wilder Grausamkeit.

Doch weiter erlauben mir die Grenzen dieses
Werkes nicht, diesen Gegenstand abzuhandeln.
Die Betrachtungen, die ich schon auf den vorhergehenden Blättern gemacht habe, werden hinreichend seyn, meinen Lesern eine ziemlich richtige
Kenntniß von diesen Völkern zu verschaffen. Und
überhaupt lehrt die Erfahrung, daß Erzählungen
von einzelnen Fällen, so unbedeutend sie auch scheinen mögen, uns oft einen bessern Begriff von den
Sitten, den Gewohnheiten und dem Gegenstande
eines Volkes machen, als die tiefsinnigsten Untersuchungen ohne sie.

Sieben-

Siebenzehntes Kapittel.
Von der Sprache und den Hieroglyphen der Indier.

Die Sprachen der Nordamerikaner können in vier Hauptsprachen abgetheilt werden. Die erste wird von den Jrokesischen Völkerschaften in den westlichen Gegenden, die zweyte von den Tschipiwäern oder Algonkinen in den nordwestlichen, die dritte von den Nadowessiern in den westlichen, und die vierte von den Tscherokisen und Tschickasaern in den südlichen geredet. Eine oder die andre davon ist die Sprache aller Indier, welche die Gegenden zwischen der Küste von Labrador bis an Florida, und von dem atlantischen Meere bis an die Südsee bewohnen, so weit, als unsre Entdekkungen sich bisher erstrecken.

Doch scheint von allen diesen die tschipiwäische Sprache am meisten ausgebreitet zu seyn, und sie wird überhaupt so sehr geschätzt, daß die Oberhäupter von mehr als dreißig Stämmen, die bey den großen Seen, oder westwärts davon an den Ufern des Mississippi, oder südwärts bis an den Ohio hinunter, und nordwärts bis an Hudsonsbay wohnen, sie fast allein in ihren Rathsversammlungen reden, ungeachtet jedes Volk seine besondre

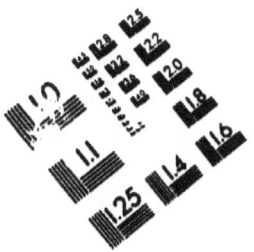
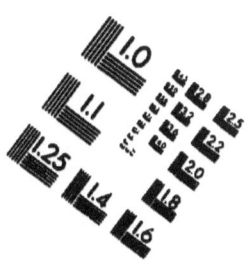

**IMAGE EVALUATION
TEST TARGET (MT-3)**

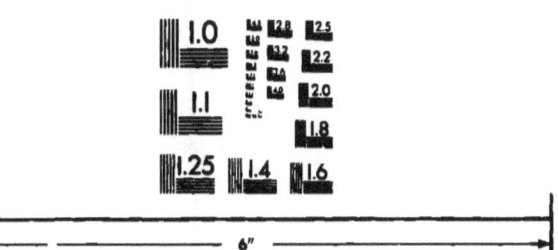

Photographic
Sciences
Corporation

23 WEST MAIN STREET
WEBSTER, N.Y. 14580
(716) 872-4503

Sprache hat. Wahrscheinlicherweise wird sie bey allen indischen Völkerschaften eingeführt werden, da keine es wagen, weite Reisen zu unternehmen, oder zu Unterhandlungen mit einem entfernten Volke für tüchtig gehalten werden, ohne die tschipiwäische Sprache zu verstehn.

Jetzt wird sie, ausser den Tschipiwäern, von den Ottowaern, den Sakiern, den Ottagamiern, den Killistinern, den Nipegonern und den Indiern gesprochen, die noch von den Algonkinen oder Gens de terre übrig sind. Ihre Mundart ist nur wenig verschieden; ich konnte aber nicht entdecken, ob sie diesen Völkerschaften natürlich ist, oder ob sie sie nur angenommen haben. Doch glaube ich, daß die wilde und rauhe Sprache der Winnebager und Menomonier und vieler andern Völker aufhören, und der tschipiwäischen Platz machen werden.

Die Sprache der Tschipiwäer hat keine weitschweifige unnütze Ausdrücke, die Aussprache ist leicht, und sie ist überhaupt wortreicher, als irgend eine andre indische Sprache.

Da die Indier nichts von Komplimenten und Zerimonien wissen, so fehlen ihnen auch eine Menge Wörter, die bey uns zur Ausschmückung unserer Unterredungen dienen. Bey ihren einfältigen unverfeinerten Sitten haben sie blos Ausdrücke für

347

für ihre Bedürfnisse und etliche Bequemlichkeiten des Lebens, deren man aber in einem Zustande der Natur, wie der ihrige ist, nur wenige kennt.

Ich habe ein Verzeichniß von tschipiwäischen und nadowessischen Wörtern beygefügt, aber ohne sie unter grammatikalische Regeln bringen zu können. Das Nadowessische wird mit einem sanften Akzente gesprochen, es hat keine Kehltöne, und ist daher sehr leicht zu lernen, auszusprechen und zu schreiben. Es ist fast so reich und ausdrucksvoll als die Sprache der Tschipiwäer, und zugleich die herrschende Sprache auf der Westseite des Missisippi, da sie nach der Aussage der Nadowessier von allen Völkerschaften gesprochen wird, die nordwärts vom Messorie, und bis an die Küsten des stillen Meeres wohnen.

Da die Indier keine Buchstaben kennen, so ist es sehr schwer den Ton ihrer Worte genau auszudrücken; ich habe mich aber doch bemühet, ihm so nahe zu kommen, als mir möglich war. Ungeachtet dieses Mangels können sich die Indier doch gewissermaßen durch Hieroglyphen ihre Begriffe verständlich machen, die ungefähr dazu dienen, das Andenken vorzüglicher Handlungen oder Begebenheiten zu erhalten. Wenn sie zum Beyspiele auf ihren Streifereyen irgend ein wichtiges Unternehmen

men ausgeführt haben, oder auszuführen begriffen sind, so schälen sie die Rinde von den Bäumen, die sie auf ihrem Wege antreffen, und bezeichnen dadurch ihren zurückgebliebenen Partheyen den Weg den sie nehmen mögten, um sie einzuholen.

Als ich den Mißißippi verließ und auf meinem Wege nach dem Obernsee den Fluß Tschipiwá hinaufging, so nahm mein Führer, ein Oberhaupt der Tschipiwäer, die am See Ottawan nahe bey den Quellen des Tschipiwá wohnen, folgende Maasregeln, um zu verhindern, daß uns Partheyen von Nadowessiern, mit denen seine Nation beständig Krieg führt, nicht überfallen und Schaden zufügen möchten, ehe sie erführen, daß ich da wäre.

Er schälte die Rinde von einem großen Baume, beym Ausflusse der Tschipiwá, und machte mit Holzkohlenstaube, der mit Bärenfette vermischt war, und ihnen anstatt der Dinte dient, ein rohes aber deutliches Zeichen der Ortschaft der Ottagamier. Auf der linken Seite davon zeichnete er einen Mann in Rehfellen, wodurch die Nadowessier bezeichnet werden, und aus seinem Munde gieng ein Strich in den Mund eines Rehes, dem Sinnbilde der Tschipiwäer. Hierauf zeichnete er noch weiter zur linken einen Kanoe, der den Fluß hinaufgieng, worin ein Mann mit einem Hute saß. Diese

Figur

349

Figur sollte einen Engländer oder mich vorstellen, und mein Franzose war mit einem Tuche um den Kopf abgebildet, als wenn er den Kanoe ruderte. Hierzu fügte er noch verschiedene Sinnbilder, unter andern die Friedenspfeiffe am Vordertheil des Kanoes.

Er wollte dadurch den Nadowessiern andeuten, daß ein Anführer der Tschipiwäer in der Ortschaft der Ottagamier von etlichen Oberhäuptern der Nadowesser wäre gebeten worden, den Engländer, der sich vor einiger Zeit bey ihnen aufhielt, den Fluß Tschipiwä hinaufzuführen, und daß sie ihn daher sicher seine Fahrt vollenden lassen möchten.

Einige Schriftsteller behaupten, daß die Indier ordentliche Wapen hätten, und die Felder darin mit vieler Genauigkeit ausmahlen, allein ich konnte keine andre Wapen bey ihnen entdecken, als die gewöhnlichen Sinnbilder, wodurch sich ein Volk von dem andern unterscheidet.

Ein

Ein kurzes Verzeichniß von Wörtern aus der Tschipiwäischen Sprache.*)

A.

Alle, Kokinum.
Ankommen, Takautschin.
Axt, Agacwet.
Asche, Pingo.
Ein Anführer, Okema.
Ankommen, Moppa.
Achtung, Napetelimà.
Augen, Uiscinkie**) (Wiskinkhie).
Alt, Kauescheine.
Anber, Kautack.
Ansehn, Uabimo. (Wawbemo).
Arzney, Maskikic.

B.

Beystehn, Mauineua. (Mawinewäh).
Ball, Alewin.
Beutel oder Tabacksbeutel, Caspetagan.
Ein Bär, Mackua. (Mackwah).
Ein junger Bär, Mäkon.
Bieber, Amik.
Bieberfell, Apiminiqué.
Bart, Miskiton.
Bauch, Mischemaut.
Blut, Misko.
Bruder, Neconnis.

Brand

---

*) Ich habe die indischen Wörter so geschrieben, wie wir Deutschen sie aussprechen würden, und das Englische, wo die Aussprache sich nicht ausdrücken läßt, in Klammern beygefügt.

**) Das englische W läßt sich, wie mich dünkt, nicht besser ausdrücken, als wenn man ein U an dessen Stelle setzt, das aber mit der folgenden Sylbe zugleich ausgesprochen werden muß.

Brandtewein oder Rum, Scottavaba. (Scuttawawbah).
Brodt, Pabauschigan.
Bock, Uasketsch, (Wasketsch).
Betroffen, Tallemiss.
Bettdecker, Uabeujon. (Wawbewion).
Becher, Olàgan.
Betrüger, Malatissie.
Behalten, Ganwerima. (Ganwerimaw).
Brief, Masiganon.
Beten, Talaimia.
Beschl'essen, Tibelindon.
Bewundrungswürdig, Etwa, Etua. (Etwah, Etwáh).
Betrübt, Miscottissie.

D.

Daß, Maba.
Da, Uatsadebi, (Watsaudebi).
Dieser, Manda.
Doch, Minneuatsch, (Minnéwatch).
Dank euch, Megnatsch, (Megwatch).

E.

Ente, Tschikhip.
Erde, Akuin, (Aukwin).

Essen, Päpigik.
Englisch, Saganosch.
Ehemahls, Piruego, (Pirwego).
Ehre, Mackauala, (Mackawalaw).
Eisen, Peuabick, (Pewawbick).
Erzählung, Tawuema, (Tawwemaw).
Ehrerbietung, Tabamiaa.
Eingeweide, Olabisch.

F.

Flasche, Schischigo.
Fasten, Ualicbic, (Walicbie).
Fallen, Penkisin.
Fett, Pimmitie.
Freund, Niconnis.
Feld, besäetes, Kittegàmic.
Feuer, Scotta.
Feuer schlagen, Scutecke.
Finden, Nantaunaua, (Nantounawah).
Fisch, Kickon.
Fort, Uakaigon.
Franzose, Nietegusch.
Frieren, Kissin.
es friert hart, Kissin magan.
Flinte, Pasketligan.

Faul

Faul, Kittiml.
Fleisch, Ues, (Wess).
Friede machen, Pecatotitsche.
Fluß, Sippin.

G.

Gefäß, Auentsgàn.
Gefährte, Nietschie.
Getraide, Melomin.
Genug, Mimilic.
Gleich, Tabiscotsch.
Gabel, Nassauokuot, (Nossawokwot.)
Gott, Kitschi Manitau.
Gehn zu Wasser, Pimmisca.
Geben, Milla.
Gut, Calatsch (Cawlsch).
Zu nichts gut, Malatal.
General, Kitschi Okima.
Groß, Manatau.
Gefräßig, Safakissi.
Gleich, Uebatsch, (Webatch).
Gänzlich, Napitch.
Geliebte, Neremausin.
Gehörig, Safega.
Geist, Manitau.
Gestern, Petschilago.
Gelb, Uazzo, (Wazzo).
Glauben, pilerima.

H.

Hose, Miscausa.
Hosen, Kipokitic Kausa.
Hund, Alim.
Kleiner Hund, Alemon.
Hase, Uapus, (Wawpoos).
Herz, Mitscheua, (Mitchewah.)
Hassen, schingarima.
Halb, Nabal.
Menschenhaar, Lissio.
Haar von Thieren, Piual.
Hübsch, Canotschininne.
Haben, Fandàla.
Haupt, Austecauan.
Himmel, Speminkakuin.
Hier, Aconda.
Heiß, Akeschotta.
Hütte oder Haus, Uig-Uàm, (Wig-Waum).
zu Hause, Entagent.
Heyrathen, Uieuin, (Weewin).
Halbinsel, Minnissin.
Hemd, Papakuèan, (Papawkwèan.)
Holz, Mittic.

J.

Immer, Kokali.
Jagen, Kiuassa, (Kewassa).
Indier,

Indier, Tschinabu.
Insel, Menisi.
Indisch Korn, Brigarsing.
Jung, Uisconekissi, (Wisconekissi).

K.

Körper, Yo, (Yoe).
Kanoe, Tschenna.
Kind oder Kinder, Bobeloschin.
Kalt, ich bin, Kekatsch.
Kraut, Metschask.
Es kann seyn, Teniendo.
Kessel, Ackikons.
König oder Anführer, Ockema.
Krieger, Semaganasch.
Krieg, Montabsia.

L.

Land, Endalakien.
Tragen über Land, Cappatagon.
Lachen, Papi.
Lahm, Kikekssa.
Leben, Nautschimovin, (Nouchimowin).
Lieben, Sakie.
Lange her, Schaschig.
Laufen, Pitschebot.
Löffel, Miskuon, (Miskwan).
Lange Reisen.

M.

Muth, Tigwanissie, (Tagwaw...).
Müde, Takkissi, (Tankwissi).
Mädchen, Ikuassin, (Jeckwassin).
Es mag seyn, Teniendo.
Messer, Mockoman.
krummes Messer, Cutagon.
Mann, Alissinape.
Marschieren, Pimmaussie.
Monath, Debicot.
Mörser zum stossen, Pautagon.
Männlich, nape.
Morgen, Uabonk, (Wawbunk).
Ueb er morgen, Aaonk.

N.

Nachher, Mipidatsch.
Niederlegen, Ujepema, (Weepemah).
Nabel, Schabonkin.
Nahe, Piuitsch, (Pewitch).
Nation, Eirinie.
Nie, Cavioka, (Cawiokaw).
Nacht, Debicot.
Nein, Ka.
Nase, Yotsch.
Nichts,

Nichts, kakego?
Noch nicht, kamiaki.
Gar nicht, kagoffch.
Nichtsnutzig, Malerar.
Nehmen, Emènda.

O.
Oben, Spimink.
Otter, Nikkik.

P.
Pfeiffe, Poagan.
Pulver, Pinko.

R.
Rufen, Tefchipka.
Regieren, tibarima.
Roth, Mil—
Regen, meuan, (kim mewan).
Roth, Capotiuian (Capo tewian).
Weiberrock, Ockola.

S.
Schlagen, Pakuuit.
Seyn, Tapadiche.
Schwarz, markare.
Sterben, Nip.
Schüssel, Mackoan.
Spiegel, Uabemo. (Waw bemo).
See, Kitfchigamink.

Spiel, Pachitgo.
Schnell, Kegotfch.
Segel, pemifce.
Seit, Mafhimae.
Schuh, Makiffin.
großes Schiff, Kitfchi tfche man.
Stern, Alank.
Stehlen, komajin.
Strümpfe, Mittas.
Stark, Maschkara (Masch kauwah).
Stör, Lamach.
Sonne, kiffis.
Schwerd, fimagan.
Sehn, Uabemo, (Waw bemo).
Seit, mapedo.
Sklave, Uackan, (Wackan).
Schlaf, Nippic.
Sitzen, Mintepin.

T.
Tragen, Peta
Tanz, Nemeh.
Todt, Niepo.
Teufel, Matfcho Manito.
Thun, Tofchiton.
Trinken, Minikua, (Mi

Betrunken, Auisquiba,*)	Wahrlich, Kikie.
Trauben, Schoamin.	Wasser, Nebbi.
Thau, Tanapie.	Weg, Mickon.
Traurig, Talimiſſie.	Wohl denn! Tanienda!
Tobak, Sema.	Was iſt das? Uaueuin,
U.	(Wawwewin)?
Uebel, Napitſch.	Was jetzt? Quagonie?
Verlaſſen, Packitoa.	Woher? Tanippi.
Vater, Nôſſa.	Wo, Ta.
Vorwärts, Nopauink, (No-	Weiß, Uabè, (Waubè).
pawink).	Wer da? Quagonie Maba?
Voll, Mauſkinet.	Wind, Lautin.
Verborgen, Kemiautſch.	Winter, Pepaun.
Verliehren, Pachilaguè.	Weib, Ickuie, (Ickwee).
Viel, Nibbilau.	Wolf, Mah'ngon.
W.	Wenig oder klein, Mangio.
Wurfſpieß, Scheſchickuie,	**Z.**
(Sheſhikwee).	Zu wenig, Oſammangis.
Wie, Tanè.	Zu viel, Oſſanè.
Wie viel, Tawnemillik.	Zunge, Auton.
Wiſſen, Thickerema.	Zähne, Tibbit.
Wenig, Uabeſchien, (Wau-	Zuſammen, Mamauie, (Ma-
beſheen).	mawwee).

Zahlwörter aus der Tſchipiwäiſchen Sprache.

Eins, Paſchik.	Fünf, Narau.
Zwey, Nintſch.	Sechs, Ningautuaſſau, (Nin-
Drey, Niſſau.	goutwaſſou).
Vier, Nea.	Sieben, Ninchouaſſau.

Z 2   Acht,

---

*) Dies Wort klingt faſt völlig wie Uaquabaugh, welches im
bergſchottiſchen Branntwein bedeutet. Ueb.

Acht, Niſſouaſſau.
Neun, Schongaſſau.
Zehn, Mittaſſau.
Eilf, Mittaſſau Paſchik.
Zwanzig, Nintſchtàna.
Dreißig, Niſſau Mittàna.
Vierzig, Nea Mittàna.
Funfzig, Naras Mittàna.
Sechszig, Ningauruaſſau Mittàna.
Siebenzig, Nintſchouaſſau Mittàna.
Achtzig, Niſſouaſſau Mittàna.
Neunzig, Schongaſſau Mittàna.
Hundert, Mittaſſau Mittàna.
Tauſend, Mittaſſau Mittaſſau Mittàna.

Ein kurzes Verzeichniß von Wörtern aus der Sprache der Nadoweſſier.

A.
Axt, Aſchpa.
Augen, Eſchtike.

B.
Bieber, Tſchàba.
Büffel, Tatongo.
Bär, Uakonſchedſcha, (Wahkonſchegah).
Baum, Otſcha.

D.
Da, Datſchè.

E.
Eſſen, Euchamena.
Eiſen, Murah.

F.
Feuer, Pàta.
Franzoſt, Niedegoſch.

Freund, Kitſchius, (Kitchiwah).
Flinte, Muza Uakon, (Muzah Wakon).

G.
Gut, Uoſchte, (Woſhtah).
Geben, Accuje.
Gott, Wàkon, (Wakon).
Groß, Tongo.
Geld, Muzaham.
Geiſtige Getränke, Mench Uakon.
Gottlos, Hegahachta.

H.
Hören, Nukiſchon.
Häuslich, Schua.
Haus, Tiebie.

Himmel, Uschta Tiebie (Woshtah).
Hund, Schungusch.

J.

Ich, Meoh.
Ihr, tschie.
(Jung, Mapàna).
Ihr seyd gut, Uschee tschie (Washtah).
Ihr seyd ein Geist, Uakon (Wakon) tschie.
Ihr seyd mein guter Freund Uschta bitschina, (kitchiwah) tschie.

K.

Kanoe, Uato (Waahtoh).
Kalt, Metschäta.
Rind, männliches, Uetschoakse (Weshoakfeh.)
Rind, weibliches, Uatschiekse, (Wahcheeseh).
Kommt her, Accoyouiyare
König, Ota.
Klein, dschestin.

L.

Lang, tongûn.
Lieben, Euamea, (Ehwahmeah).

M.

Mehr, Otena.
Monath, Ouie, (Oweeh).
Mund, Eeh.
Medaillen, Muzah Ota.
Mein, Mina, (Mewah).
Milch, Estabo.

N.

Nein, Heyah.
Nahe, Dschiestina.
Nichtsnutzig, Heyah Uschta, (Washtah).

O.

Ohren, Nukah.
O! Hopiniyahie!

P.

Pferd, Schuetongo.
Pfeiffe, Schanuapa.
Friedenspfeiffe, Schanuapa Uakon, (Wakon).

R.

Regen, Oua (Owah) Meneh.
Ring, Muramschupa.
Rund, tschupa.
Reh, Tchindsche.
Rauch, Schauea, (Shawesh).
Reden, Quetchin, (Owetchin).

S.

S.

Schlecht, Schedscha.
Spange, Mukahum.
See, Tongo Mena.
Salzwasser, Menio Quea.
Sehen, Eschta.
Schlafen, Eschtiema.
Schlange, Omlischka.
Sonne, Pàta.
Schnee, Sinnie.
Seltsam, Höpinlayare.
Silber, Müraham.

T.

Todt, Negosch.
Tödten, Negoschtaga.
Toback, Schafassa.

U.

Uebel, Schedscha.
Water, Ora.
Viel, ota.

W.

Wasserfall, Oua (Owah) mena.
Weggehn, Acqua, (Accoowah).
Weib, Uschokedscha,(Winnókejaw).
Wasser, Mene.
Was? tago?
Wer da? Tagodatsche?

Zahlwörter der Nadowessier.

Eins, Uontscha, (Wonchaw).
Zwey, Nùmpa.
Drey, Yamonie.
Vier, Tobo.
Fünf, Sabottie.
Sechs, Schako.
Sieben, Schakopie.
Acht, Schahindohin.
Neun, Nebotschunganon.
Zehn, Uegotschunganon, (Wegschunganong).
Eilf, Uegotschunganon Uontscha, (Wontscha).
Zwanzig, Uegotschunganon Nùmpa.
Dreißig, Uegotschunganon Yamonie.
Vierzig, Uegotschunganon Tobo.
Funfzig, Uegotschunganon Sabattie.
Sechszig, Uegotschunganon Schako.

Sie

Siebenzig, Uegotſchunga- non Shakopie.	Neunzig, Uegotſchunga- non Nebotſchunganon.
Achtzig, Uegotſchunganon Schahindobin.	Hundert, Opong. Tauſend, Uegotſchunganon Opong.

Dieſem kurzen Verzeichniß von Wörtern will ich doch noch eine Probe von der Art beyfügen, wie die Nadoweſſier ihre Worte zuſammen ſetzen. Ich habe dazu ein kurzes Lied gewählt, das ſie mit einer gewiſſen Art von Melodie, doch ohne allen Anſchein von Stanſion ſingen, wenn ſie ihre Jagd- züge anfangen. Meine Ueberſetzung iſt ſo buch- ſtäblich, wie der Genius beyder Sprachen es erlaubt.

Meo accuua (accoowah) eſchta para negoſahtaga ſchedlcha mena. Tongo Uakon (Wakon) meo uoſchta (woſhtah) para accuua. Hopintyahic ouis (oweeh) accuyis meo, uoſchta para oto Bo- hinoſcha meo tiebie.

Ich will aufſtehn vor der Sonne, und jenen Hügel beſteigen, zu ſehn, wie das neue Licht die Dünſte wegjagt, und die Wolken vertreibt. Großer Geiſt, verleihe mir Glück. Und wenn die Sonne weg iſt, leihe mir, o Mond, hinreichendes Licht, mich ſicher nach meinem Zelte, mit Wild beladen, zurückzuführen.

Acht-

Achtzehntes Kapittel.
Von Thieren, Vögeln, Fischen, Gewürmern und Insekten, die in den innern Theilen von Nordamerika gefunden werden.

Ich werde von diesen zuerst ein allgemeines Verzeichniß angeben, und nachher nur diejenigen beschreiben, die diesem Lande besonders eigen sind, oder sich in wesentlichen Stücken von ähnlichen unterscheiden, welche man in andern Gegenden antrifft.

Von Thieren.

Von Thieren giebt es hier, Tiger, Bären, Wölfe, Füchse, Hunde, Bergkatzen, wilde Katzen, Büffel, Rehe, Elendthiere, Moosethiere, Rennthiere, Wolfsbären, Stinkthiere, Stachelschweine, Igel, Hamster, Coatis, Marder, Fischerwiesel, Biberratzen, Eichhörnchen, Hasen, Caninchen, Maulwürfe, Wieseln, Mäuse, Murmelthiere, Biber, Fischottern, Sumpfottern und Fledermäuse.

Der Tiger. Der amerikanische Tiger ist, dem asiatischen und afrikanischen ähnlich, doch ist er lange nicht so groß, und kommt ihm ebenfalls an Wild-

*) Mustela Pennanti corpore nigro lateribus fuscis. Erxleben syst. regni anim. p. 470.

Wildheit und Gefräßigkeit nicht gleich. Seine Farbe ist dunkelgraugelb, und völlig ohne Flecken. Ich sah einen auf einer Insel im Flusse Tschipiwá ziemlich genau, da er nicht weit von mir entfernt war. Er saß auf seinem Hintertheile wie ein Hund, und schien eben so wenig unsre Annäherung zu fürchten, als raubbegierige Absichten zu hegen. Man trift ihn in diesen Gegenden nur selten an.

Der Bär.*) Bären sind in diesem Theile des festen Landes sehr zahlreich, aber vorzüglich in den nordlichen Gegenden desselben. Sie dienen fast allen indischen Nationen zur Nahrung und zu Betten. Die amerikanischen sind von den grönländischen und rußischen in verschiedenen Stücken unterschieden. Sie sind lange nicht so groß, und wagen nicht leicht einen Angriff, wenn sie nicht von Hunger oder Schmerz angetrieben werden. Der Anblick eines Menschen setzt sie in Schrecken, und ein Hund kann verschiedne zum laufen bringen. Sie sind große Liebhaber von Weintrauben, und klettern die höchsten Bäume hinauf, sie aufzusuchen. Diese Art Futter macht ihr Fleisch sehr saftig und wohlschmeckend, welches die Indier und Handelsleute daher dem von allen übrigen Thieren vorziehn, das Fett ist sehr weiß, angenehm und gesund, und hat ausser-

B 5 dem

*) Ursus Arctos L.

dem den Vorzug, daß es nicht leicht ranzigt wird. Die Eingebohrnen salben sich beständig damit, und haben ihm ihre Geschmeidigkeit größtentheils zuzuschreiben. Die Zeit der Bärenjagd fällt in den Winter, da sie sich in hohle Bäume begeben, oder sich Löcher in den Wurzeln umgewehter Bäume aushöhlen, wozu sie den Eingang mit Zweigen verstopfen. Aus diesem Lager sollen sie so lange, als die strenge Witterung währt, nicht herauskommen, und da man weiß, daß sie keinen Vorrath von Futter zusammen bringen, so glaubt man, daß sie etliche Monathe ohne Futter zubringen können, und selbst ohne während diese Zeit an Dicke abzunehmen.

Der Wolf. Die Wölfe sind in Nordamerika weit kleiner, als man sie in andern Gegenden antrift. Sie haben aber ein eben so grimmiges Ansehn, und ein eben so wildes Auge, wie diese. Doch sollen sie lange nicht so gefräßig seyn, als die europäischen, und nicht leicht einen Menschen angreifen. Doch hat man sie zuweilen bey Leichnamen von Erschlagenen angetroffen. Wenn sie sich truppweise zusammen halten, welches sie oft im Winter thun, so machen sie einen scheuslichen und fürchterlichen Lärm. Es giebt in den hiesigen Gegenden zweyerley Arten, wovon die eine eine graugelbe und die andre eine schwarzbraune Farbe hat.

Der

Der Fuchs. Es giebt zwey Arten Füchse in Nordamerika, die sich durch ihre Farbe unterscheiden. Die eine ist röthlichbraun, und die andre grau. Die, welche man von der letzten Art am Mississippi findet, sind ungemein schön, da ihr Haar eine völlige Silberfarbe hat.

Der Hund. Die Hunde, welche die Indier zur Jagd brauchen, scheinen alle von einerley Art zu seyn. Sie tragen ihre Ohren aufwärts, und ihr Kopf ist dem von einem Wolfe sehr ähnlich. Sie sind den Indiern auf ihren Jagdzügen sehr nützlich, und greifen jede Art von wilden Thieren, das sie verfolgen, an. Sie sind ihren Herren sehr getreu, nur werden sie oft in den Hütten und Zelten, wenn man sie schlecht futtert, ungemein beschwerlich.

Die Bergkatze.*) Dies Thier hat die Gestalt einer Katze, nur ist es weit größer. Ihr Haar oder Fell ist dem von einer zahmen Katze ebenfalls ähnlich, doch unterscheidet es sich durch seine Farbe, die röthlich oder orangengelb ist, und unter dem Bauche heller wird. Die ganze Haut ist mit schwarzen Flecken von verschiedenen Figuren geschmückt. Auf dem Rücken sind sie länglicht, und an den untern Theilen rund. An den Ohren hat sie schwarze

Strei-

*) Felix pardalis L.

Streifen. Diese Katze greift eben so zuweilen als ein Leopard, doch greift sie selten einen Menschen an.

Der Bison.*) Von diesen Thieren giebt es in den hiesigen Gegenden eine ungeheure Menge. Sie sind größer, als Ochsen, haben kurze schwarze Hörner, und einen langen Bart unter dem Kinn. Ihr Kopf ist so rauch, daß die Haare über die Augen herunterfallen, und ihnen ein fürchterliches Ansehn geben. Sie haben einen Höcker auf dem Rücken, der bey den Hüften anfängt, und gegen die Schultern zu immer höher wird, bis er den Nacken erreicht. So wohl dieser Auswuchs, als der ganze übrige Körper, sind mit langem Haare, oder vielmehr einer Art Wolle bedeckt, die eine dunkelbraune oder Mäusefarbe hat. Sie wird sehr geschätzt, hauptsächlich die vom Vordertheile des Körpers. Der Kopf ist größer, wie bey einem Stiere, und der Hals ungemein kurz. Die Brust ist breit, und der Körper wird gegen die Lenden zu immer dünner. Sie laufen so bald sie einen Menschen sehn, und ein einziger Hund kann ganze Heerden von ihnen verjagen. Das Fleisch vom Bison ist sehr gut zu essen, die Haut ist ausserordentlich nützlich, und das Haar schickt sich zu verschiedenen Manufakturen.

Der

---

*) Bos bison, L. var. jubatus.

Der Hirsch.*) Es giebt nur eine Art von Hirschen in Nordamerika, und diese sind höher und feiner gebaut, als die europäischen. Ihre Farbe ist dunkelgraugelb, und ihre Geweihe sind sehr groß und vielendigt. Sie sind die geschwindesten Thiere, die man auf den amerikanischen Ebenen antrifft, und gehn, wie in andern Ländern, rudelweise zusammen.

Das Elendthier**) ist weit grösser als ein Hirsch, und hat fast die Dicke eines Pferdes. Sein Rumpf hat einen Bau wie bey einem Hirsche, nur ist sein Schwanz selten über drey Zoll lang. Sein Haar ist grau, fast kameelfärbig, nur fällt es etwas mehr ins röthlichte; die Länge desselben beträgt fast drey Zoll, und es ist so hart als Pferdehaar. Die Geweihe erreichen eine erstaunliche Grösse, und geben sich so weit aus einander, daß zwey bis drey Leute dazwischen sitzen könnten. Sie sind nicht an beyden Seiten gezackt, wie bey den Hirschen, sondern haben alle ihre Enden an dem äussern Rande. Ausserdem unterscheiden sie sich von dem Geweihe eines Hirsches noch dadurch, daß sie platt und acht bis zehn Zoll breit sind, da man sie hingegen bey diesen rund und weit schmahler findet.

Sie

*) Cervus Elaphus L. varietas Canadensis.
**) Cervus Alces L.

Sie werfen ihre Geweihe alle Jahre im Hornung, und mit dem August erreichen die neuen gewöhnlich ihre völlige Größe. Ungeachtet ihrer Größe, und ihrer Vertheidigungswaffen, womit sie die Natur versehn hat, sind sie eben so furchtsam, als Hirsche. Ihre Haut ist sehr nützlich, und läßt sich eben so gut, wie die von einem Rehbock zubereiten. Sie leben des Sommers vom Grase, und des Winters vom Moose und von den Blattknospen der Bäume.

Das *Muserhier* *) ist fast eben so groß, wie das Elendthier, und hat fast eben so ungeheure Geweihe, wie dieses, nur mit dem Unterschiede, daß sie sich an der Wurzel einander mehr nähern, und wie bey einem Hirsche auf beyden Seiten Zacken schießen. Sie werfen sie ebenfalls alle Jahre. Sein Hintertheil ist sehr breit, aber sein Schwanz ist nicht über einen Zoll lang. Es hat Füße und Beine wie ein Kameel; sein Kopf ist ungefähr zwey Fuß lang, seine Oberlefze ist weit größer, als die untere, und die Naselöcher sind so weit, daß ein Mensch seine Hand ziemlich weit hineinstecken könnte. Das Haar des *Muserhiers* ist hellgrau mit schwarzbraun vermischt. Es hat eine starke Federkraft,

denn

---

*) Dies ist würklich auch eine bloße Abänderung vom Elendsthiere. Erxl. syst. regni anim. p. 300.

denn, wenn man es auch noch so lange schlägt, so nimmt es doch immer seine vorige Lage wieder an. Das Fleisch ist sehr angenehm, gesund und nahrhaft. Die Nase oder Oberlefze, die sehr groß ist, und nicht ans Zahnfleisch hängt, wird für einen guten Leckerbissen gehalten, da sie eine etwas festere Konsistenz hat, wie Mark, und gehörig zubereitet ein saftiges und wohlschmeckendes Gericht giebt. Seine Haut schickt sich zum Leder sehr gut, da sie dick und stark, und doch dabey weich und biegsam ist. Dies Thier läuft immer im Trabe, und zwar so geschwind, daß es nur von wenigen andern wilden Thieren an Schnelligkeit übertroffen wird. Man trifft es gewöhnlich in Wäldern an, wo es sich von Moos und Blattknospen nährt. Sie gehören zwar zu dem Hirschgeschlechte, gehn aber nie rudelweise zusammen. Die meisten Schriftsteller verwechseln sie mit den Elendthieren, Hirschen oder Karrabus, allein sie gehören zu einer ganz verschiednen Art, wie man aus den Beschreibungen, die ich von diesen Thieren gegeben habe, deutlich sehn kann.

Das Rennthier *) ist zwar dem Musethier an Gestalt ähnlich, doch ist es nicht so groß, und unbe-

*) Cervus tarandus, L. Erxleben Syst. r. a. pag. 308. Cariba oder Carrabou.

unbehülflicher. Ueberhaupt nähert es sich etwas dem Bau eines Esels. Seine Geweihe sind nicht so platt, wie beym Elendthiere, sondern rund, wie beym Hirsche. Sie nähern sich auch mehr bey den äussern Enden, und hangen mehr über das Gesicht herüber, als sie es bey dem Elend- und Mauselhiere thun. Es hat viel von der Schnelligkeit eines Hirsches, und läßt sich nicht leicht fangen. Sein Fleisch ist ebenfalls sehr gut, und seine Zunge wird vorzüglich geschätzt. Da seine Haut glatt und ohne Adern ist, so wird sie eben so hoch gehalten als Gemsenleder.

Der Wolfsbär*) gehört zum Katzengeschlechte, und ist ein schrecklicher Feind von den vier vorhergehenden Arten Thieren. Er greift sie entweder unvermuthet aus einem Hinterhalte an, oder klettert auf einen Baum, und nimmt seinen Stand auf einem Zweige, wo er lauert, bis irgend eines von ihnen von großer Hitze oder Kälte getrieben, Schutz darunter sucht. Er springt seinem Raube auf den Nacken, reißt ihm die Kehlader ab, und fällt es bald dadurch zu Boden. Hiezu hilft ihm sein langer Schwanz ungemein, den er um den Leib seines Gegners schlägt. Der einzige Weg, ihm

---

*) Carcajou, Ursus L. heißt sonst auf Englisch auch Wolverene oder Quick. hatch.

ihm zu entgehn, ist, wenn das Thier gleich auf ein Wasser zuläuft, wodurch es sich zuweilen vom Wolfsbären, der dies Element sehr scheut, losmacht, ehe er seinen Zweck erreichen kann.

Das Stinkthier *) ist das wunderbarste von allen, die man in den amerikanischen Wäldern antrifft. Es ist noch wohl etwas kleiner, als ein Iltis, zu dessen Geschlecht es gehört, und mit dem es oft verwechselt wird, ungeachtet es sich in vielen Stücken davon unterscheidet. Sein Fell ist lang und glänzend, die Farbe schmutzig weiß mit verschiednen schwarzen Stellen, so daß es hin und wieder schwarz-schattirt zu seyn scheint, ohne doch eigentlich gefleckt oder gestreift zu seyn. Sein Schwanz ist lang und buschigt, wie beym Fuchse. Es hält sich vorzüglich in Wäldern und Gebüschen auf. Einer ausserordentlichen Waffen bedient es sich blos, wenn es verfolgt wird. Sobald es nähmlich sich in Gefahr sieht, sprützt es von hinten auf eine große Entfernung eine so feine und stark riechende Feuchtigkeit aus, daß die Luft über eine halbe Viertelmeile herum davon angesteckt wird, und seine Verfolger, Menschen sowohl als Hunde, sehn sich
durch

*) Viverra putorius L. Putorius Americanus striatus Catesby.

Carvers Reisen.   A a

durch den abscheulichen Gestank gezwungen, von ihrem Vorhaben abzustehn. Die Franzosen nennen es daher enfant du diable (Teufelskind), oder bete puante, (Stinkthier). Es ist fast unmöglich, die schädlichen Würkungen der Feuchtigkeit zu beschreiben, womit es die Natur zu seiner Vertheidigung versehn hat. Wenn nur ein Tropfen davon auf die Kleidung fällt, so erhält sie davon einen so unangenehmen Geruch, daß man sie nicht weiter tragen kann; oder wenn etwas davon ins Auge kömmt, so erregt es lange unerträgliche Schmerzen, und man verliert wohl gar das Auge darüber. Dieser so fürchterliche Geruch des Stinkthiers hat jedoch nichts Aasähnliches, sondern riecht vielmehr wie starker Moschus, der mehr durch seine Stärke, als durch seinen ekelhaften Geruch widrig wird. Er soll aber dazu dienen, den Kopf aufzuheitern, und die Lebensgeister in Bewegung zu bringen. Einige Naturkündiger glauben, daß diese Feuchtigkeit nichts als Harn sey; allein ich schnitt viele von den Stinkthieren auf, die ich schoß, und fand nahe bey der Harnblase ein kleines Wasserbehältniß, das völlig von ihr abgesondert war, und aus dem nach meiner Ueberzeugung dieser fürchterliche Geruch allein herkommt. Wenn ich den Sack, worinn sich dies Wasser befindet, sorgfältig herausgenommen hatte, so fand ich das Fleisch sehr gut und angenehm. Allein ein einziger Tropfen, der verschüttet wird, verdirbt nicht allein das ganze Thier, sondern erfüllt auch das ganze Haus, und macht alle Eßwaaren darinn unbrauchbar. Die Franzosen haben ihm daher mit sehr großem Rechte seinen Nahmen gegeben.

Das amerikanische Stachelschwein *) ist ungefähr so groß wie ein kleiner Hund, nur ist es kürzer und niedriger. Es unterscheidet sich von den Stachelschweinen aus andern Gegenden sehr durch seinen Bau und durch die Länge seiner Stacheln. Seine Gestalt ist der von einem Fuchse ähnlich, nur hat es einen kürzern und nicht so scharfen Kopf, fast wie ein Kaninchen. Sein Körper ist mit dunkelbraunen vier Zoll langen Haaren bedeckt, davon einige die Dicke eines Strohhalmes haben, und daher seine Stacheln genannt werden. Diese Stacheln sind weiß mit schwarzen Punkten, inwendig hohl und sehr stark, vorzüglich auf dem Rücken. Sie dienen zu Angriffs- und Vertheidigungswaffen, womit dies Thier seine Feinde sticht. Wenn sie nur im geringsten ins Fleisch eindringen, so sinken sie gleich so tief hinein, daß man sie herausschneiden muß. Die Indier machen sich damit Löcher in die Ohren

---

*) Hystria dorsata L.

Ohren und Nasen zu ihren Gehengen, und zieren ihre Strümpfe, Haare u. s. w. damit. Ausserdem wird das Fleisch davon sehr geschätzt.

Der Hamster *) (Woodchuck) ist ein Thier, das sich immer unten auf der Erde aufhält, und zu den Thieren gehört, die Rauchwerk liefern. Es ist ungefähr so groß wie ein Marder, und funfzehn Zoll lang; doch hat es einen rundern Körper und kürzere Beine. Seine Vorderpfoten sind breit, um damit Löcher in die Erde graben zu können, worinn er sich eben solche Gänge macht, als die Kaninchen. Sein Fell ist grau ins röthliche fallend, und wird sehr geschätzt.

Der Coati **) ist etwas kleiner als ein Bieber, und hat eben solche Füße und Beine, nur sind diese kurz im Verhältnisse seines Körpers, der dem von einem

*) Mus cricetus L. Ich übersetze das Wort Woodchuck nur auf Gerathewohl durch Hamster, da ich es nirgends, als im Carver, habe finden können, und die unvollständige Beschreibung, die er von diesem Thiere giebt, doch etwas ähnliches mit einem Hamster hat. Nach den Einfuhrlisten von Hudsonsbay in Dobb's account of the countries adjoining to Hudsonsbay p. 201. wird 1740 das Stück von den Fellen zu 8 sh. 7 d. und 1743 zu 4 sh. 2 d. verkauft.

**) Ursus lotor L, Racoon,

einem Dachſe ähnlich iſt. Er hat einen Kopf wie ein Fuchs, doch ſind ſeine Ohren kürzer, rund und kahl. Sein Haar iſt ebenfalls Fuchshaaren ähnlich, und dick, lang, weich und an den Enden ſchwarz. Auf ſeinem Geſichte hat er einen breiten Streif, der quer über daſſelbe hinläuft, und die Augen, die ziemlich groß ſind, umgiebt. Seine Schnautze iſt ſchwarz, und läuft gegen das Ende rundlich zu, wie bey einem Hunde. Die Form und die Zahl von ſeinen Zähnen iſt ebenfalls der von einem Hunde gleich. Sein Schwanz iſt lang und rund, und hat ringförmige Streifen, wie bey einer Katze. An den Füßen giebt es fünf dünne Zähen mit ſcharfen Krallen, womit er wie ein Affe die Bäume hinauf klettert, und bis an die Enden der Zweige vorläuft. Er gebraucht ſeine Vorderpfoten wie Hände, und ſteckt ſich damit das Futter ins Maul. Sein Fleiſch iſt im September und Oktober ſehr gut, weil es alsdenn Früchte und Nüſſe genug giebt, wovon er ſich größtentheils nährt.

Der Marder*) iſt etwas größer, als ein Eichhörnchen, dem er doch an Bau nicht völlig unähnlich iſt. Doch ſind ſeine Beine und Klauen viel kürzer. Seine Ohren ſind kurz, breit, und rundlich,

*) Muſtela martes L.

lich, und seine Augen glänzen bey Nacht wie Katzen-Augen. Der ganze Leib ist mit bräunlich gelben Haaren bedeckt, und in den nordlichen Gegenden giebt es welche, die schwarzes Haar haben, und deren Felle weit höher geschätzt werden. Der Schwanz ist mit langem Haare bedeckt, wodurch er dicker zu seyn scheint, als er wirklich ist. Sein Fleisch wird zuweilen gegessen, aber nicht sehr geachtet.

Die Bieberratze *) oder Muskratze hat den Namen von dem schönen Moschus, den sie liefert. Sie scheint blos ein Bieber im Kleinen zu seyn, da sie alle Eigenschaften dieses klugen Thieres besitzt, und ihm blos an Größe und Stärke weichen muß. Sie ist nicht viel größer wie eine große Ratze von der norwegischen Art, auch unterscheidet sie sich vom Bieber durch ihren Schwanz, der dem von einer europäischen Ratze vollkommen ähnlich ist. Sie bauet sich eine Hütte, wie der Bieber, aber von schlechterer Bauart, und schlägt ihren Wohnplatz immer am Wasser auf. Im Frühjahr verlassen sie ihre Schlupfwinkel und leben paarweise bis gegen den Sommer von Blättern und Wurzeln. Im Sommer hingegen machen Erdbeeren, Himbeeren und andre Früchte ihre Nahrung aus. Bey
der

*) Castor Moschatus L, Musquash.

der Annäherung des Winters trennen sie sich, und eine jede sucht sich eine Stelle in irgend einem hohlen Baum aus, wo sie den Winter aber völlig ohne Vorrath bleibt, und daher wahrscheinlicherweise bis zum Frühling auch ohne Nahrung zubringt.

Das Eichhörnchen. Von Eichhörnchen giebt es in Amerika fünf Abänderungen. Das rothe,*) das graue, das schwarze,**) das bunte,***) und das fliegende****). Die beyden ersten sind den europäischen vollkommen ähnlich. Die schwarzen sind etwas größer und unterscheiden sich blos durch ihre Farbe. Die bunten haben ebenfalls einen ähnlichen Bau, und sind sehr schön, da sie oft mit weissen oder grauen, und zuweilen mit rothen oder schwarzen Streifen bedeckt sind. Das amerikanische fliegende Eichhörnchen aber ist viel kleiner, als das europäische, und nicht über fünf Zoll lang. Es ist auf dem Rücken röthlich grau, oder aschgrau, und an den untern Theilen weiß. Es hat schwarze vorstehende Augen, wie eine Maus, und einen langen flachen breiten Schwanz. Es kann vermöge einer Haut, welche sich von den Vorderfüßen bis an die Hinterfüße erstreckt, von einem Baum auf den andern springen, selbst wenn sie ziemlich weit

---

*) Sciurus vulgaris L.   **) Sciurus niger L.
) Sciurus striatus L.   *) Sciurus volans L.

weit von einander entfernt sind. Diese lose Haut, die es wie ein Segel ausspannen kann, und womit es sich in der Luft erhält, ist ungefähr zwey Zoll breit, und mit feinem Haare oder Wolle besetzt. Es hat einerley Nahrung mit den übrigen, und läßt sich leicht zähmen.

Der Bieber. Dies Thier ist schon so bekannt, und seine sonderbaren Eigenschaften sind schon so genau beschrieben worden, daß jede weitere Nachricht davon überflüßig scheinen wird. Allein da viele meiner Leser noch keinen deutlichen Begriff von der Bildung und den Eigenschaften dieses schlauen und nützlichen Thieres haben werden; so will ich zu ihrem Besten eine kurze und genaue Beschreibung davon geben. Der Bieber ist ein vierfußiges Thier, das auf dem Lande und im Wasser leben kann. Doch kann er im Wasser nicht lange aushalten, und es so gar, wie man sagt, völlig entbehren, wenn er nur dann und wann Gelegenheit hat, sich zu baden. Die größten Bieber sind fast vier Fuß lang, und über den Hüften vierzehn bis funfzehn Zoll breit. Sie wiegen ungefähr sechszig Pfund. Er hat einen Kopf, wie ein Otter, nur ist er etwas größer. Die Schnautze ist ziemlich lang, die Augen sind klein, und die Ohren kurz, rund, auffen haarigt, und inwendig glatt. Seine Zähne sind sehr lang, die

untern

untern stehn etwa drey Finger breit und die obern einen Finger breit aus dem Maule hervor. Alle diese Zähne sind breit, gekrümmt und scharf. Ausser den Schneidezähnen, von denen die obern in die untern passen, und die sehr tief in den Kinnbacken sitzen, haben sie sechszehn Wangenzähne, davon acht an jeder Seite, vier oben und vier unten, grade einander gegenüber sitzen. Mit den Schneidezähnen können sie große Bäume absägen, und mit den Wangenzähnen die härtesten Dinge zermalmen. Ihre Beine sind kurz, vier bis fünf Zoll lang, und Dachsbeinen sehr ähnlich. Die Zähen an den Vorderfüßen sind von einander abgesondert, die Nägel liegen schief, und sind hohl, wie Federkiele. Die Hinterfüße aber sind völlig verschieden, und mit einer Schwimmhaut versehn. Durch diese Einrichtung der Natur ist er im Stande langsam zu gehn, und fast so gut zu schwimmen, wie jedes andre Wasserthier. Sein Schwanz hat die Gestalt von einem Fische, und scheint gar nicht an seinen Körper zu gehören, da er, bis auf die Hinterfüße Landthieren völlig ähnlich ist. Der Schwanz ist mit einer schuppigten Haut bedeckt, und die Schuppen darauf sind wieder durch ein feines Häutchen mit einander verbunden. Diese Schuppen sind ungefähr so dick, wie Pergament; beynahe anderthalb

halb Linien lang, und gewöhnlich sechseckigt. Der ganze Schwanz ist eilf bis zwölf Zoll lang, und in der Mitte breiter als an der Wurzel oder der Spitze. Die Breite in der Mitte beträgt auf vier Zoll. Nahe am Körper ist er fast rund und zwey Zoll dick, allein gegen das Ende zu wird er immer dünner und spitzer. Die Farbe des Biebers ist nach dem Himmelsstriche, worin er lebt, verschieden. In den nordlichsten Gegenden ist er gemeiniglich ganz schwarz; in gemäßigtern braun, und wird immer hellfarbichter, je weiter er gegen Süden kömmt. Sein Haar ist am Körper von zwey verschiednen Arten, und an den Füßen sehr kurz. Das längste ist gewöhnlich einen Zoll lang, doch beträgt es auf dem Rücken wohl zwey Zoll, und wird gegen den Kopf und Schwanz zu allmählig kürzer. Dieser Theil des Haares ist spröde, grob und glänzend, und nicht viel werth. Das übrige besteht aus einer dicken und feinen Wolle, die fast so weich wie Seide anzufühlen ist. Ihre Länge beträgt ungefähr dreyviertel Zoll, und wird gemeiniglich zu Manufacturen gebraucht. Das Biebergeil, welches in der Arzeneykunst seinen Nutzen hat, kömmt ebenfalls von diesem Thiere, und man glaubte sonst, daß es aus dem Hoden desselben bestünde; allein neuere Erfahrungen lehren, daß es in vier Säcken, die unter dem Unterleibe sitzen,

sitzen, enthalten ist. Zwey davon die wegen ihrer
erhabenen Lage die Obern heißen, sind mit einer
weichen, harzigen und klebrichten Materie ange=
füllt, welche mit kleinen Fibern vermischt ist, auſſen
eine gräulichte und inwendig eine gelbe Farbe hat.
Sie giebt einen unangenehmen durchdringenden Ge=
ruch, und läßt sich leicht entzünden. Dies ist das
wahre Biebergeil. Es verhärtet sich an der Luft,
wird braun, bröcklicht und reibbar. Die untern
Säcke enthalten eine schmierigte Feuchtigkeit, wie
Honig. Ihre Farbe ist blasgelb, und der Geruch
etwas von dem andern unterschieden, indem er
schwächer und unangenehmer ist. Diese Feuchtig=
keit verdickt sich ebenfalls mit der Zeit, und erhält
endlich eine Dichtigkeit wie Talg. Sie wird eben=
falls in der Medicin gebraucht, aber nicht so hoch
geschätzt, wie das wahre Biebergeil.

Die Geschicklichkeit dieser Thiere bey dem Bau
ihrer Hütten und ihrer übrigen Haushaltung ist
wirklich bewundernswürdig. Wenn sie im Begriff
sind, sich einen Wohnplatz auszusuchen, so ver=
sammlen sie sich oft zu zwey bis dreyhunderten,
und wählen sich endlich nach reiflicher Ueberlegung
eine Stelle, wo ein Ueberfluß von Lebensmitteln
und alle übrige Nothwendigkeiten zu finden sind.
Ihre Häuser liegen immer im Wasser, und wenn

sie

sie in der Nachbarschaft keinen See oder Teich finden können, so suchen sie diesen Mangel dadurch zu ersetzen, daß sie einen Damm durch einen kleinen Fluß oder Bach ziehn, um das Wasser aufzustemmen. Sie fallen zu dem Endzwecke Bäume, vorzüglich solche, die oberhalb der Stelle wachsen, wo sie sich anbauen wollen, um sie den Fluß desto bequemer hinabtreiben zu lassen. Wenn sie sich die dazu tauglichen Bäume ausgesucht haben, so machen sich drey bis vier Bieber an einen davon, und fällen ihn in kurzer Zeit mit ihren scharfen Zähnen. Sie sehn immer dahin, daß sie ihn auf das Wasser zufallen lassen, damit sie ihn nicht so weit zu schleppen brauchen. Wenn sie ihnen endlich die gehörige Länge gegeben haben, so wälzen sie sie ins Wasser, und lassen sie an den bestimmten Ort treiben. Ohne mich umständlicher auf die Maaßregeln einzulassen, welche sie bey dem Bau ihrer Dämme befolgen, will ich blos anmerken, daß sie eine Art Mörtel mit ihren Füßen machen, und ihn auf ihrem Schwanze an die gehörige Stelle bringen, dessen sie sich auch statt einer Kelle bedienen. Sie bauen ihre Häuser damit so dauerhaft und regelmäßig, als der erfahrenste Arbeiter nur immer thun könnte. Die Grundlage ihrer Häuser ist eben so bewundernswürdig. Sie ruhen entweder auf Pfeilern in der

Mitte

Mitte von den kleinen Seen, die sie am Ufer der Flüsse machen, oder auf einer Landspitze, die in den See vorläuft. Ihre Figur ist rund oder eyförmig, und ihre ganze Einrichtung zeugt von eben so viel Kunst, als der Bau ihrer Dämme. Zwey Drittel von dem Gebäude stehn über Wasser, und dieser Theil ist für acht bis zehn Bewohner geräumig genug. Jeder Bieber hat seinen angewiesenen Platz, wovon er den Fußboden sorgfältig mit Blättern oder kleinen Fichtenzweigen bestreut, um ihn rein und warm zu halten. Ihre Häuser liegen so nahe an einander, daß sie bequem aus einem ins andre kommen können. Der Winter übereilt sie nie, ehe sie ihr Geschäfte zu Stande gebracht haben, denn gegen das Ende des Septembers sind ihre Häuser gewöhnlich fertig, und ihre Lebensmittel unter Dach gebracht. Diese letztern bestehn in kleinen Stücken Holz von weichen Fasern, als Pappeln, Espen oder Weiden, die sie in Haufen so aufsetzen, daß ihre Säfte nicht austrocknen können. Wenn ich alle Umstände, welche die Klugheit dieser Thiere beweisen, anführen wollte, so würden sie einen ganzen Band ausmachen, und dennoch angenehm und unterrichtend seyn.

Die Fischotter *) lebt ebenfalls im Wasser und auf dem Lande. Sie hat in einigen Stücken viel ähn=

---

*) Mustela Lutra L.

ähnliches mit dem Bieber, unterscheidet sich aber merklich in vielen andern von ihm. Ihr Körper ist fast eben so lang, als der von einem Bieber, aber viel kleiner in allen seinen Theilen. Die Augen, die Schnauze und die Bildung des Kopfes haben ebenfalls viel ähnliches, aber die Zähne machen einen großen Unterschied, da der Otter die großen Schneidezähne fehlen, die man bey dem Bieber findet, und alle ihre Zähne ohne Ausnahme wie Hunds- oder Wolfszähne gebildet sind. Ihr Haar ist auch lange nicht so lang, und von verschiedner Farbe; denn unten am Halse und unter dem Bauche ist es gräuchlichter, als bey einem Bieber. Dies Thier, das man fast in allen Weltgegenden, vorzüglich häufig aber in Nordamerika antrifft, ist sehr bösartig, und greift, wenn es hitzig verfolgt wird, Hunde und Menschen an. Es nährt sich gewöhnlich von Fischen, vorzüglich im Sommer; allein im Winter begnügt es sich mit Baumrinde und Feldgewächsen. Sein Fleisch schmeckt und riecht nach Fischen, und ist überhaupt sehr ungesund, ungeachtet es zuweilen aus Noth gegessen wird.

Die Sumpfotter*) gehört mit der vorigen zu einem Geschlechte, und führt dieselbige Lebensart.

Sie

---

*) Mustela lutreola L. Mink.

Sie hat die Größe und Gestalt eines Ifis, und ist eben so lang und mager. Ihr Fell ist schwärzer, als das Fell von einer Otter, oder vielleicht jedem andern Thiere; und es ist daher in Amerika zum Sprüchworte geworden, "so schwarz wie eine Sumpfotter." Doch wird es nicht so hoch geschätzt, wobey es aber sehr auf die Jahrszeit ankömmt, zu welcher sie gefangen wird. Ihr Schwanz ist rund, wie bey einer Schlange, und völlig kahl. Gegen das Ende zu wird er etwas platt. Der ganze Körper hat einen angenehmen Muskgeruch. Ihr Aufenthalt ist vorzüglich bey den Quellen von Flüssen, an deren Ufern sie lebt.

Von Vögeln.

Von Vögeln findet man hier Adler, Habichte, Nachthabichte, Fischhabichte, Nachtschwalben, Raben, Krähen, Eulen, Papageien, Pelikane, Kraniche, Störche, Wasserraben, Reiher, Schwäne, Gänse, Enten, Kriechenten, Suhne, Wasserhühner, Kalekuten, Birkhühner, Rebhühner, Wachteln, Tauben, Schnepfen, Lerchen, Spechte, Kukuke, blaue Häher, Schwalben, Wäkon, Amsel, Rothvögel, Krammetsvögel, Scharfsägen, Nachtigallen, Königsvögel, Rothkehlchen, Zaunkönige und Colibris.

Der

Der Adler.*) Es giebt blos zwey Arten Adler in diesen Gegenden, der kahle und der graue, die fast von einer Größe sind, und überhaupt denen aus andern Gegenden völlig gleich kommen.

Der Nachthabicht gehört zu dem Habichts- geschlechte, da sein Schnabel unterwärts gekrümmt ist. Seine Flügel sind zum Geschwindfliegen ge- macht, und haben fast eben die Gestalt, wie beym gemeinen Habicht; doch ist er viel kleiner und von dunkler Farbe, wie dieser. Man sieht ihn selten anders, als des Abends zur Zeit der Dämmerung, da er muthwillig um den Kopf des sich verspäten- den Wanderers herumfliegt. Vor einem Gewit- ter sieht man sie in einer erstaunlichen Höhe in der Luft hauffenweise beysammen; eine Bemerkung, die man auch von Schwalben gemacht hat.

Der Fischhabicht ist ihm sehr ähnlich, und hat den Nahmen von seiner Nahrung, die größtentheils in Fischen besteht. Er schwebt über Seen und Flüssen, und scheint oft auf dem Wasser zu ruhen. Wenn er sieht, daß er die Fische erreichen kann, so stürzt er sich plötzlich darauf los, und erhascht sie. Er soll wenn er dicht über dem Wasser weg- fliegt eine anziehende Kraft besitzen, wodurch er sich die Fische näher bringt; und diese Zauberkraft

soll

---

*) Falco fulvus L.

soll, in einem Oehle bestehen, das in einem kleinen Sack, den er im Leibe hat, enthalten ist, und das ihm die Natur zu diesem Endzweck gegeben hat. So viel ist gewiß, daß jeder Art Köder, die nur mit einem Tropfen von dem Oehle dieses Vogels befeuchtet ist, eine unwiderstehliche Lockspeise für Fische abgiebt, und den Angler eines guten Erfolgs versichert.

Die Nachtschwalbe*) wird von den Indiern Muckawiß genannt. Dieser ausserordentliche Vogel kommt den vorhergehenden an Gestalt und Farbe etwas gleich, nur hat er etliche weißlichte Streifen über den Flügeln, und läßt sich selten vor Sonnenuntergang sehen. Man trifft ihn ebenfalls nie ausser den Frühlings und Sommermonaten an. Sobald die Indier aus seinen Tönen seine Ankunft erfahren, so schliessen sie daraus, daß der Frost gänzlich vorüber ist, und sehn sich selten darinn betrogen, und fangen auf diese Versicherung einer milden Witterung an, ihr Getraide auszusäen. Sie

---

*) Caprimulgus Americanus L. Caprimulgus Americanus minor Catesby Nat. hist. of Carolina V. III. t. 16. Edwards nat. history of birds t. 63. Whipperiwill, Whip-poor-will.

Er hat seinen Namen von dem Geschrey, das er macht, welches den Colonisten wie Whipperwill vorkömmt, einen indischen Ohre aber wie Muck-a-wiss klinget. Die beyden Wörter sind zwar sehr verschieden, allein die Einbildungskraft der Engländer und Indier wird dadurch auf einerley Art gerührt; und dieser Umstand beweist, daß einerley Töne, wenn sie nicht durch die Regeln der Rechtschreibung bestimmt gemacht worden, bey verschiedenen Leuten mit verschiednen Begriffen verbünden seyn können. So bald die Nacht anbricht, so setzet sich diese Vögel auf Zäune, Stämme von Bäumen, oder Steine, die nahe bey einem Hause liegen, und wiederhohlen ihre traurigen Töne ohne die geringste Abwechselung bis Mitternacht. Die Indier und verschiedene Einwohner aus den hintern Pflanzungen glauben, daß, wenn sich dieser Vogel auf ein Haus niederläßt, den Bewohnern desselben irgend ein Unglück bevorstehe.

Die Eule.*) Die einzige Eulenart, die am Ufer des Mississippi angetroffen wird, hat ein sehr schönes Gefieder, von einer schönen dunkelgelben oder Goldfarbe, mit hübschen Flecken und Schattirungen.

Der

*) Strix flammea? L.

Der Kranich.*) Es giebt eine Art Kraniche in diesen Gegenden, die Vater Hennepin Pelikane nennt. Sie hat ungefähr die Größe vom europäischen Kranich, lange Beine und eine gräulichte Farbe. Allein sie unterscheidet sich von allen übrigen durch ihren Schnabel, der zwölf Zoll lang ist, und bis ans Ende, wo er abgestumpft ist und wie eine Ruderschaufel aussieht, anderthalb Zoll breit bleibt. Die Zunge ist eben so lang als der Schnabel.

Enten. Von den vielen verschiedenen Arten wilder Enten, davon es hier über zwanzig Abänderungen giebt, werde ich blos die Holzente beschreiben, welche die Franzosen Canard branchu**) nennen. Sie hat ihren Namen von ihrer Gewohnheit, sich in Wäldern aufzuhalten, und sich auf Zweigen niederzusetzen, welches kein anderer Wasservogel thut. Sie ist ungefähr so groß, wie andre Enten, und hat ein sehr buntes und glänzendes Gefieder. Ihr Fleisch ist ebenfalls sehr schmackhaft, und andrem Entenfleisch weit vorzuziehn, da sie fast gar keine Fische frißt.

---

*) Ardea Canadensis? L. Doch paßt die Beschreibung des Schnabels gar nicht, der bey den eigentlichen Kranichen spitzig zuläuft.

**) Vermuthlich Anas arborea L.

Die Kriechente *). Ich habe schon in meinem Tagebuche angemerkt, daß die Kriechenten, welche man am Fuchsflusse und Mississippi antrift, alle übrigen an gutem Geschmack und Fette übertreffen. Ihre Farbe, Bildung und Grösse ist von denen, die man in andern Gegenden antrifft, wenig unterschieden.

Der Luhn (loon) ist ein andrer Wasservogel, etwas kleiner wie die Kriechente, und eine Art von Tauchente. **) Seine Flügel sind kurz, und seine Beine und Füsse der Grösse des Körpers angemessen. Seine Farbe ist dunkelbraun und fällt ins Schwarze. Sein Fleisch schmeckt nicht gut, da er fast ganz von Fischen lebt. Er ist ungemein behende, und taucht so gut unter, daß es für einen allein fast unmöglich ist, ihn zu schießen, da er immer eher untertaucht, als der Schuß ihn erreichen kann. Es müssen daher mehrere Schützen zugleich auf ihn zielen, und er kann nicht anders getroffen werden, als in dem Augenblicke, da er mit dem Kopfe über dem Wasser hervorkommt, um wieder unterzutauchen. Ausserdem bezahlt er die Mühe, die man auf ihn wendet, biß durch das Vergnügen, das er seinen Jägern während der Jagd verursacht.

Das

*) Anas Crecca L.
**) Mergus L.

Das Rebhuhn. *) Es giebt drey Arten Rebhüh́ner hier zu Lande, das braune, das rothe, und das schwarze, doch wird die erste Art den übrigen vorgezogen. Sie sind alle weit größer, als die europäischen Rebhühner, und kommen einer Fasanhenne fast an Größe gleich, mit der sie auch an Kopf und Augen viel ähnliches haben. Sie haben alle lange Schwänze, die sie wie ein Pfau, aber nicht lothrecht, ausbreiten. Sie setzen sich wider ihre Gewohnheit in andern Ländern auf Zweigen von Päppeln und schwarzen Birken, von deren Knospen sie früh Morgens und im Winter in der Abenddämmerung fressen, zu schlafen nieder, und können alsdann leicht geschossen werden.

Der hiesige Specht **) ist ein sehr schöner Vogel; es giebt eine Art ***) deren Federn in verschiedne Farben spielen, und eine andre, ****) die den ganzen Körper braun ist, und einen schönen rothen Kopf und Hals hat. Da dieser Vogel zu besondern Zeiten ein vorzüglich starkes Geschrey macht, so glaubt man, daß er alsdann Regen prophezeye.

Der

*) Tetrao perdix L.
) Pica. Picus L. *) Picus auratus L.
****) Picus erythrocephalus.

Der blaue Häher*) kömmt an Gestalt dem europäischen Häher gleich, doch hat er einen längern Schwanz. Oben auf dem Kopfe hat er einen blauen Federbusch, den er nach Gefallen aufheben, und niederlassen kann. Der untere Theil des Nackens und der Rücken sind purpurfarbig, und die Aussenseiten der Flügel und Schwanzfedern nebst dem untern Theile des Rückens und Rumpfes schön blau. Die Ränder der Flügel sind schwärzlicht und an den äussern Enden mit dunkelblau schwach schattirt. Der übrige Theil der Flügel ist in die quer schön schwarz gestreift. Ueberhaupt gehört dieser Vogel zu den schönsten unter den befiederten Einwohnern dieser und andrer Gegenden. Er hat das Hüpfen mit andern Hähern gemein, und macht ein weit angenehmeres Geschrey, wie diese.

Der Vogel, den die Indier Wakon nennen, scheint eine Art von Paradiesvogel**) zu seyn. Er hat seinen Namen Wakon, oder Vogel des großen Geistes, wegen seiner vorzüglichen Eigenschaften und der großen Achtung, in der er bey den Indiern steht. Er ist ungefähr so groß, wie eine Schwalbe, und

---

*) Corvus Cryſtatus L.

**) Pica paradiſea L. Der Wakon iſt vermuthlich die gemeine Art Paradiſea apodia.

und von brauner Farbe, um den Hals hellgrün schattirt; die Flügel sind dunkelbrauner, wie der übrige Körper. Sein Schwanz besteht aus vier oder fünf Federn, die dreymahl so lang sind, als der Körper, und schön mit Grün und Purpur spielen. Er trägt die schönen langen Federn auf die nähmliche Art, als ein Pfau, allein man weiß nicht, ob er sie auch eben so ausspannen kann, wie dieser zuweilen thut. Ich habe von diesen Vögeln nie welche in den Kolonien gesehn, allein die Nadowessier fingen unterschiedliche, als ich mich in ihrem Lande aufhielt, und schienen sie weit höher, als irgend eine andre Art vom gefiederten Geschlechte zu halten.

Es giebt drey Arten Amseln *) in Nordamerika; die erste ist die gemeine oder sogenannte Krähenamsel, die ganz schwarz ist, und eben die Gestalt und Größe, aber keine so harmonische Stimme hat, als die europäische. Im September fliegt diese Art in großen Zügen herum, und thut am indischen Korne, das grade um diese Zeit anfängt, reif zu werden, großen Schaden. Die zweyte Art ist der Rothflügel. Er ist etwas kleiner, als die erste Art, aber eben so wie sie über den ganzen Körper schwarz, den untern Rand der Flügel ausgenommen,

*) Turdus merula L.

men, der eine glänzende Scharlachfarbe hat. Er nistet und sitzt größtentheils unter kleinen Büschen, die auf Wiesen und in niedern sumpfigten Gegenden zu wachsen pflegen. Er kann verschiedne Töne angeben, kömmt aber am Gesange der europäischen Amsel bey weitem nicht bey. Die dritte Art ist so groß, wie die vorige, und eben so agathschwarz, allein der obere Theil der Flügel grade unter dem Rücken hat eine schöne reine weisse Farbe. Es scheint daher, als wenn die Natur bey diesen Vögeln den Mangel des Gesanges durch die Schönheit ihres Gefieders habe ersetzen wollen, denn auch dieser dritten Art fehlt eine harmonische Stimme. Der Schnabel ist bey allen drey Arten dunkelgelb, und die Weibchen von allen haben wie in Europa eine rostige schwarze Farbe.

Der Rothvogel (red bird) ist ungefähr so groß, wie ein Sperling, nur hat er einen längern Schwanz, und über den ganzen Leib eine glänzende Zinoberfarbe. Ich sah viele von ihnen bey den Ottowa-Seen; allein ich konnte nicht erfahren, ob sie sängen. Ich sah ebenfalls in verschiednen andern Gegenden einen Vogel von der nämlichen Gestalt, der aber durchgehends schön gelb war.

Der Schärfsäger (Whetsaw) gehört zu den Kukuken; er liebt eben so wie diese die Einsamkeit, und

und läßt sich selten sehn. In den Sommermonaten hört man ihn in den Wäldern, wo er ein Geräusch wie eine Säge macht, die hin und her gezogen wird, und erhält von diesem Geräusche seinen Nahmen.

Der **Königsvogel** *) ist einer Schwalbe ähnlich, und scheint fast von einerley Art mit der Hausschwalbe **) zu seyn. Er heißt der Königsvogel, weil er fast alle andre Vögel bezwingen kann. Ich habe ihn selbst einmahl einen Habicht herunter bringen sehn.

Der **Kolibri.** ***) Dieser schöne Vogel ist der kleinste unter allen gefiederten Bewohnern der Luft, und ungefähr ein Drittel so groß, als ein Zaunkönig, mit dem er auch an Bau sehr viel ähnliches hat. Seine Beine sind ungefähr einen Zoll lang, und sehn wie zwey Nadeln aus. Die Dicke des Körpers steht mit ihnen im Verhältniß. Sein Gefieder ist über alle Beschreibung schön. Auf seinem Kopfe hat er einen Büschel von einer glänzenden Agathfarbe. Die Brust ist roth, der Bauch weiß, der Rücken, die Flügel und der Schwanz sind

---

*) Hirundo Subis L?

**) Hirundo urbica L.

***) Pica trochilus. Die hier beschriebene Art ist vermuthlich der Trochilus colubris, dessen Vaterland vorzüglich Nordamerika ist.

sind von dem schönsten Blaßgrün; und kleine Flecke von Gold sind mit unaussprechlicher Anmuth über seinen ganzen Körper zerstreut. Ausserdem macht eine fast unfühlbare Wolle die Farben sanfter, und verursacht eine sehr angenehme Schattirung. Er saugt mit seinem Schnabel eine Feuchtigkeit aus den Blumen, die ihm zur Nahrung dient. Er schwärmt beständig um sie wie eine Biene herum, ohne sich je darauf nieder zu lassen, und bewegt seine Flügel mit einer ausserordentlichen Geschwindigkeit, woraus ein Geräusch entsteht, von dem er den Nahmen Summvogel (humming bird) erhalten hat.

Von den Fischen, die man im Missisippi findet.

(Von den Fischen, die man in den großen Seen antrifft, habe ich vorhin schon eine Beschreibung gegeben.)

Es giebt hier Störe, Katerwelse, Hechte, Karpfen und Dickköpfe.

Der Stör. *) Der Flußstör ist der Art, die man gemeiniglich nahe beym Meere fängt, blos durch seinen Kopf und Schwanze ähnlich; allein sein

---

*) Acipenser Sturio L. Die hier zuerst beschriebene Art ist vermuthlich der Lachsstör.

sein Körper ist runder, und nicht mit so vielen hornartigen Schuppen bedeckt, als bey dieser. Seine Länge beträgt gewöhnlich drittehalb bis drey Fuß, allein seine Dicke ist verhältnißmäßig nur gering, indem es ein sehr dünner Fisch ist. Sein Fleisch ist ungemein zart und wohlschmeckend. Ich fing einige nicht weit von den Quellen des Flusses St. Croix, die Forellen weit übertrafen. Wenn man sie fangen will, so giebt man auf sie acht, wenn sie unter dem Ufer eines hellen Flusses liegen, und schießt sie mit einer Art von Harpune, denn an Köder beissen sie nicht. Es giebt noch eine andre Art im Mißißippi, die man sonst nirgends antrifft, und sich von der eben beschriebenen blos dadurch unterscheidet, daß der obere Kiefer vierzehn bis funfzehn Zoll über den untern hervorragt. Dieser lange Kiefer besteht aus einem knorpelartigen Wesen, und ist bis an das Ende, welches platt ist, viertehalb Zoll breit. Seine Figur hat überhaupt mit einem Ruder viel ähnliches. Doch kömmt das Fleisch von dieser Art der erstern lange nicht bey, und wird auch selbst von den Indiern lange nicht so hoch geschätzt.

Der Katerwels. *) Dieser Fisch ist ungefähr achtzehn Zoll lang, und von bräunlichter Farbe,

ohne

---

*) Silurus catus L. Catfish.

ohne Schuppen. Er hat einen großen runden Kopf, von dem er auch seinen Nahmen hat. An verschiednen Stellen desselben ragen drey bis vier scharfe starke ungefähr zwey Zoll lange Hörner hervor. Seine Floßfedern sind ebenfalls knochenartig und sehr stark, und man muß ihn sehr behutsam angreifen, wenn man nicht Gefahr laufen will, sich die Hände damit zu zerstechen. Er wiegt gewöhnlich fünf bis sechs Pfund. Sein Fleisch ist ungemein fett und geil, und kömmt dem von einem Aale an Geschmack fast gleich.

Der Karpf *) und Dickköpf **) sind hier fast von der nämlichen Größe, wie in England, und diesen überhaupt sehr ähnlich.

Von Schlangen.

Von Schlangen giebt es hier die Klapperschlange, die lange schwarze Schlange, die Haus- oder Mauernatter, die gestreifte oder Bindenschlange, die Wasserschlange, die zischende Schlange, die grüne Schlange, die Dornschlange, die gefleckte Schlange, die Ringelschlange und die zweyköpfichte Schlange.

Die Klapperschlange. ***) Es giebt zwey Arten davon, die schwarze und die gelbe, welche die größte

---

*) Cyprinus Carpio L. **) Cyprinus cephalus L.
***) Crotalus horridus L.

ist. Wenn sie ihren völligen Wachsthum erreicht
haben, so sind sie über fünf Fuß lang, und haben
in der Mitte des Körpers, wo sie am dicksten sind,
etwa neun Zoll im Umfange. Gegen den Kopf und
den Schwanz zu werden sie allmählig dünner. Der
Hals ist im Verhältnis sehr dünne, und der Kopf
ist breit und eingedrückt. Kopf und Hals sind hell-
braun, der Stern im Auge ist roth und der ganze
obere Theil des Körpers braun mit rothgelb un-
termischt, und mit vielen regelmäßigen dunkel-
schwarzen Strichen durchkreuzt, die allmählich in
eine Goldfarbe spielen. Ueberhaupt ist dies gefährliche Geschöpf sehr schön, und seine mannigfaltigen Farben würden ihm ein reizendes Ansehn geben, wenn man es nur ohne Schrecken ansehn
könnte. Sie zeigen sich nie schöner, als wenn sie
in Wuth gesetzt werden, weil sich dann durch einen
stärkeren Andrang von Feuchtigkeiten gegen die
Oberfläche, die Farben ihrer Haut erhöhn. Der
Bauch ist hellblau, das aber gegen die Seiten zu
dunkler wird, und sich endlich mit der Farbe des
obern Theiles vermischt. Die Klapper an ihrem
Schwanze, wovon sie den Nahmen haben, besteht
aus einem hellbraunen, harten, trocknen und
knochenartigen Wesen, das verschiedne Zellen macht,
die wie Gelenke in einander schliessen. Sie vermehren

ren sich mit jedem Jahre; so daß man dadurch das Alter des Thieres erkennen kann. Diese Gelenke sind sehr los, und die Spitzen darin stoßen gegen die innere Oberfläche der hohlen Ringe, wo sie hineinpassen, und machen, wenn die Schlange ihren Schwanz schüttelt, ein klapperndes Geräusch. Dies Geräusch macht sie immer, wenn sie Gefahr befürchtet, und gleich zieht sie sich in Gestalt eines Schneckenganges zusammen, und hält in dem Mittelpunkte dieses Schneckenganges ihren Kopf in die Höhe, mit welchem sie Menschen und Thieren, die ihr zunahe kommen, Rache droht. In dieser Stellung erwartet sie ihre Feinde, und klappert immer mit dem Schwanze, so wie sie solche ankommen sieht oder hört. Durch diese zeitige Warnung, die vom Himmel zur Verhütung des Schadens, den dies giftige Thier sonst verursachen könnte, bestimmt zu seyn scheint, lernt der unvorsichtige Wanderer seine Gefahr kennen, und kann ihr ausweichen. Die Klapperschlange greift nie an. Sie verfolgt niemand, und flieht vor keinem Feinde, der sich ihr nähert, sondern bleibt in der beschriebenen Stellung liegen, wobey sie immer mit dem Schwanze klappert, als wenn sie ungern schaden möchte. Die Zähne womit sie vergiftet, sind von ihren Zähnen, deren sie sich bey andern Gelegenheiten be-

dient,

dient, völlig unterschieden. Es giebt ihrer nur zwey, und beyde sind sehr klein und scharf zugespitzt. Sie liegen in einem sehnigten Wesen nahe am Vorderrande des obern Kinnbackens, und haben mit den Klauen einer Katze viel ähnliches. Sie kann sie ausdehnen, zusammenziehn oder ganz verbergen. An der Wurzel eines jeden liegen zwey kleine Blasen, die so eingerichtet sind, daß, so wie die Zähne einen Einschnitt machen, ein Tropfen von einer grünlichen giftigen Feuchtigkeit in die Wunde fällt, und das ganze Blut mit ihrer tödtenden Eigenschaft erfüllt. Schon in dem ersten Augenblicke fühlt das unglückliche Opfer ihrer Wuth eine fieberhafte Kälte über den ganzen Körper. Es erhebt sich gleich ein Geschwulst an der Stelle, wo der Zahn eingedrungen ist, die sich allmählig über den ganzen Körper verbreitet, und überall auf der Haut die verschiednen Farben der Schlange hervorbringt. Der Biß dieser Schlange ist zu verschiednen Jahreszeiten mehr oder weniger gefährlich. In den Hundstagen ist er oft in einem Augenblicke tödlich, und vorzüglich, wenn die Wunde zwischen der Sehne über dem Hacken liegt; allein im Frühjahr, im Herbste, oder an einem kühlen Tage im Sommer, kann man seinen Würkungen durch gehörige Mittel, wenn man sie nur

gleich

gleich braucht, zuvorkommen. Diese Mittel hat
die Güte der Vorsehung reichlich verliehen. Der
Klapperschlangen Wegerich, ein bewährtes Gegenmittel gegen das Gift dieses Thieres, wächst häufig
überall, wo man sie antrift. Ausserdem giebt es noch
verschiedne andre Mittel gegen ihren giftigen Biß.
Eine Abkochung von den Knospen oder der Rinde
der weissen Aesche innerlich gebraucht, verhindert ihre schädlichen Wirkungen. Salz ist ein neuentdecktes
Mittel, und wenn man es gleich auf die Wunde legt,
oder sie mit Sohle auswäscht, so kann man vor aller
Gefahr sicher seyn. Auch das Fett der Schlange selbst
zum Einreiben soll sehr würksam seyn. Durch dieses
Mittel kann man nun zwar das Leben eines Menschen, der von der Klapperschlange gebissen ist,
retten, und seine Gesundheit gewissermaßen wieder herstellen, aber er erfährt dennoch alle Jahr
eine geringe Anwandlung von den fürchterlichen
Zufällen, die er empfand, als er zuerst gebissen
ward. Es ist eben so merkwürdig als gewiß, daß
da doch jedes andre Geschöpf in einem höhern oder
geringern Grade von dem Gifte dieser Schlange
leidet, Schweine eine Ausnahme von der Regel
machen, und sie leicht tödten können, ohne ihre
giftigen Zähne fürchten zu dürfen. Sie fressen sie
sogar, und werden fett davon. Man hat es oft
beobachtet

beobachtet, und ich kann die Beobachtung bestätigen, daß die Klapperschlangen gern jede Art von Musik hören, sowohl von Gesang als Instrumenten. Ich habe oft gesehn, daß sie, selbst wenn sie in Wuth gesetzt waren, sich in eine horchende Stellung setzten, und mit großer Aufmerksamkeit und einem Anschein von Vergnügen so lange, als die Musik währte, unbeweglich saßen. Ich sollte schon vorher angeführt haben, daß die Klapperschlange, wenn sie beißt, den untern Kinnbacken fallen läßt, den obern aufwärts hält, und schnell in einer krummen Linie auf den Gegenstand ihrer Rache mit großer Wuth zuschießt. Einen Augenblick nachher geht sie wieder in ihre vorige Vertheidigungsstellung zurück. Sie kann vermöge der Lage, in der sich ihr Kopf beym Angriff befindet, ihre Zähne sehr geschwind aus der Wunde herausziehn. Sie schießt nie weiter, als die Hälfte ihrer Länge vor, und ungeachtet sie ihren Angriff zwey bis dreymal wiederhohlt, so springt sie doch eben so oft schnell in ihre vorige Lage zurück. Die schwarze Klapperschlange unterscheidet sich von der gelben blos durch ihre geringere Größe, und durch ihre Farbenmischung, die grade da schwarz ist, wo jene gel. hat, und umgekehrt. Beyde sind gleich giftig. Man weiß noch nicht, wie sie sich fortpflanzen. Ich habe oft Eyer von verschiednen andern Schlangenarten gefunden, allein, ungeachtet sich niemand mehr Mühe geben konnte als ich, jeden Umstand, der diese betraf, kennen zu lernen, so wollte es mir doch nicht gelingen, die Art, wie sie ihre Jungen zur Welt bringen, zu erfahren. Ich tödtete einmahl ein Weibchen, das siebenzig Junge im Leibe hatte, die aber völlig ausgebildet waren, und die ich zum Rachen ihrer Mutter, als einem sichern Orte, ihre Zuflucht nehmen sah, als ich mich ihnen näherte. Die Galle dieser Schlange wird mit Kreide vermischt, in kleine Kugeln geformt und zum medizinischen Gebrauche aus Amerika ausgeführt. Sie thun eben die Würkung als Gascoigns Pulver, und sind ein vortrefliches Mittel in Kinderkrankheiten. Das getrocknete Fleisch dieser Schlange in Suppen gekocht, ist nahrhafter als Vipernfleisch, und sehr gut in Schwindsuchten.

Die lange schwarze Schlange.[*] Von dieser giebt es ebenfalls zwey Arten, die an Größe und Gestalt einander völlig gleich sind. Der ganze obere Theil des Körpers ist bey beyden schwarz und schuppicht. Blos der Bauch ist bey der einen hellroth, und bey der andern bläulicht. Sie sind gewöhn-

[*] Boa contortrix L. Anguis niger. Catesby Hist. Car. II. tab. 48.

wöhnlich sechs bis acht Fuß lang und tragen ihren Kopf, wenn sie fortkriechen etwa anderthalb Fuß über die Erde erhaben. Sie kriechen die höchsten Bäume ohne Mühe hinauf, wenn sie Vögel oder Eichhörnchen verfolgen, die ihre Hauptnahrung ausmachen; und diese sollen sie durch ihren Blick so bezaubern, daß sie ihnen nicht entgehn können. Ihr Anblick erregt Schrecken bey allen, die ihre Unschädlichkeit nicht kennen. Sie greifen niemand an, und haben gar kein Gift.

Die gestreifte*) oder Bindenschlange ist von eben der Art mit denen, welche man in andern Gegenden antrifft.

Die Wasserschlange**) ist der Klapperschlange an Gestalt und Größe sehr ähnlich, doch ist sie lange nicht so giftig, und thut überhaupt keinen Schaden.

Die zischende Schlange habe ich schon in meinem Tagebuche, wie ich vom See Erie handelte, beschrieben.

Die grüne Schlange***) ist ungefähr anderthalb Fuß lang, und hat eine so genaue Grasfarbe,

daß

---

*) Colubes natrix L.?

**) Boa enydris L.

***) Vermuthlich eine Art von der grünen Natter (Colubes viridissimus L.) die in Surinam gefunden wird.

daß man sie nicht entdecken kann, wenn sie auf der Erde liegt. Zum Glück ist sie gar nicht giftig, da sie sonst äusserst schädlich seyn würde, weil die Vorübergehenden auf Wiesen sie nicht sehn, und sich folglich vor ihr nicht in Acht nehmen können.

Die Dornenschlange wird in vielen Gegenden von Amerika gefunden, aber man sieht sie nur selten. Sie ist von mittler Größe, und hat den Namen von einem dornähnlichen Pfeil am Schwanze, mit dem sie tödliche Wunden machen soll.

Die gefleckte Schlange lebt im Wasser, ist ungefähr drittehalb Fuß lang und nicht giftig. Ihre Haut ist braun und weiß, mit etlichen untermischten gelben Flecken. Die Amerikaner brauchen sie zu Ueberzügen für Peitschenstiele, die davon ein recht hübsches Ansehn kriegen.

Die Ringelschlange ist ungefähr zwölf Zoll lang; der Körper ist ganz schwarz, bis auf einem gelben Ring, der ihr um den Hals geht, und wie ein schmahles Band aussieht. Diese Schlange wird oft zwischen Baumrinden oder alten Klötzen gefunden.

Die zweyköpfigte Schlange. Die einzige Schlange von dieser Art, die man in Amerika gesehn hat, ward im Jahre 1762 am See Schamplain von Herrn Park aus Neuengland gefunden, und an Lord Amherst geschickt. Sie war ungefähr einen Fuß

Fuß lang, und sah wie eine gemeine Schlange aus, nur hatte sie zwey Köpfe, die am Halse zusammen saßen. Ich wage es nicht zu entscheiden, ob dies eine besondre Art von Schlangen war, die ihre Art fortpflanzen konnte, oder ob sie zu den Misgeburten unter den Schlangen gerechnet werden muß.

Die Gestalt der Landschildkröte*) ist zu bekannt, als daß ich sie beschreiben dürfte. Es giebt sieben bis acht Arten davon in Amerika, wovon einige ungemein schöne und mannigfaltige Farben haben. Von vielen haben die Schilde rothe, grüne und gelbe Flecken, die eine Menge kleiner Viereckchen bilden. Die kleinsten darunter sind die schönsten, und man glaubt, daß ihr Biß giftig sey.

Eidechsen.

Es giebt zwar eine Menge verschiedner Arten von diesen Geschöpfen, in der Gegend, welche ich beschreibe, allein ich will nur die beyden merkwürdigsten davon, die geschwinde und die langsame Eidechse anführen.

Die geschwinde Eidechse**) ist ungefähr sechs Zoll lang, hat vier Beine und einen Schwanz.

---

*) Testudo scabra L.

**) Lacerta agilis L. Dies ist die gemeine europäische Art, die aber in Amerika und Indien weit schöner ist, als bey uns.

Der Körper ist blau, und mit dunklen Strichen, die mit gelb schattirt sind, gestreift. Das Ende des Schwanzes ist durchgehends blau. Sie ist so behende, daß man sie in einem Augenblicke aus dem Gesichte verliehrt, und selbst das beste Auge kann ihre Bewegung kaum bemerken; so daß man eher von ihr sagen kann, man habe sie verschwinden, als weglaufen gesehn. Sie sollen durch ihren Biß vergiften, allein sie sind nicht gefährlich, da sie niemand, der sich ihnen nähert, anzugreifen wagen, sondern vielmehr plötzlich zu entfliehn suchen.

Die langsame Eidechse hat einerley Gestalt mit der geschwinden, allein ihre Farbe ist braun, und ausserdem ist sie grade so langsam als jene geschwind ist. Beyde Arten sind ungemein spröde, und brechen nahe am Schwanze so leicht ab, als ein Eiszapfen.

Unter den kriechenden Thieren in Amerika giebt es eine Krötenart, die Baumkröte*) genannt, die fast die nämliche Gestalt, als die gemeine, aber längere Klauen hat, und dabey kleiner ist. Man findet sie gewöhnlich auf Bäumen, wo sie sich fest an die Rinde hängt, oder in den Spalten derselben steckt. Sie sieht der Farbe des Baumes, an welchem sie klebt, so ähnlich, daß man sie kaum davon

---

*) Dies ist vermuthlich der braunrothe amerikanische Laubfrosch, eine Abart des gemeinen Rana arborea L.

davon unterscheiden kann. Man hört sie blos in der Morgen- und Abenddämmerung, oder grade vor und nach einem Regenschauer, und alsdann macht sie ein quackendes Geräusch, das aber durchdringender ist, als bey einem Frosche, und in einer großen Entfernung gehört werden kann. Sie hält sich in den Gehölzen in solcher Menge auf, daß das Ohr dadurch von allen Seiten betäubt wird. Es ist blos ein Sommerthier, und verschwindet im Winter gänzlich.

Inseckten.

Die innern Theilen von Nordamerika haben fast die nämlichen Inseckten, die man in andern Gegenden unter eben den Graden der Breite antrift; und ihre Arten sind so zahlreich, und diese haben wieder so viele Spielarten, daß eine genaue Beschreibung von allen ein ganzes Buch ausmachen würde. Ich werde mich daher blos auf drey Arten einschränken, die, wie ich glaube, diesem Lande besonders eigen sind: nähmlich die Blitzwanze, die Wasserwanze, und die Hornwanze.

Die Blitzwanze*) oder Feuerfliege (lightning-bug or firefly) ist ungefähr so groß, als eine Biene, allein

---

*) Zu dieser Art von leuchtenden Käfer gehören vermuthlich die Linneischen Lampyris pyralis, marginata, hespera, ignita und lucida, die man in Nordamerika antrifft.

allein sie gehört zu den Käfern, da sie, wie diese Insecten, zwey Paar Flügel hat, von denen das Obere zu ihrer Sicherheit von einem sehr harten Gewebe ist. Wenn sie fliegt, und ihre Flugel ausbreitet, so zeigt sich darunter eine Art von Haut, die fast die Form von Flügeln hat, und einen Glanz von sich wirft. So wie das Insect fortfliegt, giebt sie dem ganzen hintern Theil des Körpers das Ansehn von einer glänzend feurigen Kohle. Wenn man sie auf die Hand setzt, so scheint bloß der untere Theil, und wirft sein Licht auf den Gegenstand der unter ihm ist. Allein so bald es seine Flügel ausbreitet, um weg zu fliegen, wird der ganze Körper, der hinter ihnen liegt, erleuchtet. Ihr Licht ist selbst während ihres Fluges nicht von einerley Größe, sondern scheint von der Ausdehnung oder Zusammenziehung der leuchtenden Haut abzuhängen. Es ist weit mehr einem würklichen Feuer ähnlich, als das Licht, welches trocknes Holz und verschiedne Fischarten bey Nacht von sich werfen. Diese Feuerfliegen scheinen ihre Vorzüge und die beste Zeit, sie sehn zu lassen, zu kennen, da man sie bey dunklen Nächten immer in weit größern Haufen antrifft. Man findet sie blos in den Sommermonathen, Junius, Julius und August, und auch alsdann blos bey Nacht. Ob ihre dunkelbraune

braune Farbe daran schuld ist, daß man sie bey Tage nicht bemerkt, oder ob sie sich in Spalten und Löcher verkriechen, kann ich nicht entscheiden. Man findet sie vorzüglich in niedrigen morastigen Gegenden, wo man sie für einen Haufen von unzählbaren fliegenden Lichtern halten sollte. In dunkeln Nächten, wenn es stark blitzt, ohne zu regnen, hat es das Ansehn, als wenn sie mit den Blitzen wetteiferten; denn in den Zwischenräumen, da man keinen Blitz sieht, sind sie ungemein flüchtig, und bemühen sich, jeden Lichtstrahl, den sie in ihrer Gewalt haben, von sich zu werfen; doch sind diese Insekten ungeachtet ihres glänzenden Scheins völlig unschädlich. Man kann sie sich sicher auf der Hand herumkriechen lassen, und wenn man fünf oder sechs neben einander setzt, und alle ihr Licht zugleich von sich werfen, so kann man die kleinste gedruckte Schrift dabey lesen.

Die Wasserwanze *) ist braun, ungefähr von der Größe einer Erbse, und fast oval; sie hat viele Beine, womit sie über die Fläche des Wassers mit solcher unglaublichen Geschwindigkeit fortläuft, daß sie blos darüber hinzuschießen scheint.

---

*) Dies ist wahrscheinlich eine Art tipula L.

Die gehörnte Wanze, *) oder wie man sie zuweilen nennt, der Hirschkäfer, ist dunkelbraun, oder fast schwarz. Seine Länge beträgt ungefähr anderthalb Zoll, und seine Breite einen halben Zoll. Er hat zwey große Hörner, die an jeder Seite des Kopfes herauswachsen, und wagrecht an einander stoßen. Sie haben Enden wie ein Hirschgeweih, wovon er auch den Nahmen hat. Er kann damit ziemlich stark kneifen. Diese Hirschkäfer fliegen des Abends herum, und werden den Leuten, die sich alsdann auf dem Felde befinden, sehr beschwerlich.

Ich muß noch anführen, daß die hiesige Heuschrecke **) (Locust) ein siebenjähriges Thier ist, da man sie, einige wenige Schwärmer abgerechnet, nur alle sieben Jahre sieht. Aber alsdenn kommen sie nach diesen Gegenden und den inländischen Pflanzstädten in großen Haufen, und thun vielen Schaden. Man nennt die Jahre, in denen sie anzukommen pflegen, ordentlich die Heuschrekkenjahre.

Neun-

---

*) Eine kleinere Art von dem europäischen Hirschkäfer Lucanus cervus.

**) Gryllus cristetus L. Kalm erzählt, daß sie nur alle siebenzehn Jahre sich Haufenweise sehn lassen, und blos den Bäumen schädlich sind.

Neunzehntes Kapittel.
Von Bäumen, Gesträuchen, Wurzeln, Kräutern und Blumen.

Ich werde hier eben die Methode beobachten, welcher ich im vorhergehenden Kapittel gefolgt bin; nemlich zuerst ein Verzeichniß der Bäume u. s. w. geben, die in den innern Theilen von Nordamerika einheimisch sind, und darauf diejenigen beschreiben, die sich von den Arten in andern Ländern unterscheiden, oder doch bisher nur wenig bekannt gewesen sind.

Von Bäumen.

Von Bäumen giebt es hier Eichen, Fichten, Ahorne, Aeschen, amerikanische Tannen, Baß- oder weisse Holzbäume, Cedern, Ulmen, Birken, Tannen, Schotendorne, Pappeln, kanadische Tannen, Heinbuchen und Knopfbäume.

Die Eiche. Es giebt verschiedne Arten von Eichen in diesen Gegenden, die schwarze, *) die weisse, **) die rothe, ***) die gelbe, die graue, ****) die Weideneiche †) und die Kastanieneiche. ††)

Die

*) Quercus nigra L. **) Quercus alba L.
) Quercus rubra L. *) Quercus robus L.
†) Quercus phellos L. ††) Quercus prinus.

Die fünf ersten sind in ihrem Aeusserlichen der Gestalt der Blätter und der Farbe der Rinden einander so ähnlich, daß man sie kaum von einander unterscheiden kann. Allein wenn man den Stamm des Baumes durchsägt, so zeigt sich der Unterschied, welcher vorzüglich auf der Farbe des Holzes beruht, das sonst von allen sehr hart ist, und sich gut zum Bauen schickt. Die Weideneiche ist von den andern wesentlich unterschieden, da ihr Blatt kleiner und anders gestaltet, und ihre Rinde glatter ist. Ausserdem wächst sie blos auf feuchtem steinigten Boden. Ihr Holz ist das zäheste, das man kennt, und bey aller seiner Stärke doch so biegsam, daß man es oft statt Fischbein braucht. Die Kastanieneiche unterscheidet sich vorzüglich durch ihre Blätter, die denen von einem Kastanienbaume sehr ähnlich sind, woher sie auch ihren Nahmen hat. Sie ist weder so stark wie die ersten Arten, noch so zähe als die letztere, allein es lassen sich gut Latten daraus spalten, die man zu Zäunen braucht, wozu sie vorzüglich gut sind, da sie in freyer Luft lange aushalten.

Die Sichte. Die häufigste Art von diesem Geschlechte in den hiesigen Gegenden ist die Weißtanne,*) die ich nicht zu beschreiben brauche, da das Holz von ihr bey uns unter dem Nahmen
Tannen-

―――――――――
*) Pinus picea L.

Tannenbielen (deal) so bekannt ist. Sie erreicht hier eine erstaunliche Höhe und Größe, und giebt vortreflichen Terpentin, aber nicht in solcher Menge, als sie es in den nordlichen Ländern von Europa thut.

Der Ahornbaum. *) Von diesem Baume giebt es hier zwey Arten, die harte und die weiche. Beyde liefern einen süßen Saft, aus dem die Indier einen guten Zucker kochen. Allein der Saft von der ersten ist weit reichhaltiger und süßer, als von der letzten, die ihn hingegen in größrer Menge giebt. Das Holz von dem harten Zuckerahorne hat schöne Adern und Wellen, und wird zu Schränken, Tischen und Flintenkolben sehr hoch geschätzt. Das von der weichen Art unterscheidet sich durch sein Gewebe, worinn man den bunten Kern der harten vermißt. Sie wächst ausserdem graber, hat weniger Zweige und läßt sich leichter spalten. Die harte wächst auf Bergen und Anhöhen, und die weiche auf Wiesen und niedern Gründen. Die Blätter haben einerley Gestalt, nur sind die vom weichen Ahorn weit größer und dunkelgrüner.

Die Esche. Es giebt verschiedne Arten Eschen in diesen Gegenden, allein ich werde blos die gelbe**) beschreiben, die nirgends, als an den Hauptarmen

des

*) Acer facharinum. L.
**) Fraxinus Americana L.

des Mississippi angetroffen wird. Sie erreicht eine erstaunliche Höhe, und ihr Stamm ist so fest und gesund, daß die französischen Handelsleute, die von Louisiana nach diesen Gegenden gehn, um Pelzwerk einzukaufen, Piroguen daraus machen. Sie höhlen sie mit Feuer aus, und bringen alsdenn ihre erhandelten Waaren darinn nach Neuorleans, wo sie einen guten Markt für ihr Fahrzeug und ihre Labung finden. Das Holz von diesem Baume ist dem von der gemeinen Esche sehr ähnlich, allein er unterscheidet sich von allen andern durch seine Rinde. Die äusserste Rinde ist fast acht Zoll dick, und hat viele mehr als sechs Zoll tiefe Ritzen, wodurch die größeren Stämme ein ungemein rauhes Ansehn erhalten, und von andern Bäumen leicht unterschieden werden können. Der Bast oder die innere Rinde ist so dick, als bey andern Bäumen, und hat eine schöne hellgelbe Farbe. Wenn man diese Rinde nur obenhin angreift, so färbt sie schon die Finger so gelb, daß man sie kaum wieder rein waschen kann. Und wenn man gar im Frühlinge die Rinde abschälet, und den Saft berührt, der zwischen ihr und dem Stamme des Baumes hervorquillt, so befleckt er die Finger so stark, daß sie etliche Tage davon gelb bleiben. Ich zweifle nicht, daß die Zeit viele nützliche Eigenschaften an diesem

Baume

Baume entdecken wird, wenigstens muß er für die Färbekunst von großer Wichtigkeit seyn.

Die amerikanische Tanne *) wächst überall in Amerika. Sie erreicht eine beträchtliche Größe, und hat Blätter, die denen vom Eichenbaume ähnlich sind. Sie ist von gar keinem Nutzen, und wird dem Boden blos zur Last, da ihr Holz von sehr groben Korne und voller Borsten und Ritzen ist.

Der Baß **) oder der weisse Holzbaum ist ein Baum von mittler Größe, und hat das weisseste und weichste Holz, das man nur finden kann. Wenn es ganz trocken ist, so schwimmt es wie Korkholz auf dem Wasser. Die Drechsler machen in den Kolonien Schaalen, Teller und Schüsseln daraus, die bald glatt durch den Gebrauch werden, und lange halten. Allein zu jedem andern Gebrauche ist es gar nicht dauerhaft.

Der Wickopick oder Suckwick scheint eine Art von weissem Holzbaume zu seyn, von welchem er sich durch eine besondre Eigenschaft seiner Rinde unterscheidet, die gestoßen und mit Wasser angefeuchtet in einem Augenblicke die Konsistenz und Klebrig-

---

*) Abies Americana foliis linearibus obtusiusculis bifariam versis conis subrotundis Miller Gard. Dict. Hemlock tree.

**) Vermuthlich eine Art von Linden.

Klebrigkeit von Kleister erhält. Die Indier brauchen sie, ihre Kanoe damit auszuschmieren, und sie ist zu diesem Endzwecke Pech und jedem andern Material weit vorzuziehn. Denn ausser ihrer Klebrigkeit ist so viel Oel darinn enthalten, daß das Wasser nicht durchbringen kann; eine Eigenschaft, die sie sehr lange behält.

Der Knopfbaum *) gehört zu den gröſsten Bäumen, und kann leicht an seiner Rinde erkannt werden, die völlig glatt und sehr hübsch gefleckt ist. Das Holz schickt sich sehr gut zu feiner Tischlerarbeit. Es hat viele kleine harte Knoten, die von den Zweigen herrühren, und Knöpfen sehr ähnlich sind; wovon auch ohne Zweifel der englische Nahme buttonwood, Knopfholz, herzuleiten ist.

Der Butter oder Oehlnußbaum. **) Da noch kein Schriftsteller dieses Baumes erwähnt hat, so werde ich in meiner Beschreibung d'sto umständlicher seyn. Dieser Baum wächst vorzüglich auf Wiesen in reichen und warmen Boden. Sein Stamm wird selten über drey Fuß im Umkreise dick. Er hat viele Aeste, die sich in kurze und stumpfe Zweige theilen, und seine Blätter sind Wallnußblättern

*) Cephalanthus occidentalis L. button wood.

**) Juglans oblonga Milleri, fructu oblongo profundissime insculpto?

blättern sehr ähnlich. Die Nuß hat eine Schale wie eine Wallnuß, die aber, wenn sie reif ist, mehr Falten krigt, und sich leichter zerdrücken läßt. Sie ist ausserdem weit länger und dicker, als eine Wallnuß, und hat einen größern Kern, der sehr viel Oehl enthält, und ungemein angenehm riecht. Man würde gewiß aus diesem Kerne ein weit reineres Oehl, als aus Oliven, pressen können. Die innere Rinde dieses Baums färbt schön purpur, und soll bald dunkler bald heller seyn, wobey es auf den Monath ankommt, in welchem sie gesammlet worden.

Die Buche. Dieser Baum ist zwar der europäischen Buche völlig gleich, allein seine Früchte sind hier eben so gut, als Kastanien, und dienen Bären, Mardern, Eichhörnchen, Rebhühnern, Kalekuten, und vielen andern Thieren und Vögeln zur Nahrung. Die eigentliche Nuß hat ein Gehäuse, das dem von einer Kastanie ähnlich, aber doch nicht völlig so rauh ist. Die innere Schale ist ebenfalls so glatt, als bey dieser, nur ist ihre Gestalt fast dreyeckigt. Sie liegen in großen Haufen in den Wäldern umher. Die Blätter, die eine weisse Farbe haben, bleiben den ganzen Winter über auf den Bäumen sitzen. Eine Abkochung davon ist ein sicheres und geschwindes Heilungsmittel bey Brandschaden und Frostbeulen.

Carvers Reisen.   D d   Die

Die Pekanuß*) ist einer Wallnuß etwas ähnlich, nur ist sie kleiner, ungefähr so groß, als eine mittelmäßige Eichel, und eyförmig. Die Schale läßt sich leicht zerdrücken, und ihr Kern hat die Gestalt von einem Wallnußkern. Dieser Baum wächst vorzüglich am Flusse Illinois.

Der weiße Wallnußbaum**) trägt eine Frucht, die der gemeinen Wallnuß fast gleich kommt. Es giebt verschiedne Arten davon, die sich blos durch die Farbe des Holzes unterscheiden. Es ist sehr zähe, und wird daher zu Axtstielen und dergleichen größtentheils gebraucht. Es giebt auch sehr gutes Brennholz ab, aus dem, wenn es brennt, ein vortreflicher Zucker herauströpfelt.

Alle hiesigen Fruchtbäume werden freywillig von der Natur ohne propfen, umpflanzen und düngen hervorgebracht.

Der wilde virginische Apfelbaum***) trägt weit größere und besser schmeckende Früchte, als der europäische.

Von Pflaumenbäumen****) giebt es in dieser Gegend zwey Arten. Eine die auf der einen Seite

ins

---

*) Juglans baccata L.?
**) Juglans alba L. Hickory.
***) Pyrus coronaria L.
****) Prunus domestica L.

ins purpurfarbene, auf der andern aber ins röthliche fällt, und eine ganz grüne, die viel kleiner
ist. Beyde haben einen sehr guten Geruch, und
werden von den Indiern sehr geschätzt, deren Geschmack durch Künsteleien noch nicht verdorben,
und mit den unverbesserten Produkten der Natur
zufrieden ist.

Es giebt hier drey Arten von Kirschbäumen, der
schwarze, rothe und Sandkirschenbaum. Man könnte
die beyden letzten zwar füglicher zu den Sträuchern
rechnen, da der Busch, der die Sandkirschen trägt,
fast nur über der Erde wegkriecht, und der andere
nicht über acht bis zehn Fuß hoch wird, allein ich
werde sie dennoch alle hier beschreiben. Die schwarzen Kirschen sind ungefähr so groß wie Johannisbeeren, und hängen dicht bey einander wie Trauben. Die Bäume, die sie tragen, sind ungemein
fruchtbar, und sitzen gewöhnlich sehr voll davon.
Die Frucht selbst läßt sich nicht gut essen, allein sie
giebt dem Branntewein einen guten Geruch, und
färbt ihn wie rother Wein. Die rothen Kirschen*)
wachsen ebenfalls im größten Ueberflusse und hängen büschelweise, wie die eben beschriebene schwarze
Art, so daß die Büsche, auf denen sie sitzen, in
der Ferne, wie feste Körper von einer rothen

*) Prunus canadensis L.

Materie aussehn. Einige Leute essen sie sehr gern, ungeachtet sie etwas von den Eigenschaften und dem Geschmack des Alauns an sich haben. Da ich schon vorhin die Sandkirschen, *) welche so wohl die rothen als schwarzen an Geruch und Größe weit übertreffen, beschrieben habe, so will ich mich hier nicht dabey aufhalten. Das Holz vom schwarzen Kirschenbaume **) ist sehr nützlich, und schickt sich zu feiner Tischlerarbeit ungemein gut.

Von Gesträuchen.

Von Gesträuchen findet man hier Weiden, Beinwinden, Sumach, Sassafras, stachlichte Eschen, Lederholz, Löffelbäume, große Flieder, Zwergflieder und giftige Flieder, Zwergeichen, Wacholder, süßes Farnkraut, (Sweetfern) Lorbeerbäume, Hexenhasel, Myrten, Wintergrün, Fieberbüsche, Kronsbeeren, Johannisbeeren, Stachelbeeren, Hinbeeren, Heidelbeeren, Balkberries und Stickbeerenbüsche.

Die Weide. Es giebt hier verschiedne Weidenarten, wovon die merkwürdigste eine kleine Art ist, die am Ufer des Missisippi und in den benachbarten Gegenden wächst. Die Rinde dieses Strauches giebt dem Bieber seine Winternahrung. Seine Wur-

---

*) Prunus pumila L.
**) Prunus Virginiana L.

Wurzeln scheinen, wenn das Wasser die Erde, welche sie bedeckt, abgespült hat, aus einer Menge mit einander durchwebter Faden zu bestehn, die eine unbeschreiblich schöne Scharlachfarbe haben. Mit dieser Farbe färben die Indier viele von ihren zum Putz gehörigen Kleidungsstücke.

Die Beinwinde.*) Dieser ausserordentliche Strauch wächst in Wäldern. Er steigt wie eine Weinrebe auf, läuft sechs bis acht Fuß lang über den Boden weg, und schlägt darauf von neuem Wurzel. Auf diese Art, da er bald aufsteigt, bald Wurzel schlägt, nimmt er einen großen Raum ein, wodurch er einem eilfertigen Wanderer sehr beschwerlich wird, da man sich die Füße leicht darin verwickeln kann.

Sassafras **) ist ein Holz, das wegen seines medizinischen Nutzens hinreichend bekannt ist. Man könnte es eben so gut unter die Bäume, als unter die Gesträuche zählen, da der Stamm zuweilen dreißig Fuß hoch wird. Allein gewöhnlich erreicht er nur die Höhe eines Strauches. Die Blätter geben

---

*) Dies ist unstreitig eine Lianenart (Epidendrum) von denen man viele Gattungen in Afrika und Amerika antrifft, und die billig eine besondre natürliche Ordnung ausmachen sollten.

**) Laurus sassafras L.

geben einen sehr guten Geruch, sie sind ziemlich groß und fast in drey Theile getheilt. Der Strauch trägt eine braurothe Beere, die fast die Größe und Gestalt von Jamaikanischen Pfeffer (Pimento) hat, und in den Kolonien zuweilen an seiner Stelle gebraucht wird. Die Rinde und die Wurzeln sind zum medizinischen Gebrauche dem Holze weit vorzuziehn, und ich wundere mich daher sehr, daß man sie so selten in den Apotheken antrifft.

Die stachlichte Esche *) ist ein Strauch, der zuweilen zehn bis funfzehn Fuß hoch wird, und dessen Blätter Eschenblättern völlig ähnlich sind. Seinen Beynahmen hat er von der Menge kurzer Dorne, womit jeder Zweig bedeckt ist, und wodurch er an Orten, wo er häufig steht, den Vorübergehenden sehr beschwerlich wird. Die Rinde dieses Strauches, vorzüglich von den Wurzeln, wird von den Eingebohrnen sehr wegen seiner medizinischen Eigenschaften geschätzt. Ich habe schon oben ein Beyspiel von seiner Würksamkeit angeführt, und es ist gar kein Zweifel, daß eine Abkochung davon alle Unreinigkeiten aus dem Blute geschwind und gründlich vertreibt.

Das

*) Aralia spinosa arborescens, caule foliisque aculeatis L. Sp. Pl. Mill. Gard. Dict. Prickley-Ash, Fr. Angelique epineuse.

Das Lederholz *) wird ungefähr vier Fuß hoch, und treibt viele Zweige. Das merkwürdigste daran ist seine Rinde, die so stark und biegsam ist, daß sie, zu welcher Jahreszeit man sie auch abschälet, und flechten läßt, eben so gute Stricke giebt, als Hanf.

Der Löffelbaum **) ist eine Art Lorbeerbaum, und sein Holz sieht, wenn man ihn durchsägt, Buchsbaumholze sehr ähnlich.

Der sogenannte giftige Fliederbaum ***) ist den andern Fliederarten an Zweigen und Blättern sehr ähnlich; allein er wächst weit gräber, und kömmt blos in Morästen und auf feuchtem Boden fort. Dieser Strauch hat eine ganz besondre Eigenschaft, wodurch er gewissen Leuten giftig wird, selbst wenn sie sich ihm nur in einer Entfernung von etlichen Ellen nähern, da andre hingegen seine Rinde und Blätter ohne den geringsten Nachtheil kauen können. Sein Gift ist jedoch nicht tödtlich, ungeachtet es sehr gewaltsam würket, indem der Kopf und der ganze Körper davon zu einer ungeheuren Dicke aufschwellen, und überall mit einem Ausschlage bedeckt werden, der, wenn er seine Höhe erreicht

Dd 4   hat,

*) Dirca palustris L. Mousewood-Leatherwood.
**) Kalmia latifolia L.
***) Rhus vernix L.

hat, zusammenfließenden Pocken sehr ähnlich ist. Er wächst in vielen Kolonien, wo die Einwohner den Würkungen seines Giftes durch Saframthee, und durch eine Salbe aus Sane und Eibisch *) zu steuern suchen.

Die Zwergeiche **) ist der großen Eiche an Holz und Blättern völlig ähnlich, und trägt ebenfalls eine Frucht wie Eicheln, allein sie wird nie über vier bis fünf Fuß hoch, und hat dabey einen sehr krummen und astigen Stamm. Man trifft sie vorzüglich auf trockenem steinigten Boden an.

Die Hexenhasel ***) ist voller Zweige, und wird ungefähr zehn Fuß hoch. Schon im May ist sie mit zahlreichen weissen Blüthen bedeckt. Wenn sich ihre Blüthen zeigen, so sehn es die Indier als ein Zeichen an, daß der Frost völlig vorüber ist, und daß sie ihr Getreide sicher aussäen können. Man schrieb ihr eine anziehende Kraft gegen Gold und Silber zu, und brauchte Zweige davon zu Wünschelruthen; allein diese Eigenschaft ist vermuthlich eben nicht sehr gegründet.

Jedoch

*) Althea.
**) Quercus humilis, foliis oblongis obtuse dentatis fructibus sessilibus conglomeratis Mill. Gard. Dict.
***) Ulmus scabris foliis oblongo ovatis inaequaliter serratis, calycibus foliaceis Milleri?

Jedoch hat sie diesem Aberglauben ihren Nahmen zu danken.

Der Myrtenstrauch *) wird ungefähr vier bis fünf Fuß hoch, seine Blätter sind größer als bey der gemeinen Myrte, aber haben völlig den nähmlichen Geruch. Er trägt kleine Beeren, die gewöhnlich Lorbeeren (bayberries) genannt werden, und eine leimigte Substanz enthalten, die, wenn man sie kocht, auf dem Wasser schwimmt, und zu einer Art von grünem Wachse wird. Es wird nicht so sehr geschätzt, als gewöhnliches Wachs, da es bröcklichter ist. Allein wenn man es mit gelbem Wachse vermischt, so lassen sich gute Lichter daraus machen, die beym Brennen einen sehr angenehmen Geruch geben.

Wintergrün gehört zu den immergrünenden Sträuchen, und ist eine Art von Myrtenstrauch. Man findet es auf trocknen Heiden. Seine Blumen sind weiß, und haben die Gestalt einer Rose, doch sind sie nicht größer, als ein Sechspfennigstück. Im Winter sitzt es voll rother Beeren, die ungefähr so groß sind, als Schlähen. Sie sind glatt und rund, und erhalten sich während der strengen Jahreszeit, in welcher sie eben ihre größte Vollkommenheit erreichen, durch die Wärme des Schnees.

*) Myrica cerifera L.

Schnees. Die Indier essen diese Beeren, und glauben, daß sie den Magen sehr stärken. Die Einwohner in den innern Pflanzungen legen Reiser und Beeren in Bier, das sie zur Blutreinigung beym Scharbock und ähnlichen Krankheiten trinken.

Der Fieberbusch wird etwa fünf bis sechs Fuß hoch. Er hat ein Blatt wie spanischer Flieder, (Syringa vulgaris L.) und trägt eine röthliche Beere von einem gewürzhaften Geruche. Die Stengel daran sind sehr spröde. Eine Abkochung von dem Holze oder den Knospen ist ein vortrefliches Mittel gegen Fieber. Ausserdem ist es ein altes indisches Mittel gegen alle Arten von Entzündungen, und wird deswegen auch von den Einwohnern der innern Pflanzungen sehr geschätzt.

Der Kronbeerenbusch *) (Moosbeerenbusch). Die Frucht von diesem Strauche ist zwar der gemeinen Art, die auf kleinen Büschen in Sümpfen und Morästen wächst, an Größe und Form sehr ähnlich; allein der Busch selbst wird zehn bis zwölf Fuß hoch, und wird nur selten angetroffen. Da man den gemeinen Sumpfbeerenbusch, der blos in Morästen wächst, nicht verpflanzen kann, so würde unsre Art, wenn man sie zu einer gehörigen

Zeit

---

*) Vaccinium hispidulum L. Cranberrybush.

Zeit im Garten verſetzte, und gut wartete, ein
ſchätzbares Geſchenk für Gartenfreunde werden,
und vermuthlich noch beſſere Früchte geben, als jene.

Der Stickbeerenbuſch, wie ihn die Eingebohrnen nennen, wird ungefähr fünf bis ſechs Fuß
hoch, und trägt eine Beere von der Gröſſe von
Schlähen, die eine agathſchwarze Farbe hat, und
in ihrem Fleiſche verſchiedne Körner enthält. Der
Saft dieſer Frucht iſt ihres guten Geruchs ungeachtet ſo herbe, und macht, wenn man ſie ißt, den
Mund und die Kehle ſo rauh, daß der Buſch davon
ſeinen Nahmen erhalten hat.

Von Wurzeln und Pflanzen.

Alanbwurzel, *) Narden, Angeliken, Satſaparille,
Ginſeng, Erdnüſſe, **) wilde Kartoffeln, Süßholz,
Schlangenwurzel, ***) Goldfaden, Weißwur-
zel, ****) Teufelsabbiß, Blutwurzel, Zwiebeln,
Knoblauch, wilde Puſtinaken, Alraun, †) weiſ-
ſer ††) und ſchwarzer †††) Nieswurz.

Nar-

*) Inula helenium L.   **) Arachis hypogaea L.
***) Serpentaria Virginiana L.
****) Convallaria polygonatum L.
†) Atropa Mandragora L.   ††) Veratrum album.
†††) Helleborus niger L.

Narden *) (Spikenard) wird gewöhnlich in den Kolonien Petty-Morrel genannt. Diese Pflanze hat das völlige Ansehn von dem asiatischen Narden, der von den Alten so hoch geschätzt ward. Sie wächst an Bächen auf felsichten Stellen, und ihr Stengel, der ungefähr so dick ist, als ein Federkiel von einer Gans, schießt wie Angeliken zu einer Höhe von anderthalb Fuß auf. Sie trägt Büschel von Beeren, die völlig wie Holunderbeeren aussehen, nur daß sie etwas größer sind. Diese Beeren haben eine so balsamische Eigenschaft, daß sie in einem Aufgusse mit Branntwein ein sehr angenehmes und herzstärkendes Mittel abgeben.

Die Wurzel der Sarsaparille **) ist der schätzbarste Theil von der ganzen Pflanze. Sie ist ungefähr so groß wie ein Gänsekiel, und läuft in verschiednen Richtungen mit vielen Krümmungen und Wendungen eine beträchtliche Strecke unter der Erde weg. Aus ihren Hauptzweigen entstehn viele kleine Fibern, die alle zähe und biegsam sind. Gleich aus der Wurzel schießt ein anderthalb Fuß hoher Stengel hervor, der sich an seinem obern Theile in drey Zweige theilt. An jedem davon sitzen drey Blätter, die ungefähr die Gestalt und Größe von

Wall-

---

*) Valeriana celtica L.

**) Smilax Sarsaparilla L.

Wallnußblättern haben, und aus einer Theilung dieser Zweige wächst ein Büschel von blaulichtweissen Blumen hervor, die den Nardenblüthen sehr ähnlich seyn. Die Rinde von den Wurzeln, die allein in der Medizin gebraucht werden sollten, hat einen etwas bittern aber gewürzhaften Geschmack. Man schätzt sie mit Recht wegen ihrer medizinischen Eigenschaften. Sie erregt einen gelinden Schweiß, und ist ein vortrefliches Mittel, ein schleimigtes Blut zu verdünnen.

Ginseng *) ist eine Wurzel, von der man sonst glaubte, daß sie blos in Korea wüchse, da sie aus diesem Lande über Japan nach Europa kam. Allein man hat sie neulich auch in Nordamerika entdeckt, wo sie wild wächst, und völlig von der nämlichen Güte ist. Ihre Wurzel ist einer kleinen Karrottenwurzel ähnlich, aber nicht völlig so dünn am Ende. Sie theilt sich oft in zwey oder mehrere Zweige, und wächst in jedem Betracht wie die Sarsaparille. Die Wurzel schmeckt etwas bitter. In den östlichen Ländern von Asien wird sie theuer verkauft, da man sie als ein allgemeines Mittel ansieht, wozu jedermann in allen möglichen Krankheiten seine letzte Zuflucht nimmt. Gekäut stärkt sie gewiß den Magen ungemein.

Gold=

*) Panax quinquefolium L.

Goldfaden. Dies ist eine Pflanze, die zu den kleinen Lianenarten gehört. Sie wächst an sumpfigten Plätzen, und liegt auf dem Boden. Die Wurzeln breiten sich grade unter der Oberfläche des Morastes aus, und lassen sich leicht bey Händenvoll aufziehn. Sie sehn einen großen verwickelten Knäul Zwirn von einer glänzenden Goldfarbe sehr ähnlich, und würden gewiß eine schöne und dauerhafte gelbe Farbe geben. Sie wird ebenfalls von den Indiern und Kolonisten sehr bey allen Verletzungen im Munde geschätzt, allein ihr Geschmack ist ungemein bitter.

Weißwurz *) ist eine Pflanze, die an Flüssen, und auf reichen Wiesen wächst. Sie wird im Ganzen ungefähr drey Fuß hoch. Die Blätter sitzen in einer Höhe von zwey Füßen über der Erde. Jede Fiber hat einen Eindruck, wie ein zwey gute Groschenstück, die aussieht, als wenn sie von einem Siegel entstanden wäre. Man schätzt sie sehr wegen ihrer blutreinigenden Eigenschaft.

Teufelsabbiß **) ist ebenfalls eine Pflanze, die wild auf den Feldern wächst, und hat ihren Namen, von einem Eindruck in der Wurzel, der von Zähnen herzurühren scheint. Die Indier behaupten, daß
sie

---

*) Convallaria polygonatum L.

**) Scabiosa succisa L.

sie ehemals ein allgemeines Mittel gegen jede Krankheit gewesen sey, der die menschliche Natur ausgesetzt werden kann. Allein ein böser Geist habe die Menschen wegen des Besitzes dieser kräftigen Arzeney beneidet, und ihr einen großen Theil ihrer Kräfte genommen.

Blutwurzel ist eine Art von Wegerich, die mit sechs bis sieben rauhen Blättern mit rothen Adern aus der Erde hervorkömmt. Ihre Wurzeln sind kleinen Karrottenwurzeln an Farbe und Gestalt gleich. Wenn man sie durchbricht, so hat die innre Seite eine dunklere Farbe, als die äussere, und läßt etliche Tropfen Saft fallen, die wie Blut aussehn. Dieser Saft ist ein starkes und gefährliches Brechmittel.

Kräuter.

Von Kräutern findet man hier, Melisse, Nesseln, Fünffingerkraut, Augentrost, Sanickel, Wegerich, Klapperschlangenwegerich, Hungerwegerich, Krötenwegerich, Steinbrech,[1] Grindwurz,[2] Steinflechte, Güldenklee,[3] Blutwurz,[4] wilde Bohnen, Gundelreben,[5] Wasserkresse, Tausendguldenkraut,[6] Hundskamillen,[7] Gargit, Stinkthierkohl oder

[1] Asplenium trichomanes L.   [2] Rumex acutus L.
[3] Anemone hepatica.   [4] Tormentilla reptans.
[5] Glechoma hederacea.   [6] Achillea millefolium.
[7] Anthemis arvensio, Mayweed.

ober Poke, Zehrwurz,¹) Betonie, Skabiose, Wollkraut²) wilde Erbſen, Mausöhrchen, wilden Indigo, und Katzenkraut³).

Sanickel*) hat eine Wurzel, die oben dick iſt, und unten viele kleine Fibern hat. Die Blätter ſind breit, rundlicht, hart, glatt, und ſchön hellgrün. Der Stengel hebt ſich über ſie etwa einen Fuß in die Höhe; er iſt ganz glatt und ohne Knoten, und oben an ihm ſitzen verſchiedne kleine Blumen, von einer röthlich weiſſen Farbe, die wie eine wilde Roſe ausſehn. Der Aufguß von der Wurzel iſt balſamiſch und giebt ein gutes Wundmittel ab.

Klapperſchlangenwegerich. Dieſe nützliche Pflanze gehört zu den Wegerichen. Ihre Blätter breiten ſich über der Erde aus, und ſind ungefähr anderthalb Zoll breit, und fünf Zoll lang. Aus ihrem Mittelpunkte ſchießt ein kleiner ſechs Zoll langer Stengel hervor, der eine kleine weiſſe Blume trägt. Die Wurzel iſt ungefähr ſo groß wie ein Gänſekiel, und ſehr gekrümmt. Sie theilt ſich in verſchiedne Zweige. Die Blätter dieſer Pflanze ſind am würkſamſten gegen den Biß der Klapperſchlange,

wovon

¹) Arum maculatum, wake robin.

²) Verbaſcum tapſus, Mullein.

³) Nepata cotaria.

*) Vermuthlich Saxifraga penſylvanica L.

wovon sie den Nahmen hat. Man kauet sie und legt sie gleich auf die Wunde, und nimmt zugleich etwas von dem Safte innerlich, wodurch gemeiniglich der Gefahr vorgebeugt wird. Die Indier sind von der Kraft dieses untrüglichen Gegengiftes so überzeugt, daß sie sich für etwas Branntewein von einer Klapperschlange beissen lassen. Es ist merkwürdig, daß grade zu der Zeit, da der Biß der Klapperschlange am giftigsten wird, auch diese Pflanze ihre größte Vollkommenheit erreicht.

Hungerwegerich (Poor robin's plantain) gehört mit der vorigen zu einer Art, nur ist er in jedem Betracht weit kleiner. Er hat seinen Namen von seiner geringen Größe, und dem schlechten Boden, auf welchem er wächst. Er ist für die Arzneykunde von einiger Wichtigkeit, da man ihn oft mit Erfolg bey Fiebern und innerlichen Schwachheiten braucht.

Krötenwegerich ist dem gemeinen Wegerich ähnlich, nur treibt er weit mehr Blätter, und hat seinen Nahmen von den Kröten, die sich gern unter ihm aufhalten.

Steinflechte*) ist eine Art von Flechten (Lichen) die auf Felsen wächst, und wird für ein vortrefliches Mittel gegen Auszeerungen gehalten.

Gargit

*) Lichen Islandicus L?

Gargle oder Skoke ist ein großes wild wachsendes Kraut, dessen Blätter ungefähr sechs Zoll lang, und drittehalb Zoll breit sind. Sie sind Spinatblättern an Farbe und Gewebe, aber nicht an Gestalt ähnlich. Die Wurzel ist sehr groß, und aus ihr kommen verschiedne Stengel hervor, die acht bis zehn Fuß hoch werden, und rothe Beeren tragen. Diese Beeren hängen im September büschelweise daran, und werden Taubenbeeren genannt, weil sich die Tauben um diese Zeit größtentheils davon nähren. Wenn die Blätter noch zart und jung sind, so geben sie gekocht eine nahrhafte und gesunde Speise ab, aber wenn sie ihrem völligen Wachsthum nahe kommen, so werden sie etwas giftig. Wenn man einem Fieberkranken die Wurzeln an die Hände und Füsse legt, so ziehn sie die Feuchtigkeiten stark an sich.

Stinkthierkohl oder Pole ist ein Kraut, das an feuchten und sumpfichten Stellen wächst. Seine Blätter sind ungefähr einen Fuß lang, und sechs Zoll breit, und fast oval, doch dabey etwas zugespitzt. Die Wurzeln bestehn aus einer Menge Fibern, von denen man eine Abkochung äusserlich zur Heilung der Krätze in den Kolonien braucht. Das Kraut selbst hat einem starken Geruch, der dem vom Stinkthiere etwas ähnlich ist, seinen Namen zu danken.

Zehrwurz wächst in sumpfichten Gegenden. Seine Wurzel ist einer kleinen Rübe ähnlich, und verursacht auf der Zunge, wenn man sie leckt, eine Entzündung, und veränderte ihre natürliche Gestalt in eine runde harte Substanz. In diesem Zustande bleibt sie einige Zeit, ohne daß irgend ein andrer Theil des Mundes dabey litte. Wenn man sie trocknet, so verliehrt sie ihre zusammenziehende Eigenschaft, und wird zu einer guten Arzney. Denn wenn man sie alsdann im kalten Wasser reibt, und einnimmt, so ist sie bey allen Krankheiten der Eingeweide sehr wirksam.

Wilder Indigo*) ist ein Kraut von der nämlichen Art, als das, woaus man in den südlichen Kolonien Indigo macht. Es schießt in einem Stengel fünf bis sechs Zoll hoch auf, und theilt sich alsdann in viele Zweige. Auf diesen Zweigen sitzt eine Menge kleiner harter bläulichter Blätter, die sehr breit werden, und zwischen diesen Blättern kommt eine gelbe Blume hervor. Sein Saft hat einen sehr unangenehmen Geruch.

Katzenmünze**) hat eine holzigte Wurzel, die sich in verschiedne Zweige theilt, und aus der ein ungefähr drey Fuß hoher Stengel aufschießt. Die Blätter sind wie Nessel oder Betonienblätter, und

*) Indigofera trifoliata L? **) Nepeta cataria L.

haben einen starken Kräusemünzengeruch, und sei‑
nen scharfen beissenden Geschmack. Die Blumen
wachsen oben auf den Zweigen, und haben eine
blasse Purpur oder weisse Farbe. Man nennt diese
Pflanze Katzenmünze, weil die Katzen einen Wi‑
derwillen gegen sie haben und sie ausreissen sollen.
Sie hat fast einerley Eigenschaften mit der Krau‑
semünze.

Blumen.

Von Blumen giebt es hier Stiefmütterchen,[1]
rothe und gelbe Lilien, Wasserlilien,[2] Schlüssel‑
blumen,[3] Mayblumen,[4] Röhrenbäume,[5] Geis‑
blatt,[6] Felsengeisblatt,[7] rothe und weisse Rosen,
wilde Nelken,[8] wilde Stockrosen,[9] und Gülden‑
wundkraut.[10]

Ich will mich nicht auf eine umständliche Be‑
schreibung dieser Blumen einlassen, sondern blos
anmerken, daß sie den europäischen Blumen glei‑
ches Nahmens sehr ähnlich seyn, und ihnen sowohl
an Schönheit der Farbe, als an Vollkommenheit
des

---

[1] Viola tricolor. [2] Nymphæa. [3] Primula veris L.
[4] Convallaria majalis L. [5] Philadelphus coronarius L.
[6] Lonicera caprifolium L. [7] Periclymenum america‑
num Milleri? [8] Dianthus. [9] Alcea. [10] Solidago
virgaurea L.

des Geruchs so nahe kommen, als man es von wildwachsenden Pflanzen erwarten kann.

Hülsenfrüchte u. s. w.

Von Hülsenfrüchten hat man hier Mais oder indisch Korn, wilden Reis, Bohnen, Melonenpfeben.

Mais oder indisch Korn* wächst ungefähr fünf bis sechs Fuß hoch, der Stengel ist steif und fest, hat viele Gelenke, und so lange als er noch grün ist, einen Ueberfluß von süßem Safte. Die Blätter sind wie beym Schilf gestaltet, und ungefähr zwey Fuß lang, und drey bis vier Zoll breit. Die Blumen**) kommen auf der nämlichen Pflanze aber in einer Entfernung von der Frucht hervor, und wachsen wie Haserähren. Sie sind bald weiß, bald gelb, bald purpurfarbig. Die Saamenkörner sind so groß als Erbsen, und völlig so glatt wie diese. Sie haben eine rundlichte, aber dabey etwas zusammengedrückte Oberfläche. Eine Aehre besteht gewöhnlich aus ungefähr sechshundert Körnern, die in Reihen von acht bis zehn und zuweilen gar von zwölf dicht an einander sitzen. Diese Art Getraide ist

*) Zea Mais L.
**) Dies ist von den männlichen Blumen zu verstehn, die von den weiblichen, aus denen die Frucht entsteht, abgesondert sitzen.

ist eben so leicht zu verdauen, und eben so nahrhaft, als jede andre. Die Indier stoßen es zu Mehl, machen Kuchen daraus, und backen sie am Feuer. Ich habe schon oben angeführt, daß etliche Völkerschaften Kuchen aus Mais essen, ehe er reif wird, und daß er auch alsdann schon sehr wohlschmeckend und nahrhaft ist.

Wilder Reis. Diese Getreideart, die in allen innern Theilen von Nordamerika im größten Ueberflusse wächst, ist in diesem Lande das schätzbarste von allen freywilligen Produkten der Natur. Ohne den Nutzen zu rechnen, den er den Menschen, die diesen Theil des festen Landes bewohnen, unmittelbar bringt, da sie weiter keine Mühe, als beym Einsammlen, darauf zu wenden brauchen, so zieht seine Süßigkeit und seine nahrhafte Eigenschaft eine ungeheure Menge wilder Vögel von allen Arten aus den entferntesten Himmelsstrichen herbey, die davon ungemein fett und wohlschmeckend werden. In künftigen Zeiten wird er neuen Pflanzstädten in ihrer Kindheit zu einer großen Stütze und ihrem Unterhalte so lange dienen, bis sie sich durch den Bau ihrer Ländereyen andre Hülfsmittel verschaffen können. In andern Gegenden hingegen, denen die Natur dies reiche Geschenk versagt hat, sind die ersten Anbauer immer durch den

Mangel

Mangel der nothwendigen Nahrung großen Beschwerden ausgesetzt, wenn der Himmelsstrich auch noch so gemäßigt, und der Erdboden noch so fruchtbar ist. Dies nützliche Getreide wächst im Wasser, wo es einen reichen schlammigten Boden findet, und steht ungefähr zwey Fuß tief. Seine Stengel und seine fruchttragenden Zweige oder Aehren sind Hafer in dem äusserlichen Ansehn und ihrem Wachsthum ähnlich. Die Halme sind voller Gelenke, und erheben sich über acht Fuß über dem Wasser. Die Indier sammlen das Korn auf folgende Art ein. Gegen die Zeit, daß es anfängt zu reifen, fahren sie mit Kanoen zwischen die Halme, und binden ganze Büschel davon grade unter den Aehren mit Bast zusammen, und lassen es so zusammengebunden noch drey bis vier Wochen länger stehn, bis es völlig reif wird. Gegen das Ende des Septembers kommen sie an den Fluß zurück, wo jede Familie ihren angewiesenen Theil einsammlet, den sie an der Art, die Garben zu binden, kennen kann. Sie bringen dabey ihre Kanoe so dicht als möglich an die Reisbündel, damit das Korn hineinfallen kann, wenn sie es ausschlagen, welches sie mit besonders dazu eingerichteten Stücken Holz thun. Wenn sie damit fertig sind, so trocknen sie es durch Räuchern, und treten oder reiben die Hülse

ab;

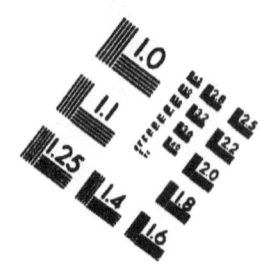

**IMAGE EVALUATION
TEST TARGET (MT-3)**

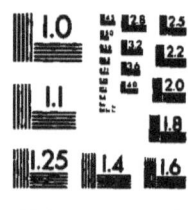

← 6" →

Photographic
Sciences
Corporation

23 WEST MAIN STREET
WEBSTER, N.Y. 14580
(716) 872-4503

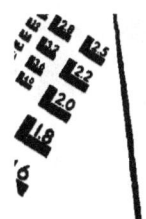

ab; und wenn es auf diese Art zum Gebrauche völlig fertig ist, so thun sie es in Hirschkälber- oder junge Büffelhäute, die sie fast ganz dazu abziehen, und eine Art von Sack daraus nähen; und bewahren es darinn auf, bis zur nächsten Ernbte. Man hat viel darüber nachgegrübelt, warum diese wildwachsende Getreibeart in keiner andern Gegend von Amerika, oder in Ländern gefunden wird, die unter der nämlichen Breite liegen; da doch die Gewässer daselbst sich eben so gut dazu schicken, als in dem Himmelsstriche, von dem ich jetzt rede. So bringt zum Beyspiele keines von den Ländern, die südwärts und ostwärts von den großen Seen liegen, und selbst keine von den Provinzen nordwärts von Karolina bis an die äusserste Grenze von Labrador, irgend etwas davon hervor. Ich fand zwar eine große Menge davon in den feuchten Gegenden bey Detroit, zwischen den Seen Huron und Erie; allein ich erfuhr, daß es bloß zur Blüthe und nie zur Reife käme, sondern daß es alsdenn verwelkte und abstürbe. Dies überzeugt mich, daß der Nordwestwind, wie ich schon oben bemerkt habe, in diesen Gegenden weit heftiger ist, als in den inländischen, und daß er den Erdfrüchten weit mehr schadet, nachdem er über die Seen gekommen ist, und sich mit dem Winde vereinigt hat, der aus

den

den kalten nordlichen Gegenden dazu stößt, als er es weiter nach Westen thut.

Bohnen. Diese haben hier fast eben die Gestalt, als die europäischen Bohnen; allein sie sind nicht viel größer, als die kleinsten davon. Sie werden von den Indiern gekocht, und größtentheils mit Bärenfleisch gegessen.

Die Melonenpfebe. Es giebt hier ebenfalls verschiedne Arten Melonen oder Kürbisse, die von einigen Melonenpfeben genannt werden; und deren sich verschiedne Völkerschaften anstatt des Brodtes bedienen. Von Melonenpfeben hat man die runde, den Kranichhals, die kleine platte, und die große länglichte. Die kleinern Arten werden gekocht, und des Sommers über als Zugemüse gegessen. Alle zusammen haben einen angenehmen Geschmack. Der Kranichhals, der die übrigen weit übertrifft, wird gewöhnlich zum Wintervorrathe aufgehängt, und kann sich verschiedne Monathe hindurch halten.

Ich bin es mir völlig bewußt, daß ich die vorhergehende Beschreibung von den Produkten der Natur in den innern Theilen von Nordamerika lange nicht mit der Genauigkeit eines Naturkündigers abgehandelt habe. Ich habe weder alle Bäume, Gesträuche und Pflanzen, die sie hervor-

Ee 5   bringen,

bringen, angegeben, nach diejenigen, welche ich
beschrieb, unter ihre gehörigen Geschlechter nach
Linneischer Methode gebracht; allein die Grenzen
meines jetzigen Werks wollten es mir nicht erlauben, diesen Gegenstand weitläuftiger abzuhandeln.
Wenn jedoch der Beyfall des Publikums eine zwote
Ausgabe nöthig machen sollte, wie ich nach der Anzahl meiner Subscribenten hoffen darf, so werde
ich meinen Plan beträchtlich erweitern, und verschiedne unterhaltende Umstände und Beschreibungen einrücken, die ich bey der jetzigen kleinen Ausgabe habe abkürzen, oder gänzlich weglassen müssen.

An=

Anhang.

Die Länder zwischen den großen Seen und dem Flusse Mißisippi, und von diesem südwärts nach Westflorida zu, liegen zwar mitten auf einem festen Lande und in einer großen Entfernung vom Meere, allein demungeachtet könnte leicht eine Gemeinschaft zwischen ihnen und andern Reichen eröffnet werden, und aus künftigen Pflanzstädten dadurch ein reicher Handlungsstaat entstehn. Der große Fluß Mißisippi, der durch sie hinläuft, würde ihre Bewohner eben so gut dazu in den Stand setzen, als der Euphrat, der Nil, die Donau und Wolga den Bewohnern ihrer Ufer dazu behülflich sind, die kein ander Hülfsmittel zur Ausfuhr ihrer Produkte und zur Einfuhr fremder Waaren haben, als Boote oder leichte Fahrzeuge, und die ungeachtet dieser Schwierigkeit mächtige und reiche Völker geworden sind.

Der Mißisippi fließt, wie ich schon vorhin bemerkt hatte, von Norden gegen Süden, und durchläuft grade den fruchtbarsten und gemäßigsten Theil von Nordamerika, seine beyden Enden ausgenommen, davon das eine an den kalten, und das andre an den heissen Erdgürtel stößt. Diese

gün-

günstige Lage zeigt die besten Aussichten zu einem vortheilhaften und ausgebreiteten Handel, sobald als seine Ufer mit Einwohnern bedeckt seyn werden. Die südlichern Gegenden werden fast von selbst Seide, Baumwolle, Indigo und Toback hervorbringen; und die nördlichern Wein, Oehl, Fleisch, Talch, Häute, Baumwolle und Pelzwerk, nebst Bley, Kupfer, Eisen, Kohlen, Holz, Getreide, Reis und Früchten, und ausserdem noch Erde und Rinde zum Färben liefern.

Diese Stücke, an denen sie den größten Ueberfluß haben, können auf diesem Flusse mit eben so großer Leichtigkeit auf die Küste gebracht werden, als es auf andern von den eben erwähnten Flüssen geschehn kann. Der Mississippi macht zwar die Grenze zwischen den englischen und spanischen Pflanzungen, und sein Ausfluß gehört ganz den Spaniern, die deswegen die freye Fahrt darauf leicht stören, und den ersten Unternehmern den Muth sehr benehmen können; allein wenn die Vortheile, die Pflanzern nothwendig daraus erwachsen müssen, erst einmahl recht bekannt sind, so werden Haufen von unternehmenden Leuten, durch diese günstigen Aussichten angereizt, dahin ziehen, und sich in diesem Lande festsetzen, wenn es auch Ströme von Blut kosten sollte.

Ober

Ober sollte auch die Nation, die sich im Besitz von Neuorleans befindet, sich feindselig gegen die inländischen Pflanzer bezeigen, so können diese sich vermittelst des Flusses Iberville den Weg zum Meerbusen von Mexico bahnen, der aus dem Missisippi entsteht, und durch den See Maurepas in den See Ponchartrain fällt, welcher wieder mit dem Meere eine Gemeinschaft auf der Küste von Westflorida hat. Der Fluß Iberville trennt sich vom Missisippi ungefähr achtzig englische Meilen oberhalb Neuorleans, und könnte, ungeachtet er jetzt an verschiednen Stellen verschlämmt ist, leicht und mit wenigen Unkosten schiffbar gemacht werden, wenigstens für solche Fahrzeuge, als die hiesige Handlung erfordern würde.

Die Engländer haben zwar seit dem letzten Frieden eine ausgebreitetere Kenntniß von den inländischen Gegenden erlangt, als selbst die Franzosen vorher besaßen, aber dennoch giebt es viele von ihren Produkten, welche ihnen unbekannt geblieben sind. Ich wandte alle mögliche Mühe und Aufmerksamkeit an, in der kurzen Zeit, die ich mich darinn aufhielt; allein ich muß demungeachtet gestehn, daß meine Kenntnisse lange noch nicht so vollkommen sind, als ich wünschen mögte, und daß noch fernere Untersuchungen nöthig sind, um die

Welt

Welt den wahren Werth dieser lange verborgen gebliebenen Gegenden kennen zu lehren.

Die Strecke des Missisippi, von der man bisher noch keine Karten aufgenommen hat, beträgt von dem Flusse Illinoa bis an den Uiskonsin über achthundert englische Meilen. Die Gegenden, welche nordwärts von dem letztern liegen, sind in meiner Reisekarte mit eingeschlossen. Von den Gegenden vom Flusse Illinoa bis an den Meerbusen von Mexiko hat man Zeichnungen von verschiednen Erdmessern. Und jetzt habe ich das Vergnügen zu erfahren, daß eine Karte von den Gegenden des Missisippi zwischen dem Flusse Illinoa und dem Meere, nebst den Flüssen Ohio, Tscheroki und Uabatsche, die ein sehr geschickter Erdmesser *) auf der Stelle selbst aufgenommen hat, gestochen und bald herauskommen wird. Ich schmeichle mir, daß die darin enthaltenen Beobachtungen meine Erfahrungen bestätigen, und den Entwurf befördern werden, den ich hier empfohlen habe, da sie von einem Manne herrühren, der seine Kenntniß der Gegend blos seinen eignen Untersuchungen zu danken hat, und der dabey eine sehr gründliche Beurtheilungskraft besitzt.

―――――――――
*) Thomas Hutchins Esq. Hauptmann im sechzigsten oder Königl. amerikanischen Regiment zu Fuß.

Man fbnnte die Gegend am östlichen Ufer des
Mißißippi bequem in Districte abtheilen, um kleinere Pflanzstädte darin anzulegen. Ich habe dazu
bloß Gegenden ausgesucht, die nahe an einem Flusse
liegen, und daher alle Vorzüge haben, die ich vorhin anführte.

Jedoch ist es zur Anlegung dieser Pflanzstädte
nothwendig, daß sich die Unternehmer auf die gebräuchliche Art Privilegien verschaffen, und die
Ländereien denen abkaufen, die durch einen langen
Besitz Anspruch darauf machen können. Allein
dieser Umstand wird für sie von keiner grössern
Schwierigkeit seyn, als er es ehemals den ersten
Stiftern jeder Kolonie auf dem festen Lande war;
denn da die Anzahl der Indier, welche diese Gegenden bewohnen, im Verhältniß ihrer Größe sehr
gering ist, so werden sie ohne Zweifel Ländereyen,
die ihnen gar nichts nütze sind, für einen billigen
Preis verkaufen, oder zum Vortheile ihrer neuen
Nachbarn vom Mißißippi ab landeinwärts ziehn,
da die Schiffarth auf diesem Strome auf ihren Wohlstand keinen wesentlichen Einfluß hat.

Der nordlichste District, den ich zu einer besondern Pflanzstadt abtheilen würde, liegt zwischen
dem acht und dreyßigsten und ein und vierzigsten
Grade nordlicher Breite. Er hat eine schöne Lage,

als

als die übrigen, aber bemungeachtet bin ich überzeugt, daß die Luft darin weit gemäßigter ist, als in den Ländern, die weiter nach Osten unter der nämlichen Breite liegen. Der Boden ist vortreflich, und es giebt eine große Strecke am Mißißippi, in der man keine Wälder antrifft, da hingegen die nordöstlichen Grenzen gut beholzt sind. Gegen die Quelle des Flusses St. Croix zu wächst Reis in großer Menge, und man findet daselbst ebenfalls einen Ueberfluß von Kupfer. Der Wasserfall von St. Anton liegen zwar an dem südöstlichen Winkel von dieser Abtheilung, allein die Schiffahrt wird nicht völlig dadurch gestört, da der Fluß St. Croix, der bu ine große Strecke ihres südlichen Theiles läuft, grade unterhalb der Wasserfälle in den Mißißippi fällt, und so sanft fließt, daß Boote bequem darauf fahren können. Diese Abtheilung beträgt ungefähr hundert Meilen von Nordwesten nach Südosten, und hundert und zwanzig Meilen von Nordosten nach Südwesten.

Der zweyte Distrikt grenzt an den vorigen, und erstreckt sich südwärts bis in die Mitte des sieben und dreyßigsten Grades nordlicher Breite. Dieser Strich übertrifft, wie ich schon in meinem Tagebuche beschrieben habe, die größten Lobeserhebungen, welche ich ihm geben könnte, und dennoch ist er völlig

unbe-

unbewohnet, und der Ueberfluß von Segen, den die Natur über diese himmlische Gegend ausgegossen hat, kehrt ungenutzt zu dem Schoße zurück, aus welchem er herkam. Der See Pepin, wie ich ihn mit den Franzosen nenne, liegt innerhalb ihrer Grenzen. Der See hingegen, der eigentlich diesen Nahmen führt, liegt etwas oberhalb des Flusses St. Croix; allein da alle Handelsleute dem untern See diesen Nahmen geben, so habe ich ihn beybehalten, ungeachtet mich die Indier eines bessern belehrten. Diese Kolonie liegt in ungleichen Winkeln, und ich kann ihre Weiten daher nicht bestimmen; allein sie scheint im Durchschnitte etwa hundert und zwanzig Meilen lang, und achtzig breit zu seyn.

Der vierte Distrikt besteht aus Länderenen von verschiedner Güte. Die besten liegen an den Ufern der grünen Bucht und des Fuchsflusses, wo es unzählige Morgen Landes giebt, die mit schönem Grase bedeckt sind, das hier eine ausserordentliche Höhe erreicht. Dieser Fluß schickt sich in seinem ganzen Laufe, der ungefähr achtzig englische Meilen beträgt, für Boote sehr gut, ausgenommen zwischen dem See Winnebago und der grünen Bucht, wo man auf einer Strecke von dreyßig Meilen verschiedne Tragplätze antrifft. Der Fuchsfluß ist berühmt wegen des Reises, der im Ueberflusse an seinen Ufern wächst, und unzählbare Schaaren von wilden Vögeln herbeyziehet. Das Land, das nahe dabey liegt, scheint sehr fruchtbar zu seyn, und würde die größte Anzahl von Einwohnern mit allen Lebensbedürfnissen reichlich versehn können. Die Pflanzer könnten sich von hier aus über der grünen Bucht, die Seen Mischigan, Huron, Erie und Ontario mit Kanada und mit andern Gegenden vermittelst des Uisconsin, der in den Mississippi fällt, eine Gemeinschaft eröfnen. Diese Abtheilung ist von Norden nach Süden ungefähr hundert und sechszig Meilen lang, und hundert und vierzig Meilen breit.

Der fünfte Distrikt, ist ein vortreflicher Strich Landes, und hat, wenn man seine Lage mitten auf dem festen Lande betrachtet, größere Vorzüge, als man erwarten sollte. Denn da der Mississippi an seinen westlichen Grenzen und der Fluß Illinoa an der Südostseite vorbey fließt, so hat er eine eben so freye Schiffahrt, als die meisten von den übrigen. Die nordlichen Gegenden darin sind etwas bergicht, allein man trifft auch viele unbeholzte Ebenen darin an, die einen reichen Boden, und viele fruchtbare Wiesen haben, und ausserdem noch ziemlich viele Erzgruben. Er hat über zweyhundert Meilen von Norden nach Süden in die Länge, und

hun-

hundert und funfzig von Osten nach Westen in die Breite.

Der sechste Distrikt liegt an den Quellen der Flüsse Illinois und Uabatsche, wovon jener unmittelbar, dieser aber durch den Ohio in den Mississippi fällt. Durch diese beyden Flüsse kann sie daher leicht eine Gemeinschaft mit dem Meere erhalten, und da der Fluß Miamis, der in den See Erie fällt, durch sie hinfließt, so würde dadurch der Handel mit Kanaba über die Seen sehr erleichtert werden. Sie enthält viel fruchtbares Land, und wird, ob sie gleich tiefer im Lande liegt, eben so blühend werben, als irgend eine der übrigen. Von Norden nach Süden erstreckt sie sich ungefähr auf hundert und sechszig, und von Osten nach Westen auf hundert und achtzig Meilen.

Die siebente Abtheilung weicht keiner der vorhergehenden. Ihre nordlichen Grenzen liegen am Flusse Illinoa, und ihre westlichen am Mississippi, und ihre Lage ist daher zum auswärtigen Handel sehr bequem. Sie hat einen Ueberfluß an allen Lebensbedürfnissen, und erstreckt sich ungefähr hundert und funfzig Meilen von Norden nach Süden, und sechszig Meilen von Osten nach Westen, allein da sie eine sehr unregelmäßige Figur hat, so lassen sich ihre Weiten nicht genau bestimmen.

Mitten durch den achten Distrikt fließt der Fluß Uabatsche, und auf seiner südlichen Grenze der Ohio, wodurch seine Handlung sehr befördert werden kann. Er ist ungefähr hundert und vierzig Meilen von Norden nach Süden lang, und hundert und dreyßig von Osten nach Westen breit. Die Gegend, die darauf folgt und auch in drey Districkte abgetheilt werden könnte, hat eine den vorhergehenden ähnliche Lage und gleiche Vortheile, und daher will ich blos ihre Größe anzeigen. Nr. 9 ist ungefähr achtzig Meilen breit und lang, aber dennoch kein vollkommnes Viereck. Nr. 10 hat fast die nämliche Figur und Größe. Nr. 11. ist weit größer, da ihre Länge von Norden nach Süden hundert und funfzig, und ihre Breite von Osten nach Westen hundert und vierzig Meilen beträgt, so weit nämlich, als ihre unregelmäßige Figur eine genaue Berechnung verstattet.

Nach der Beschreibung, die ich schon von diesem reitzenden Lande gemacht habe, brauche ich kaum noch hinzuzusetzen, daß alle die Gegenden, die ich zur Anlage von Kolonien empfohlen habe, mit allen Lebensbedürfnissen, als Reis, Büffeln, Bären u. s. w. reichlich versehn sind, und daß sie in gleichem Ueberflusse Stücke, die blos zum Luxus gehören, hervorbringen können, um ihren Einwohnern durch Tausch

alle

alle ihnen nothwendigen Produkte fremder Länder dafür zu verschaffen.

Die Entdeckung einer nordwestlichen Durchfahrt nach Indien hat zu unzähligen Untersuchungen Anlaß gegeben. Es wurden selbst viele Versuche gemacht, um aus Hudsonsmeerbusen in das stille Meer zu kommen, aber alle ohne Erfolg. Ich werde mich daher nicht bey den Vortheilen aufhalten, die aus dieser so sehr gewünschten Entdeckung entstehen würden, sondern mich blos auf die Methoden einschränken, durch die sie künftigen Unternehmern am wahrscheinlichsten gelingen kann.

Die vielen vergeblichen Versuche, die man bisher hierin gemacht hat, scheinen den Entdeckungsgeist völlig auf eine andre Bahn geleitet zu haben, und diese wichtige Unternehmung wird fast ganz als unausführlich aufgegeben; allein ich glaube, daß der bisherige schlechte Erfolg weniger von der Unmöglichkeit der Sache selbst, als davon herrühre, daß man sie an einer unrechten Stelle angefangen hat.

Alle Seefahrer, die auf die Entdeckung dieser Durchfahrt ausgiengen, segelten zuerst in Hudsonsmeerbusen. Die Folge davon war, daß sie die Jahrszeit, in welcher diese Meere allein schiffbar sind, damit zubrachten, viele von den Seearmen, die daraus ins Land hineingehn, zu untersuchen,

ohne eine Oefnung zu finden. Sobald der Winter
herannahte eilten sie wieder zurück, aus Furcht ein-
zufrieren, und folglich gezwungen zu seyn, bis zum
nächsten Sommer in diesen öden und traurigen
Gegenden zu bleiben. Selbst die, welche fanden,
daß die Küsten anfiengen, sich von einander zu
trennen, und daher auf einen guten Erfolg hoffen
konnten, wurden von der Fortsetzung ihrer Reise
durch die Furcht abgeschreckt, daß der Winter einfallen würde, ehe sie ein gemäßigteres Klima erreichen könnten.

Diese Furcht schreckte selbst die kühnsten Leute
ab, ihre Unternehmung völlig auszuführen, und
machte jeden Versuch rückgängig. Allein da man
entdeckt hat, daß es in den nordlichen Gegenden des
stillen Meeres verschiedne Einfahrten giebt, die sich
gegen Hudsonsmeerbusen zu erstreckten, so darf man
nicht zweifeln, daß nicht von jener Seite her eine
Durchfahrt entdeckt werden sollte, wenn man nur
zu einer bequemen Jahrszeit darauf ausgienge.
Sollte auch diese Erwartung fehlschlagen, so würden sich die Untersucher doch nicht in der nähmlichen
gefährlichen Lage befinden, als wenn sie von Hudsonsmeerbusen ausgiengen. Denn von der Seite
der Südsee können sie immer durch ein offnes Meer
nach wärmern Gegenden zurückkommen, selbst wenn
ver-

verschiedne wiederhohlte Versuche fruchtlos ausfallen sollten. Und diese Sicherheit wird sie in den Stand setzen, mit größerer Zuversicht zu Werke zu gehn, und vielleicht ein Mittel seyn, das zu Stande zu bringen, was zu viel Vorsicht und Furcht bisher verhindert hat.

Diese Gründe zur Veränderung des bisherigen Plans hatten so viel Gewicht, daß sich Herr Richard Whitworth, Parlamentsglied für Stafford, ein Mann, der eine ausgebreitete Kenntniß in der Erdbeschreibung besitzt, und immer bereitwillig ist, alles zum Besten einzelner Mitbürger oder des ganzen Staates beyzutragen, auf einen und andrer Vorstellungen von der Leichtigkeit der Sache im Jahre 1774 entschloß, durch das feste Land von Amerika zu reisen, um einen Versuch zu machen, dies Unternehmen auszuführen.

Er hatte die Absicht, fast den nähmlichen Weg zu gehen, den ich auf meiner Reise nahm. Es sollte ein Fort am See Pepin gebaut werden, alsdenn wollte er den Fluße St. Peter (Pierre), und darauf einen Arm vom Fluße Messorie hinaufgehn, bis er an die Quelle des Oregan oder westlichen Flusses käme, der jenseits der höchsten Gegend liegt, welche die Gewässer, die in den Meerbusen von Mexico fallen, von denen trennt, welche sich ins stille Meer ergießen. Diesen Fluß wollte er hinabsegeln, bis an die Stelle, wo er in die Meerenge von Annian fällt.

Hier sollte ein zweytes Fort auf einer Stelle angelegt werden, die sich zur Erhaltung seiner Leute am besten schickte; und nicht weit von irgend einer Einfahrt entfernt wäre, und von diesem Forte aus wollte er seine Untersuchungen anfangen. Er hatte sich Oberst Rogers, mich und verschiedne andere zu Begleitern gewählt, und wollte eine hinreichende Anzahl von Handwerkern und Seeleuten mit sich nehmen, die er zum Bau seiner Forte und Schiffe, und zu ihrer Bemannung nöthig haben könnte. Alle zusammen sollten sich bis auf funfzig oder sechszig erstrecken. Die gehörigen Vollmachten und andre dazu erforderlichen Stücke waren schon fast ganz fertig, als die jetzigen Unruhen in Amerika ausbrachen, wodurch ein Unternehmen ins Stecken gerieth, welches den brittischen Staaten unbeschreibliche Vortheile zu versprechen schien.

Hamburg,
gedruckt bey Carl Wilhelm Meyn.

www.ingramcontent.com/pod-product-compliance
Lightning Source LLC
Chambersburg PA
CBHW021415300426
44114CB00010B/501